東南亞的民族主義與政治認同

Anthony Reid

安東尼‧瑞德——著

林瑞——譯

帝國煉金術

IMPERIAL
ALCHEMY

目次

台灣版作者新序

　　身為一個歷史學者，我一直念茲在茲的不是理論之爭，而是「把事情做對」，挖掘出現代東南亞充滿動盪之轉型過程中的真正故事。不過，想了解民族主義深刻的影響力，想知道民族主義為二十世紀帶來的變革，我首先得澄清若干因為不當假設而仍然模糊不清的議題。

　　自我在馬來西亞教授東南亞歷史（1965-70 年）那段生涯養成期開始，民族主義與革命之間錯綜交織的歷史讓我嚮往不已，還好印尼革命暴亂距離當時不過二十年，大多數關鍵人物仍然在世，能為我提供有用的資料。我發現，我當時所在的馬來西亞聯邦的保皇派，與作為我的研究對象、後革命時代鄰國印尼的蘇門答臘，兩者之間的政治文化差距大得驚人。從一九四〇年代起，經過先後一、二十年風風雨雨，印尼透過革命取得獨立；然而馬來亞／馬來西亞卻經由談判與妥協，用一種非常不同的方式達成獨立的目標。我開始堅信，想了解印尼（以及中國與法國）的高度中央集權體制，以及過往歷史上的多元時代為何不再，「革命」是個重要關鍵。

　　《帝國煉金術》的寫作動機，開始於一九八〇年代。當時有關民族主義的著述蔚為風潮，這些書雖說僅僅根據於歐洲歷史與衍生自歐洲的新世界歷史，卻往往號稱具有普世性。就連安德森的《想像的共

同體》（*Imagined Communities*）——這本書所以特別讓我印象深刻，是因為作者是一位洞察力極敏銳的東南亞問題專家，而且是我的同事——似乎也不能回答亞洲民族主義何以與歐洲民族主義如此大異其趣的問題。如果工業化拆解了多元族裔的帝國架構，推動十九世紀的歐洲形成較具文化同質性的區塊，為什麼亞洲民族主義卻在二十世紀反其道而行——新成立的民族國家紛紛想方設法、將帝國邊界合法化？印尼在一九九八年蘇哈托垮台後，在驚濤駭浪中嘗試推動的民主與分權化，是回到過去歐洲強調「族裔同質性類型」的民族主義，亦或是走向與這類民族主義不同的未來？《帝國煉金術》是我的終極答案。

在本書中我為何會專章討論「華人意識」（Chineseness），我覺得有必要在本書的繁中版中特別說明。在劍橋大學時，我的指導教授是東南亞華人問題權威、英國學者維克多·巴素（Victor Purcell）；而在我任教馬來西亞期間，我也結交了一些華裔馬國人士的至交好友，還在馬來西亞領養了擁有華人血統的女兒。儘管如此，為免偏離研究主題、分了心，我多年來一直迴避華人問題（現在回想起來似乎確實如此）。而且在我先後任教的馬來亞大學（1965-9 年）與國立澳洲大學（ANU，1970-86 年）中擁有如王賡武這樣權威的恩師與同事，因此由一個不懂中文的我來探討這個領域，似乎顯得既荒謬又沒有必要。

王賡武或許想幫我克服這種心態（我的許多同事也有這種心態），領著我與國立澳洲大學另外六名東南亞問題研究員於一九八〇年第一次往訪中華人民共和國。後來王賡武在一九八六年離開澳洲大學前往香港，三年後，他指定的接班人珍妮佛·庫西曼（Jennifer Cushman）過世，這個不幸把我推向了原本應該交由更專業者所探討的領域。在辦了一連幾場演講、以及為紀念珍妮佛而發表的演說之

後，我在一九九〇年代開始處理有關民族主義與「華人意識」的一些難題。其中最具爭議性的是一九九四年的學術會議，這次會議最終推動我寫出《必不可缺的局外人》（*Essential Outsiders*）——研究並且比較東南亞歷史上的華人與中亞歷史上的猶太人。*

同樣也在一九九〇年代，我到了台灣，首先於一九九一代表澳洲人文學院訪問中央研究院，探討交流問題。當時適逢民主化刺激了台灣在全球地位的反思，對一個東南亞問題學者而言，這次訪台的時機再好不過。與我會面的一些學者，如中央研究院院士蕭新煌等，表示希望此行能促成對東南亞的更大認同與研究。我在一九九〇年代應邀往訪的幾所大學正在實驗性的開設東南亞研究課程。設於南投埔里、擁有相當規模的語言與文化研究項目的暨南國際大學，於二〇〇四年邀我往訪，讓我印象特別深刻。暨南大學在《台灣東南亞學刊》第二期發表了我的「全球化時代的東南亞研究」演說，這讓我很高興，但我怕的是這本學刊可能生存不易。像出現在許多國家的情形一樣，現代的「文化研究」與後結構主義趨勢，使學生們只想了解自己的國家，而對鄰國沒有興趣，這種現象令人憂心忡忡。

台灣在這本書的部分篇章中扮演特殊角色。一九九八年，我大膽地在台北的一次學術會議上發表「華人與其他認同」演說，效果讓我深受鼓舞，於是我展開本書第三章的寫作。二〇〇四年的埔里之行，使我有機會訪問幾處台灣原住民社區，進一步思考本書第六章及第七章中有關「無國家之人」的問題。在以國家為核心的常規歷史中，高

---

* Anthony Reid (ed.), *Sojourners and Settlers: Histories of Southeast Asia and the Chinese in Honour of Jennifer Cushman*, (Sydney, Allen & Unwin, 1996; Honolulu: U of Hawaii Press, 2001). Daniel Chirot & Anthony Reid eds., Essential Outsiders: *Chinese and Jews in the Modern Transformation of Southeast Asia and Central Europe*. Seattle: University of Washington Press, 1997

地原住民往往遭到邊緣化或被遺忘，不過在東南亞（與台灣）已經有了不同以往的轉變，能讓這些原住民找回自身的認同。雖然高地原住民對於自身作為更大「族裔」一部分的自我意識，一般形成較晚；但這樣的自我意識，也與他們試圖保持距離的低地政治結構大不相同，有助於他們認同的形成。而台灣為這個過程呈現了又一個動人的不同例子，很好地呈現了高地原住民如何成為新進民族國家中具有高度自身認同的「少數族群」（minorities）。這樣的「少數族群」，在東南亞的例子中，有時他們反對政府（比如緬甸的例子），有時他們與政府聯手（比如蘇門答臘的巴塔克人）對抗低地居民。

　　八旗文化出版本書的繁體中文版，讓我深感榮幸。將一種語言與思維轉換成截然不同的另一種語言，絕對不是一件簡單的事，我要感謝所有參與這項工作的每一個人。

安東尼・瑞德

二〇二二年十二月

第一章

民族主義與亞洲

亞洲史在二十世紀中期迎來歷史上最大的轉折，日本在東南亞與大半個中國的短暫占領，在一九四五年八月原子彈爆炸後戛然而終。像山雨欲來一樣，日本撤軍預示一場長期、激烈的暴力革命即將到來。就本質而言，東南亞這些帝國結構體都已經宣布成為民族國家——經一九四五年聯合國憲章中，「主權平等」原則認可的二十世紀唯一合法政治實體。

幾世紀以來，在帝國主義「有組織的偽善」[01]的掩護下，所謂的「西伐利亞體系」（Westphalia system）、理論上平等的主權國家之全球競爭體系，已經深入亞洲。根據這個概念，只有「文明國家」才能享有這個主權平等俱樂部的完整會員資格。但一九四五年後，這種排他式的偽善體系被一種較正面的系統取代，根據這個新體系，全球每一個角落都應該由理論上平等的主權國家分別治理，這其實是歐洲國家在痛苦中學到的主權平等系統的延伸。但亞洲原有的國家體系很不平等，國際關係經驗也與歐洲大不相同，哪些實體才能出線，參與這種名義平等的主權國家遊戲？

越來越多有關民族主義的論述顯示，因帝國崩潰而崛起的勝利者，必須是擁有族裔同質性的民族國家。但每一個亞洲國家看起來都

像異類，沒辦法像歐、美一樣，藉由工業化與印刷資本主義完成文化同質和民族自信，從而打垮帝國。中國、印度、印尼、緬甸與菲律賓各有各的疆界，但都在極端不同的條件下經歷現代化洗禮。英國與西班牙／美國在亞洲的帝國體系經歷了民主化，但沒有分裂成以族裔為基礎的許多小國；印度當然是一盤散沙，但那是一種宗教信仰的分歧，不是族裔的分歧。部分由於擔心民主化可能損及滿清帝國留下的既定疆界，中國在民主化進程上始終停滯不前。印尼也基於類似恐懼，而在一九五〇年代末期逆轉它的民主化實驗，但在一九九八年克服一次極不起眼的民族主義挑戰後，它開始回歸民主之路。

東南亞曾多次嘗試以歷史、文化或意識形態的名義改變帝國邊界，結果都以失敗收場，證明了這種煉金術的無比威力。泰國在戰時兼併高棉西部、緬甸東部的些地區、以及馬來亞的北部（1941-1945年），印尼在一九七五到一九九九年間兼併（葡屬）東帝汶（East Trimor），越南在一九五四到一九七五年間的分裂（儘管與它在殖民時代以前的分裂史吻合），印尼的區域性叛變（1956-1962年），高棉於一九七八年在它的東南方邊界惹事，以及之後越南的入侵高棉，這一切推翻帝國邊界的嘗試最後都鎩羽而歸。馬來西亞為了繼承英國在馬來世界留下的那個亂糟糟的帝國，在一九六二到一九六六年間與印尼武裝衝突，還遭到主張擁有沙巴的菲律賓反對（1962年），但最後，只因為小小的汶萊（1962年）與新加坡（1965年）宣告獨立，脫離大馬，才削弱了這種帝國傳承。在帝國邊界保衛行動中做得最不成功的是緬甸，但即使面對這樣一個軟弱的國家，緬甸叛軍也一直沒有得逞。自一九七五年以來，唯一合法承認的邊界變化是重新確立帝國邊界，因為印尼占領（葡屬）東帝汶是一次失敗，東帝汶已於一九九九年獨立。

我們怎麼解釋東南亞與歐洲帝國二者命運的差異？在一九四五年後的東南亞，催生新民族國家是民族主義的使命，但這裡的民族主義與歐洲的民族主義是完全不同的兩回事嗎？歐洲的民族主義能夠認同哈布斯堡（Hapsburg）、羅曼諾夫（Romanov）、奧斯曼（Ottomans）王朝創建的那些多族裔邊界嗎？同樣，亞洲的民族主義會認同英國人、荷蘭人、西班牙人、法國人與滿洲人創造的多族裔帝國邊界嗎？亞洲民族國家若要將它們種類龐雜、年代久遠的族裔、政治與文明形式進行這種轉型，而不造成巨靈般帝國結構的分裂，就得擁有一種魔法才行——也就是本書書名所提到的煉金術。它們必須將泛泛的帝國廢金屬煉成鑄造國家的黃金。

有兩種煉金術在這裡運作。革命煉金術士是最大膽的，堅持現代民族國家的理想模式應該立即在帝國邊界內實施，不得拖延。他煉出的黃金包括人民主權、在統一與中央化政府的統治下全民平等、以及完全打破過去的效忠體制。印尼是我首要的例子，但更加複雜得多的中國陰影始終躲在它後院，伺機反撲。

其他的帝國結構經由一系列聯邦妥協而實現了去殖民化與民主化，這些妥協讓帝國外殼得以保留，在一個民族國家的世界裡持續運作，而且保有舊帝國原有邊界。印度是典型個案，但在東南亞，緊接這個例子之後的，是馬來西亞明顯不對稱的聯邦制形式。

一九八〇年代風起雲湧的概念性論述，為這種民族主義現象帶來一種明確的定義，以及在西方世界史的一席之地。班尼迪克·安德森（Benedict Anderson）的《想像的共同體》（*Imagined Communities*），[02] 加上蓋爾納（Gellner）[03] 與吉登斯（Giddens）[04] 的作品，說明西方已經打破有關民族國家與其假定的咒語，能夠將這種現象分析得一清二楚。

這三位作者最引人矚目之處在於，他們都認定民族主義是某些歷史性因緣際會的結果，這類因緣際會造成讀者階層、教育、語言、工作場合以及最終想像力的同質性。在一個特定時間，基於工業化進程的需求，一種新的意識形態應運而生，以建立或維護強大的國家，呼應這種同質性需求為最高優先。「客觀、無法避免的必然性 —— 工業主義必然性 —— 帶來的一種同質性，最後以民族主義的形式出現了。」[05]

　　安德森等三位作者於是強調民族主義的必然現代性，將民族主義視為天生長存的常識批判得體無完膚。但他們沒有進一步明確預言，這些歷史性因緣際會一旦消失，民族主義是否也將走入歷史塵煙——儘管安德森提出的「印刷資本主義」（print capitalism）即將被全球電子網路所取代的事實，可能造成這種走向。不過，誠如霍布斯邦（Hobsbawm）所說，民族主義曾在一九八〇年代引起如此學術熱潮的事實，[06] 說明我們首次有機會以超然的角度仔細觀察它了。

　　有些學者指出，族裔有耐久性，就算沒有國家支持也能歷久不衰，還有學者強調大多數民族國家的民族語言基礎，[07] 這樣的反應很自然。但在蘇聯與南斯拉夫獨裁政體相繼解體後，東歐與南歐突然爆發族裔暴亂的現象，讓更多學者專家大惑不解。他們想知道：「在二十世紀步入尾聲，當這個世界比過去變得更統一、更相互聯繫之際，為什麼會又一次掀起族裔衝突與民族主義浪潮？」[08] 冠有「民族主義與族裔政治」（Nationalism and Ethnic Politics）這類標題的期刊、研討會與叢書不斷問世。[*] 在深鎖冷宮這麼久之後，複雜的民族

---

[*] 作者注：如一九九五年起的《民族主義與族裔政治》（*Nationalism and Ethnic Politics*），與一九九七年起的《社會認同：人種、民族與文化研究期刊》（*Social Identities: Journal for the Study of Race, Nation and Culture*）。

與認同議題突然間成為社會科學的核心。

　　大量論述試圖運用領土或公民民族主義（civic nationalism）與族裔民族主義（ethnic nationalism）之間的區隔，將民族主義內涵中的正面、包容性成分從其分裂性成分裡拆解出來。漢斯・柯恩（Hans Kohn）很早以前已經指出，出現在萊因河以東的民族主義有多麼不同。他說，「法國的民族主義（像它之前的英國與美國一樣）在一股為人類謀福的、恢宏廣闊的熱潮中誕生；與它對立的民族主義……強調自我中心，懷抱敵意，雖有值得讚美的目標，但目標卻狹隘得多。」[09]安東尼・史密斯（Anthony Smith）詳細說明了這兩者間的區分。[10]較早的民族主義實驗告訴我們，地理上綁在一起的國家（英國、美國或法國）最後會創造一個文化上一致的民族，族裔模式的實驗結果卻反其道而行：一個沒有明確邊界的族群會設法取得適當的邊界與政治地位。

　　管禮雅（Liah Greenfeld）的《民族主義》（Nationalism），以歐洲史為背景，針對這兩類民族主義進行謹慎的歷史分析。她認為，十六世紀出現在英國的民族概念，是一種人民有權參政的人民主權概念。也因此，這個概念與崛起於早期現代歐洲的民主運動密不可分。但當這個概念於十八世紀穿越歐洲、向東傳播時，它開始更加強調族裔特質，而不是主權或民主。這類族裔型國家主要以民族特性，不以公民參政性質為主權基礎。在強調公民權的國家，「國籍至少在原則上是開放而且自願的」，而在族裔型國家，國籍「是與生俱來的──如果沒有，想買也買不到，如果有了，想改也改不了」。[11]大體上，根據她的「五條道路」（five roads）分析，德國與俄國走的是族裔型道路；英國與美國（與新世界大多數反殖民的民族主義一樣）走上公民型；法國在一開始有些模稜兩可，但最後走上公民型。但她的五條走向民族國家之道都是歐洲獨有的範例，彷彿亞洲經驗無關緊要一樣。

華克・康諾（Walker Connor）以更嚴厲的方式區分民族與國家，認為一般用語經常將這兩個截然不同的類型混為一談。他希望將民族主義與民族一詞的使用，局限於他特定的所謂「族裔—民族主義」（ethno-nationalism）。對一個國家的認同應該屬於愛國主義，所以所謂「民族」的定義，應該限於「基於一種共同祖先的神話傳說，而聚集的最大人群聚落」。[12] 民族是虛構的親屬團體，而非真正的親族團體（因為絕大多數民族，如英吉利、華人或泰人，其族群構成就生物血緣角度而言都非常繁雜）。受過教育的現代歐洲人很清楚他們的民族背景，知道他們的族裔血緣錯綜複雜，這是顯然的事實。為應付這個事實，康諾說，「現代歐洲人儘管從書本中學得這些相關知識，但他們（英國人、法國人與德國人）『知道』他們是純淨的、一脈相傳的族裔。」[13]

　　康諾的這種說法難以讓人信服。像許多作者一樣，康諾也認為「民族」（nation）與「歸屬之夢」（dream of belonging）相互唱和，也設法區分「民族」與「國家」（state）。但儘管他嘗試將民族的定義緊縮為「虛構的親屬關係」（fictive kinship），但他似乎接受國家創造的認同，或依附國家的認同就是民族的說法，結果造成更多問題。

　　在這本書裡，我建議除非談到既定名詞，否則避免使用「民族」一詞，因為「民族」一詞過於情緒化、模糊，不利於分析。我遵循史密斯的作法，將自以為有親屬關係的一群人視為一個「族裔」（ethnie），將這群人的政治主張視為「族裔民族主義」（ethno nationalism）。相形之下，對於現代國家透過教育、國家儀式與媒體而造就的強大認同，我稱為「國家民族主義」（state nationalism）。我這樣定義，不是要像安德森一樣以負面意涵而使用「官方民族主

義」（official nationalism）一詞。所有現代國家，無論民主或獨裁，無論單一族裔、多族裔或帝國型態，都可以運用有力的手段促成人民團結，無論是基於正面還是負面意義。

亞洲民族主義類型

一旦轉到亞洲，情況立即明朗：以上這些民族主義沒有一個能說明二十世紀「民族主義」一詞最常使用的方式。印度、印尼、菲律賓、斯里蘭卡與緬甸「民族主義」，都是對抗外來統治者的多族裔團結運動，基於這個意義，亞洲「民族主義」與西歐、美國的「民族主義」並無明顯類似之處。我們必須將這一類民族主義定義為「反帝國民族主義」。在成功取代原有帝國當局之後，它開始轉型成為國家民族主義，但推翻帝國主義的種族屈辱所帶來的情緒凝聚力仍然持續一段時間。史密斯曾為他的所謂「殖民地民族主義」（colonial nationalism）下了一些輕蔑的注解，說它是死胎、模仿與精英主義。[14]與史密斯的所謂「殖民地民族主義」相比，亞洲國家的反帝國民族主義的潛力當然大得多。

這種分為三種類型——族裔、國家與反帝國——的民族主義與東尼森與安特洛夫（Tønnesson and Antlöv）採用的三分類型（族裔、官方與多數）有些近似。東尼森與安特洛夫曾嘗試性提出第四類「階級鬥爭」，但作為一種民族主義類型，它的說服力不夠充分。[15]然而，我也意識到有提出第四種類型的必要，但為了更好的闡述民族主義，我寧願以殖民帝國統治前後的獨立亞洲國家為例。我稱它為「國恥恨」（outrage at state humiliation, OSH），這是亞洲特有類型，是國家在自認遭到野蠻人控制、忍受兩百多年屈辱之後的一種反應。

這四種類型的每一種都以便於分析，而不以便於規範為目的。柯恩、管禮雅等人將邊緣化少數人的排他性族裔—民族主義，與擁抱一切的包容性公民民族主義兩者作成區隔，這非常重要。但一種特定民族主義是有害，還是有益——基本上是一個「性質」問題。族裔民族主義（ethnie nationalism）分子或許以一種復仇的方式掌權，也因此被冠上「族裔（排他）—民族主義」（ethno-nationalism）之名，但他們也可以爭取盟友與妥協，成就一種有成果的公民民族主義。我的作法是區分「族裔民族主義」與「族裔（排他）—民族主義」，前者是一種分析類型，後者是一種性質上的判斷。

寫這本書的目的，就是運用近年來對民族主義的了解，透過對東南亞實例的觀察，幫助讀者了解亞洲現象。東南亞擁有最大的多樣化，幾乎每一類出現在西歐、以及出現它的「新世界」分支以外廣大世界的現象，都能在東南亞找到例證。絕大多數學者以出現在新世界的這些個案為分析對象，就連東南亞問題專家安德森也不例外。但西半球移民社會顯然只是異類，它純粹是與帝國權力共享語言與文化的領土運動。就算是後啟蒙時代的西歐也只能代表一個極端，儘管它擁有各種可能性，但也不過是一個範圍不出歐亞大陸、由緊密的、相互競爭的民族國家組成的體系。分析歐洲案例得到的類型雖說有用，如何將它們運用於亞洲經驗，大體上還是有待完成的工作。

族裔民族主義（Ethnie nationalism）

所謂「族裔」指的是一群有強大類同意識的人。根據史密斯的簡化，這種認同意識很可能由以下六項要件的大部或全部組成：[16]

（1）一個集體名稱

（2）一個共同血緣關係神話

（3）共有的歷史或一套傳統

（4）一種獨特的共有文化，通常包括語言或宗教

（5）無論現在或是過去都與特定的土地相結合（但主要是一個
　　　神聖的場所與中心，而不是邊陲）

（6）一種團結意識

　　特別是在亞洲，使用**族裔**（ethnie）一詞有許多好處：既可以避開「民族」（nation）帶來的那種正面情緒聯想，也可以避開「種族」（race）帶來的負面（但曾經是正面的）情緒聯想，最後可以避開族群（ethnic group）必然帶來的「次等人」的情緒聯想。大多數亞洲語言沒有這方面的區分，或者雖然有區分，但區分方式不一樣。當中文名詞 minzu（即民族），或它的韓文近義詞 min-jok、泰文近義詞 chat、或馬來／印尼文近義詞 bangsa，為了描述現代民族奮鬥而出現時，它們可以同樣無誤地翻譯成「種族」或「民族」（race or nation）。許多亞洲國家直到今天仍然用這些名詞激勵愛國之心與奉獻的熱忱。但在英文裡，如果你把「ethnie」（族裔）對應為「race」（種族）會讓人震驚；把它等同於「nation」（民族）則會突顯愛國意識。在現代美國人、澳洲人或西歐人看來，這似乎是兩種相當不同的概念——雖說在十九世紀時情況並非如此。而對馬來人或高棉人來說，「族裔」與「民族」直到今天仍然是同一件事。

國家民族主義（State nationalism）

在現代以前壟斷人類歷史的王朝體系，不需要民族主義。皇室不是人民代表，而是憑藉天賦權利進行統治；他們的軍隊、官員與他們的臣民形形色色，各不相同，通常是有意凸顯其差異性。也因此，國家民族主義大體上是後啟蒙時代西方政權與二十世紀亞洲政權的特色：這些政權由於需要以人民之名進行統治，於是想辦法定義與塑造它們的人民。大體而言，只有這些現代政權才認定，應該提供統一的教育方針與單一語言的媒體以營造同質性，讓人民為民族目標而奮戰、捐軀。

不過亞洲也有一些年代比較久遠的國王、王朝或土地認同的例子，同樣具有國家民族主義特色。近世中國人常用朝代描述他們的集體認同，於是有所謂「漢人」、「唐人」或「清人」之稱。無論如何，中國歷代用一套特定的經書進行科舉考試，來選拔政府官員，造成一種極端一致的精英文化（見下文）。越南與韓國統治者儘管也用類似中國的考試制度遴選他們的官員，卻非常強調他們國家與中國的差異。在越南，政府文獻用過去曾經成功抵抗中國的皇帝作為「越南精神」的縮影，認為統治者「應該扮演一種道德模範的角色，讓整個社會崇敬與效法」。[17]

在東南亞，君王常利用宗教創造文化同質性。東南亞國王運用的權力，主要不在於官僚與世俗面，而在於神賜與精神面，他們也會想方設法建造、庇護與控制境內最神聖的地點與象徵。新的宗教秩序可以壓制地方教派與靈異傳說，擴張王權。在十七世紀的「火藥帝國」（gunpowder empires），亞齊（Aceh）、萬丹（Banten）、望加錫（Makassar）與馬塔蘭（Mataram）蘇丹就曾運用伊斯蘭教的影響，

獲得史無前例的權力。

　　但歸根究底，對泰國、寮國、高棉與緬甸的國王而言，若想為臣民構築一種共同意識，上座部佛教比伊斯蘭教更有用。在教育、儀式與共同心態的構築上，「僧伽」是一股流行而普遍的勢力，國王會親身投入僧伽的獎勵與改革，以營造國家指導的同質性。從十五世紀到十八世紀，斯里蘭卡的王有效運用「摩訶毗訶羅」（Mahavihara，大寺）授戒式「改革」僧伽，統一僧伽口徑，讓人民在王室指派的族長領導下保持一致。我因此認定，在一些近世亞洲國家，國家民族主義是一項統治要件。不過在一九五○到一九七○年代現代化熱潮最為鼎盛的時期，領導人透過全民教育、國家儀式與革命詞藻，讓古老的亞洲文明改頭換面，亞洲的國家民族主義也自成一格。

反帝國民族主義（Anti-imperial nationalism）

　　在二十世紀的亞洲與非洲，由於反帝國民族主義無所不在，許多人認為只有這種「民族主義」才是真正的民族主義；大多數南亞與東南亞的文獻直呼它為「民族主義」，認為沒有進一步說明的必要。中國、日本與泰國的民族主義，由於未經殖民化洗禮，以不同程度結合了國家民族主義與族裔民族主義，在性質上完全不同。不過由於與東南亞的反帝國現象出現在同一時代，一般都將它們視為亞洲民族主義的一部分。在分析家眼中最難解釋的中國式民族主義，往往以一種反帝國的形式自我呈現，不時還與其他地區的反帝國民族主義相互呼應。但中國式反帝國主義的目標，很快就從滿洲人身上移除。滿洲人非常成功地殖民中國達兩百五十年，直到一九一一年才被迅速驅逐。之後，反帝國主義的矛頭指向讓中國「屈辱」、壟斷中國「通商口岸」

的歐美列強，以及從一九三一到一九四五年軍事占領中國華東與東北的日本。更適切地說，這應該是「國恥恨」型民族主義（見下文），而不是反帝國民族主義。

由於通俗文化與政治用語將「民族主義」作為中國、韓國與越南反共政府的標籤，「民族主義」的定義越來越模糊。在共產黨不斷煽動反帝國民族主義與族裔民族主義，用來對抗對手政府的國家民族主義之後，究竟什麼是「民族主義」更加讓人一頭霧水。

但無論如何，對於在二十世紀中期將帝國煉成民族的煉金術士而言，反帝國民族主義絕對是關鍵要件。它的特性可以歸類為以下幾種：

（1）反轉晚期帝國主義的種族等級制度，根據這種等級制度，歐洲人（或是在韓國與台灣的日本人）位階最高，外來的亞洲人（在東南亞的華人、印度人與日本人）居中，「土著」在最底層。

（2）採用皇權創造的邊界和統一作為新的民族認同的神聖空間，所有「土著」人民都應該在其中掩藏起他們的分歧。

（3）採取一種激進的現代化議程，譴責傳統君主政體與習俗為「封建」和殖民主義者豢養之物。

（4）尊崇一個或多個能代表民族在遭到屈辱或肢解以前的民族精髓的古代政權。

（5）支持經濟自給自足，推動全民語言與全民教育，認為這是開創繁榮、建立新民族認同的關鍵。

相較於另外兩種民族主義形式，反帝國民族主義是在二十世紀前五十年的高度特定條件下之產物。在一九○○年前、後幾十年間，

由於殖民政府將主權延伸到國際認可的邊界，在其他地方接管民族國家大多數的集權功能，帝國主義的性質出現深層變化。因此可以說，二十世紀的帝國主義，既創造一個狀似現代民族國家、但欠缺現代民族國家關鍵特徵（民主、廣泛教育、法律面前的平等）的結構，卻開始用現代西方意識形態教育越來越多的民眾，於是最終造成反帝國主義論的盛行。馬克思主義利用霍布森（Hobson）[18] 與列寧[19] 的論點，證明帝國主義是一種必敗無疑的資本主義。馬克思主義之所以能贏得許多人青睞，主要因為它看起來頗有理性，沒有種族主義色彩，而且最重要的是，它是一種蘊含樂觀精神的反帝國民族主義。

國恥恨（OSH）

在以獨立自傲的亞洲國家，這是一種非常突出的情緒化民族主義。「國恥恨」（Outrage at state humiliation）雖說兼具其他三種類型的民族主義特質，但因為不能納入其中任何一類，它必須另成一格。它與主流的族裔民族主義不同，因為它強調的是「國家」——不是族裔——面對實力懸殊的外敵而遭到的屈辱。它不是反帝國民族主義，因為宣揚「國恥恨」的都是已經正式獨立的國家，只不過國民認為他們的國家還不夠成功、還不夠強大罷了。它也不是國家民族主義，因為它與國家造成的折衷局面格格不入，稍有不慎，它可能還是造成國家動盪或覆亡的重要因素。誠如石靜遠所說，「在現代化與啟蒙的表象下，藏著一股對自我與民族不滿，澎湃洶湧、無法平息的熱潮。」[20] 我們或許可以這麼說，「國恥恨」之所以在東北亞特別明顯，是因為國家民族主義經過許多世紀的成功經營，已經將國家打造成臣民自我認同的中心。不過，或許還有另一原因：臣民既對高高在上的

儒家官僚政府沒有影響力，在面對外國的競爭時，也只能接受「國家」，視它為政治認同的主要特色。因此許多世紀以來，國家民族主義在中國與韓國都發揮得淋漓盡致，使中、韓的官僚政府，與法國大革命以前的大多數歐洲社會相比，更加成為政治認同的中心。也因此，「國恥恨」式民族主義的目標在於再造更強大的國家，而不是另建一更能體現族裔立場的新政體。

「義和團之亂」（1899-1900 年）與「五四運動」（1917-1921年），分別代表農村／神話與都市／改革派兩種對立勢力，是發生在中國、最壯觀的「國恥恨」民族主義確證：當袁世凱政府在一九一五年五月九日接受日本提出的「二十一條」，消息傳來，舉國大譁，各地紛紛發動示威抗議，要求勿忘這種「國恥」。之後，北洋政府將每年五月九日與同一月裡的其他幾天訂為「國恥日」。接著國民黨在一九二七年主政中國以後，正式將五月九日訂為黨的重要紀念日。[21] 至於毛澤東主義者，雖然沒有在這種受害者情結上多作文章，但「國恥恨」民族主義在毛澤東死後重返中國。在一九九〇年鴉片戰爭一百五十週年紀念期間，中國除發表官方教科書《國恥恨》之外，還舉行許多特定歷史事件週年紀念活動，有關「國恥」的論述又重返中國。[22] 二〇〇一年，受到軍方鼓舞，或許也為了在一九九九年中國駐塞爾維亞首都貝爾格勒大使館被炸事件過後宣洩民怨，全國人大提出法案，要規定一個「國恥日」。應該選哪一天為「國恥日」的辯論由於選項過多而進展緩慢（國民黨在一九二八年曾列出二十六個這樣的「國恥日」），不過中國終於在那年九月舉行第一次「國恥日」慶典。[23] 中國已經將國家教育課程重心，從馬克思理論轉移到國恥史論述，而所謂「中國的崛起」對這項轉移並無影響。[24]「國恥恨」民族主義仍是一種容易帶來動盪的民粹情緒，二〇〇五年的反日示威與二

〇〇八年奧運聖火傳遞暴力事件都是例證。

東北亞的「國恥恨」，痛恨的是曾統治人類史上最大人口群的文明古國，竟如此軟弱而受到如此屈辱；在東南亞，人們心目中比一切其他政治模式都優越的伊斯蘭傳統，同樣因軟弱受辱而讓他們憤憤不平。在十六到十九世紀間，印尼最有權勢的獨立國家——亞齊蘇丹國之所以能保持獨立，主要靠的就是這種民族主義：當亞齊蘇丹不斷與歐洲人尋求政治與商業妥協時，就是用這種民族主義激勵亞齊百姓起而反抗。就像在中國一樣，這種民族主義儘管保住國家的政治認同中心地位，但也不斷造成國家的動盪不安。在二十世紀，當局以民怨的形式運用「國恥恨」民族主義，對付比較成功現代化的鄰國——中國與韓國用它對付日本；寮國用它對付泰國；高棉用它對付泰國與越南；馬來西亞用它對付新加坡。

重疊的時間進程

在二十世紀上半段，大體而言，反帝國民族主義在東南亞都比族裔民族主義盛行，不過有些案例（印尼，越南）的程度比其他案例（馬來亞，高棉）的程度更大罷了。到一九五〇年代，由於幾個大國都能保持獨立，反帝國民族主義似乎已經功德圓滿，不過由於中南半島的戰爭與冷戰，反帝國民族主義繼續蓬勃發展直到一九七五年。它成為新獨立政府推動國家民族主義的主要情緒資本，但之後隨著族裔民族主義的復甦，它的效益也迅速退燒。相關議題於是成為：國家民族主義可以在多大的程度上運用反帝國民族主義造成的早期衝勁，創造一種新的與國家一致的認同意識。

能不能將背負罵名的帝國邊界轉化為神聖國界的煉金作業及時完

成，以抵擋族裔民族主義與「國恥恨」的進一步挑戰，將亞齊人與巴塔克人（Batak）變成印尼人、將華人、馬來人與卡達山人（Kadazan）變成馬來西亞人？這個問題的答案是：想用這種煉金術讓當地最主要的族裔改頭換面，就必須提供一個較大舞台，演出一種新版的現代族裔大戲。巴塔克、基督教與印尼認同（或者另外的地方，峇里、印度與印尼認同）能透過一種身分認同的分層或嵌合過程而共存。在馬來西亞，由於反帝國民族主義聲勢較弱，族裔民族主義的一種保護形式較強，這項煉金作業的成績差得多。

當然，亞洲最終是否能如同像歐洲，遵循同一種分裂途徑達致民族國家的標準（nation-state-dom），這也受到全球局勢的影響。如果將歐洲經驗視為典範，我們或許會認為，亞洲的民族主義由於還需要在建立民族國家應具備的文化同質性，在此之前還會歷經許多艱辛困苦。但在夏克拉巴提（Chakrabarty）提出其論述之後，[25] 我們或許應該謹慎一些，將歐洲「地方化」，將歐洲經驗視為一種基於不尋常歐洲情況而出現的特例。比較歐洲、東北亞與大部分東南亞地區的情勢，能讓我們看清全球與區域性因素之間的互動，看清理念的交流，看清一些明顯的矛盾：在西歐，主權國的地位可經由他國的自願讓步而成立，但在前南斯拉夫、高加索地區、東非、緬甸、印尼與中國，成千上萬的人則為爭取主權而奮戰至死。

後民族主義——歐洲與全球因素

套用瓦茨拉夫・哈維爾（Vaclav Havel）一九九九年在加拿大國會說的一句話，許多證據顯示，民族主義以及作為它爭取目標的民族國家「已經過了它的高峰」。反帝國民族主義在後殖民時代世界的式

微，與二十世紀結束時資金與商品流動的巨幅增加，似乎都說明一個全球化與相互依存新紀元的到來。全球各地都受到這種大整合的影響，也為民族主義論述造成一些區域性差異。後民族主義時代的跡象或許可以歸納為以下幾點：

（1）**冷戰的結束**，以及國際共產主義「第二世界」的崩潰，也奪走了「第三世界」與「不結盟運動」大部分的意義。透過後見之明，兩個超級強國間的恐怖平衡，讓人一時之間不敢相信各式各樣、大不相同的聯合國會員國在主權上盡皆平等，因為即使再小的國家也得在這兩個超級強國之間選邊站。

（2）**資本市場與貿易的全球化**導致共產主義土崩瓦解，就像過去民族主義分子極力譴責外資一樣，現在每一個政府也在極力爭取外資。一九九五年才成立的「世界貿易組織」，迅速擴張，已經擁有一百四十八個會員國（二○○四年），將全球百分之九十七的貿易納入它的規範。國家精英都知道，世上其他地方發生的變化也能嚴重影響本國經濟，嚇跑國際資金的即時代價就是本國更高的失業率。甚至直到一九八○年代，中國與蘇聯這類大型國家，以及包括東南亞大陸大多國家在內的較小型國家，還能撰寫屬於自己的經濟故事，並製造能夠配合政府需求的統計數字。冷戰結束後，全球化得以真正展開，世界銀行（World Bank）與聯合國推動蒐集數據，這迫使世界各國放棄以政治詞藻鬥勝，而在「國民生產毛額」（GNP）成長、福利統計與「基尼係數」（ginicoefficients）等領域競爭。

（3）由於越來越多媒體從電子來源取得消息，**跨國公司接管許多關鍵性服務，媒體運作全球化**。班尼迪克・安德森曾說，擁有特定發行地區的報紙之「印刷資本主義」，在創造民族國家的過程中扮演重要角色。[26] 這不禁讓人想到，今天的全球媒體帝國、國際同步發行的專欄與衛星電視連線，對這些民族國家的衰微是不是也有相當影響。在這個問題上，至少有三項改變看來很重要：1 人們在打開電視時，可以看到更多來自全球各地、可以作為民族認同的各式各樣選項；2 運動、意識形態、嗜好、興趣、理由與認同政治的專業觀眾更加全球化。一旦這類主題涉及女權、生態、第四世界賦權、或民主等意識的強有力改變時，能主要透過我們所謂「非政府組織」現象，為特定主權國家帶來世界性壓力；3 在北大西洋、東亞、撒哈拉以南非洲、阿拉伯世界、中文閱讀世界與拉美等幾個多民族區域或語言團體的強流動性精英，對 CNN、半島電視台、或《經濟學人》等全球或區域性運作、超國家的雜誌與新聞機構越來越感興趣。這些精英群體都是基於語言、意識形態與短期遷徙等因素而形成的跨國界社群，遠遠不能代表山繆・杭亭頓（Samuel Huntington）所謂的「文明」。

（4）**國際勞工的移動**不是新聞，但在二十世紀中葉出現的，基於民族主義而讓人民留在國內的一段異常時期結束後，這類移動達到新高潮。第一次國際勞工移動高潮出現在一九二〇年代，儘管當時新大陸的移民國家排斥華人，仍同時引進數以百萬計愛爾蘭、義大利與德國勞工，每年仍有一百多萬華人移往海外打工。類似規模的又一次勞工移

民高潮出現在一九九〇年代，不過這一次主要是比較貧窮的熱帶國家的勞工，移往比較富裕的溫帶國家。一九二〇年代勞工淨移入最大地區之一的東南亞，特別透過與日本、台灣、香港與中東的勞工合約，成為勞工淨出口最大地區。以日本、韓國、香港與新加坡為首的富裕政治實體，由於生育率不斷下降，需要大規模國際勞工以維持經濟運作。基於以上這些理由，這些新移民比他們的前輩更能保持舊有認同。

（5）**意識形態的變化**，縱使沒有終結同化主義的「熔爐」理念 —— 接受移民的國家期望移民能放棄舊有認同，支持新國家的國家民族主義 —— 至少也已經削弱了這種理念。加拿大與澳洲在一九八〇年代首先展開多元文化主義，接下來在美國出現的「文化戰爭」反映了同樣趨勢。墨西哥、中國、印度與越南等國直到一九七〇年代仍不斷譴責移往海外的僑民，說這些數以百萬計的僑民為了過比較好的日子而拋棄祖國。但它們現在發現，移民不僅能從海外匯款回國，能幫著建立國際聯繫，還擁有技巧，雙文化移民對兩邊都有經濟好處。接受雙重國籍與多本護照已經蔚為風氣，美國也在二十世紀末悄然接受這種無所不在的現象。王賡武[27]與王愛華[28]提醒我們注意到中國人越來越盛行的旅居心態，但這種多文化認同在歐洲發展得更深入。

在所有這些領域，歐洲共同體一直都是領頭羊。它的成員國自一九四五年起，已經意識到為了和平、為了大市場、為了規模經濟與區域專業化而讓渡國家主權的好處。從結構性條件的角度，歐洲使

多國間規範得以生效。就民意而言，它也樹立了歐洲人民對它的容忍底線，法國與荷蘭（二〇〇五年）以及愛爾蘭（二〇〇八年）公民投票的負面結果就是證明。從全球層面上來說，歐洲國家也一直都是國際規範的倡導者與典範。越來越多的跨國法律公布，使佛蘭德（Flanders）、蘇格蘭、或加泰隆尼亞自治問題對主權現狀不那麼具有威脅性。[29] 後民族主義就若干程度而言是一種全球現象，但在原本已經分裂的歐洲，它的斬獲最為可觀。

源遠流長的諸國家 —— 東北亞

東北亞經驗為有關民族主義與民族國家發展的歸類帶來重大挑戰。這裡的問題，主要不是阿姆斯壯（Armstrong）與史密斯關心的老族裔（大多來自中東），而是中國、韓國、日本與越南等歷史悠久的國家。這些國家都至少存在一千年，有屬於自己的、用現代國民能讀懂的文字寫成的歷史與文獻。儘管中國與越南曾向西方與南方的「野蠻人」地帶大舉擴張，這四個東北亞國家自從立國以來，邊界幾乎沒有變動。現代國家以一種青春活力的想象共同體對應他們的當代認同，但這四個東北亞國家有的是源遠流長、有關前朝與古聖先賢的記憶。不過除了杜贊奇（Prasenjit Duara）[30] 等少數例外，有關這四國經驗的新著作卻很少。

如果想以歐洲人的思維方式了解中國經驗，就必須這麼代入：中國是一個沒有四分五裂，各地族裔也沒有各說各話的羅馬帝國。中國在每一場朝代危機過後，都能一再反覆、在同一核心地區進行自我重整，而且持續使用同一種文字。中國沒有分裂，是因為它的文字不是音形一致，也因此不會有機地與區域性方言結合在一起。中國早自漢

代（約與羅馬帝國同期）起就將官方文書刻在石碑上。這種原始印刷術逐漸為有效的木版印刷取代，到十一世紀，大量書籍開始發行。印刷術強化了帝國語言，對各說各話的方言（歐洲的情勢就是如此）卻沒有加分效果。

在公元第一千紀，韓國與越南由於受到中國直接統治，吸收了中國體系的因素，但以一種十六世紀前最接近今天世人所謂民族國家的形式繼續發展。中國本身無愧為一個帝國，事實上還是一個自認「天朝」的世界帝國。但韓國與越南透過戰爭（越南的案例尤為突顯）與配合中華帝國體系（consummate playing of the Chinese imperial game）等手段維持獨立，緊傍著這個世界第一強國生存下來。前後許多世紀，兩國都不斷遣使，前往中國首都納貢，但同時也都不讓中國干預內政。在兩國的官方聲明與歷史中，兩國都極力主張與中國同樣平等，當中國遭到蠻族例如蒙古人或滿洲人統治時，兩國甚至認為自己比中國更能守護經典，因此在文化上比中國更勝一籌。

自秦始皇於公元前二二一到二一〇年統一中國、結束封建，將全國劃分為數十個郡縣開始，中國就處於中央集權的官僚統治之下。「世上沒有一個文明能維持這麼長久、這麼完整的國家結構與官員任職紀錄；也沒有一個文明能讓一個國家在這麼長的時間保有這麼核心的地位……一個沒有人懷疑，幾近於神聖的體系。」[31]在這個囊括黃河與長江下游廣袤地區的龐大帝國內部，度量衡、錢幣與書寫體系盡皆統一，地方總督得定期向中央朝廷提出報告。同樣的中央化體系經漢（公元前 206- 公元 220 年）、唐（公元 618-907 年）與之後的朝代重新建立。考核年輕讀書人是否熟悉華夏經典的科舉考試制度，早在第六世紀已經在中國實施（從公元前二世紀起逐漸孕育而成），並且分別於第八與第十一世紀引進到韓國與越南。原則上，這些透過考

試而成為官員的讀書人，要根據他們學得的儒家規範管理政務。雖然在實務上，無論中、韓與越南都有軍閥與權貴家族專政的情事，不過這個儒家規範大致上一直維持到十九世紀末。

日本像英倫三島一樣，也是人口稠密的島國，決定島國邊界的是自然因素，與大多數歐亞大陸內陸國家的邊界經常人為變化的情況有別。英國史學者有時認為英國人的民族理念可以回溯到十四世紀，但直到十六世紀，英國國會（Westminster）才得以全面統治整個英倫三島，直到十九世紀末，英語才成為英國國語。英國的國家民族主義一直沒能讓愛爾蘭人認為他們是英國人，隨著愛爾蘭於一九二二年分裂獨立，這個國家民族主義項目也正式宣告失敗。相較之下，早在德川家康於一六〇三年完全統一日本列島之前，日本列島便已歷經在長達數世紀的文學與宗教文化共享。

談到英國與荷蘭在十六世紀展開的歐洲經驗，我們或許可以將它視為一種族裔民族主義與國家民族主義相互補強、創造文化同質性的經驗，但面對東北亞問題，這種經驗對我們一點幫助也沒有。事實上，我們發現，國家民族主義在很早以前，已經以一種王朝與精英模式成為中國的政治運作原則，而且同樣也有創造文化同質性的效果。當代中國辯論將國家民族主義描述得很清楚，也將它與族裔民族主義作了明確區隔。[32] 我們在越南、韓國與日本的文獻中看到它們堅持與中國地位對等，看到它們一面模仿中國，一面又強調與中國不同，也讓我們感受到一種早期反帝國民族主義的氣息。這些因素與共同的精英訓練、共同的書寫語言等客觀特性結合，產生一種比歐洲本身還早的早期現代民族主義意識跡象。也因此，二十世紀出現的民粹民族主義構築在一個別樹一格的認同基礎上。

東南亞透過華人僑民與屯墾民也有類似經驗，我們會在第三章探

討。更重要的是，越南運用中國式的官僚作法，非常有效地抵擋了中國深入東南亞的進一步南向擴張。儘管越南人民從許多方面來說都是東南亞人，居住在潮濕的熱帶地區，並與多元的社會互動，越南的政府卻是一種東北亞式朝廷。像中國朝廷一樣，越南也在軍事占領之後進行官僚與教育擴張，有效地將許多占人（Cham）、高棉人與泰語人口歸化為越南人。東北亞與東南亞兩種型態間的界線，可以從越南與高棉之間的衝突關係上清晰可見。在越南於一八三三年征服高棉之後，奉派管理高棉的越南將軍對他的高棉部屬非常不滿──「高棉官員只知道怎麼行賄與受賄，花足夠錢就能買到官職」。[33]明命帝於是派遣更多越南學者─官員與教師前往高棉，並且堅持「土民既改土歸流，必須教之……方是用夏變夷要著」。*

對國家的厭惡 ── 東南亞

如果說，在全球經驗中，東北亞是強大國家歷久不衰的一個極端，那麼大部分東南亞差不多就是另一個極端。特別是東南亞的高地與島嶼，從未發展出有官僚體系、有法律制度的國家，而且對鄰近那些獲得外力支持的國家嫌惡不已。這些社會像是高地的巴塔克人，蘇門答臘的米南佳保人（Minangkabau）與帕瑟瑪人（Pasemah），菲律賓的他加祿人（Tagalog）與米沙鄢人（Visayans 又稱「宿霧」），緬甸北部的撣人（Shan），以及許多住在寮國與北越境內與他們一樣說泰語的土著，大體上都沒有複雜的文明，沒有書寫體系，讓他們聚

---

* 作者注：我很感激李塔娜博士提供的這項有關明命帝命令的參考資料與翻譯，原文節自《大南實錄》的阮朝皇帝錄，一八三九年

居在一起的因素是親屬關係與宗教儀式，而不是國家權力。誠如紀爾茲（Geertz）所說，即使在殖民時代前已經高度複雜的爪哇（Java）與峇里（Bali）政體，他們似乎「對『政治是什麼』抱持著另一套完全不同的概念」。[34]

從中國這樣大一統的國家角度看來，這些似乎沒有國家的南方蠻邦「夫夷狄禽獸，本無人倫」。[35]十九世紀，在當時已經真正成為英語民族國家的英國，史塔福・拉法爾（Stamford Raffles）也有同感。他寫道，在明古魯遇上的蘇門答臘社會「盡是數不勝數的小部落，沒有普遍意義上的政府……那些人民就像天上的鳥一樣，整天在住處遊蕩」。[36]

這種現象，正如同拉法爾所說，究竟應該歸結於演化結果，還是為了調適特定環境而作出的選擇？在進一步探討以前，我們必須先考慮維克多・李伯曼（Victor Lieberman）蒐集的那些令人印象深刻的資料。李伯曼認為這是一個演化而成的案例，他的資料顯示，東南亞大陸的權力越來越集中，在一三四〇年左右，東南亞大陸至少還有二十三個獨立政治實體，到一八二四年只剩下緬甸、暹邏與越南三個。他指出，東南亞的案例與法國一步步邁向主權集中的案例極其類似，而且就像東南亞的案例一樣，法國也在十八世紀出現一次大崩潰。李伯曼告訴我們，不只是越南，緬甸也「經常倡導多數族裔與語言……以加強對王權的心理認同」。[37]他認為，儘管東南亞國家的主權演變方式由上而下，而且階級異常森嚴，但與同時間出現在歐洲的國家民族主義演變方式有許多類似之處。「雖說少了對民眾主權的堅持，但特別是在緬甸與越南，不斷演變的政治認同，無論在一七八九年之前與之後，與同期出現在歐洲的政治認同演變都有不容否認的類同之處」。[38]

李伯曼有關緬甸的論點令人信服，足可以將緬甸完全排除在下述作者（大多是印尼專家）所作的「東南亞」概論之外。以環境角度來說，位於伊洛瓦底江（Irrawaddy）中部流域盆地的東南亞乾旱區，雖說也常下雨，但雨水並非終年不斷，也因此擁有大片非常適合持續灌溉的稻田。由於在乾季，利用伊洛瓦底江行船與跨越盆地發動軍事行動並不困難，這裡自然而然成為建立一個強盛國家的理想地區。相形之下，遍布李伯曼所謂「不斷流動的、小規模的泰人政治實體」的廣大地區，從環境角度而言幾乎像是星羅棋布的島嶼一樣，同樣對官僚國家有著相當的抵抗力。

　　大部分東南亞地區，因其潮濕熱帶氣候，並不適合稠密農耕人口與中央管控官僚政體的發展。在終年多雨的地區（如東南亞中部地區，包括整個馬來半島，蘇門答臘大部，西爪哇與婆羅洲）雨林茂密，難以砍伐焚燒開闢稻田，而且瘧疾猖獗。也因此，最早期的農耕人口出現在有明顯乾季的地區——在一至四月為乾季的東南亞大陸北部與中部，以及五至九月為乾季的東爪哇與爪哇以東的島嶼。基於水力控制與躲避瘧疾的理由，高地出現農墾的時間一般而言比海岸地區早。不過這些高地人口聚居在特定可以灌溉的河谷，彼此之間重山阻隔，不通往來。就算在這類地區，道路交通也很困難，在林木稠密、處處沼澤的沿海，陸上交通根本辦不到。比較大型的政體之所以能夠維繫，靠的是沿著同一個河道灌溉體系來回的水路運輸，而非憑藉陸上道路與軍隊征伐。

　　儘管有這些環境障礙，至少從第七世紀起，東南亞已經有王國出現。不過這些王國之所以能將王權伸張到王宮以外，靠的是印度或中國思想提供的理念基礎，以及國際貿易帶來的財富與技術。本土色彩較濃厚的東南亞政體，靠的似乎是超自然而不是法統，是宗教儀式

而不是軍事支配。這些統治者往往借助印度宇宙論，提升自己的超自然法力。從羅馬、波斯與漢朝的時代開始，其他區域構築國家靠的是法統、官僚與軍工產業，但在東南亞，擁有相當文藝傳統的精緻文化──例如爪哇、峇里、巴塔克、米南佳保、武吉士（Bugis）、以及遠離港口／首都的泰人社群──之所以能凝聚，靠的是另外一些因素。

近年來，東南亞歷史學者一直很關心這「另外一些因素」是什麼。套用東尼・戴伊（Tony Day）的話，「在早期以及在現代，它看來像是一種官僚制度，但根據韋伯的定義，它又不算是。」[39] 或許掀起這股東南亞歷史研究風潮的，是紀爾茲在一九八〇年根據十九世紀峇里文獻而寫成的《王國》（Negara）。他在這本書裡提出「劇場國家」（Theatre State）範例：

> 在這個劇場，王公貴族是主辦人，祭師擔任導演，而農民是配角、舞台工作人員與觀眾……在這裡，朝廷禮節是朝政的動力；繁複的禮節儀式不是用來支撐國家的，事實上，就算是已經奄奄一息的國家，都是為了建立這種繁複禮儀而準備的裝置。權力是用來服務慶典儀式的，不是用儀式服務權力。[40]

翻閱內部與外界史料，確實可以找到有關爪哇、峇里、馬魯古（Maluku）與占城（Champa）這些好戰王國，以及吳哥（Angkor）與異教徒造廟人的紀錄。公元一五〇〇年以前的王國的有關史料，主要來自中文紀錄與土著銘文，而這兩個來源似乎都同意東南亞有一些長命的「王國」。但透過考古學、人類學研究，以及學者對這些紀錄的反覆審視後發現，這些「王國」大多數是由許多中心組成的親屬與

儀式網路，或許它們的精妙之處，在於它們能用完全不帶官僚色彩的手段動員大批男女。至於那些銘文與之後的王室紀事，「在代表性上雖說高度中央化，在體制上卻分散得極廣」。[41]

如果說紀爾茲找到了在「劇場國家」儀式中取代官僚的社會黏著劑，珍‧卓卡德（Jane Drakard）就在文字的迷人魅力中找到了這種黏著劑。[42]大體上，盧克‧納提高（Luc Nagtegal）在解釋殖民前的爪哇時，[43]漢克‧蕭特‧諾哈特（Henk Schulte Nordholt）在解釋峇里時，[44]都將它們視為不穩定的、相互競爭的親屬與儀式網路。莫利‧黎克里夫（Merle Ricklefs）[45]與瑪格麗特‧韋納（Margaret Wiener）[46]分別視爪哇與峇里為魔法與儀式體系，其目的在於編織或至少是強調其連貫性與統一性。

雖說以上這些著述的討論範圍絕大多數不出印尼，東尼‧戴伊將視野擴大到整個東南亞，作了一次大膽的綜論。他的《液態之鐵》（*Fluid Iron*）將有關權力管理與社會作成的各種理論分類為四個主題：親屬關係；知識，特別是關於現世與宇宙論的知識；官僚制度與恐怖。近年來針對前兩個主題的有關論述已經不少，但官僚主題還需要更多解釋，因為戴伊認為，「相對於韋伯字典有關國家的定義，即使是最專制、最獨裁的東南亞國家，也與無政府狀態所差無幾。」[47]不過「官僚政體」之爭在殖民與後殖民政體的有關著述中仍然激烈。戴伊認為，前三個類型提供的權力管理與社會作成工具還不夠完整，還少了「恐怖」──也就是透過超自然手段或較為殘酷的日常手段任意打擊敵人的能力。

來自歐洲與中國的外來勢力，為東南亞帶來不同的概念。在過去，較古老的印度理念只是一味強調儀式與宗教，強化了東南亞王權的超自然面向，而中國在公元第一千紀對越南的統治，卻為越南帶來

足夠的官僚階層，使得在十一世紀獨立的越人國家與它的東南亞鄰邦大不相同。葡萄牙、西班牙與荷蘭人在抵達東南亞之初只在港口地區活動，關心的只是賺錢，而不是控制當地人民，看起來與比他們先來一步的那些印度商販沒有兩樣，不過西班牙人（一五七一年起在馬尼拉）與荷蘭人（一六一九年起在巴達維亞）也帶來一種相當不同的官僚作法，不斷建立書面紀錄，建立、執行法理主張（legal claims），還不斷替換官員以避免王位交替時出現危機。西班牙人還以亞洲僅見的方式，帶來一種強有力的反宗教改革意識形態，不到百年，就為從馬尼拉起、直到處於無國家狀態的低地菲律賓廣袤地區，鋪上一層伊比利天主教（Iberian Catholicism）與官僚統治的色彩。

　　僅僅三個世紀後，在一八八〇到一九一〇年間，東南亞其他的二十世紀邊界都被荷蘭、英國與法國三個殖民帝國用現代主權與官僚理念填滿了。所有東南亞人這時都已經知道現代國家的主張與功能；貴族階級的武裝與奴隸被剝除；每個人都得聽命於一套來自遙遠他鄉的國家法律體系。少部分東南亞人，或以王朝驕傲為名（如緬甸人、越南人、亞齊人、峇里人），或以萌芽中的族裔民族主義為名（如越南人、亞齊人、巴塔克人、爪哇人），或以「國恥恨」式伊斯蘭教信仰為名（如陶蘇格人〔Tausug〕、馬京達瑙人〔Magindanao〕、亞齊人），反抗這種強加在他們身上的新秩序。不過大多數東南亞人迅速適應了外在世界為他們帶來的這些現代化機遇。這些新國家相當成功，而且總的來說，它們因為新興的受教育階級而被視為是「現代」的，不過對大多數東南亞人來說，它們仍然太古怪、太遙遠──而事實上，新國家原本就是要建立這種差異。

個案研究——來自一個厭惡國家的島國

我的個案研究就在這樣一個厭惡國家的世界裡完成。不過，在討論這些個案研究以前，我得在下一章先將東南亞的一些特性作進一步說明才行。我在第一章討論了五個現代用來鞏固與詮釋身分認同的特定標誌，它們是三種民族主義類型的組成因素，各自都有其角色，不過隨個案不同而有不同比例的組合方式。本章還分成了四個部分來說明殖民主義對東南亞政治認同的影響方式。

第二章以島嶼為主題的個案研究會進一步舉例說明這三種類型。我在這一章以「擴大一種族裔核心」為題，對第四類型民族主義做一般性探討。這一類型民族主義之所以需要特定分析，因為它一直以來經常是人們心目中的民族主義經典或範例。在這些個案中，緬甸、暹邏與越南的族裔民族主義、殖民前的國家民族主義與反帝國民族主義，都緊密地相互補強，正由於過於緊密，幾乎沒有分析家認為有必要在概念上區分它們。為了說明區分這些因素的確有必要，我在第二章提出簡短討論，並且特別以緬甸為例，說明緬甸自獨立以來一直多災多難，問題就出在將這些因素混為一談。

接下來是五項個案研究，檢驗某些特定認同以及它們演變成不同民族主義形式的過程。第三章討論第一項個案研究，頗具反諷意味的是，這項研究的主題是東南亞的華人認同。之所以優先討論華人認同，部分原因是海外華人的民族主義（overseas Chinese nationalism）比起印尼與馬來西亞（不過不是菲律賓）的反帝國民族主義略早一步，因此第四章的馬來個案研究衍生的各種民族主義形式，也離不開涉及「華人意識」的關鍵性辯證。只有在中國本土以外的地方，「華人」才能代表與本地人民不一樣的族裔。發端於東南亞的華人族裔民

族主義約於二十世紀之交出現，在刺激中國本土的國家民族主義，以及馬來西亞與印尼的族裔民族主義與反帝國民族主義方面都扮演相當角色。

印尼、馬來西亞與汶萊都在它們獨立後的國家民族主義中納入強有力的馬來意識，連菲律賓也不時如法泡製。第四章的論點是，在馬來西亞，馬來人這個標籤由於與族裔民族主義結合得太緊密，經常危及國家民族主義進程。在印尼，馬來意識牢牢嵌入反帝國民族主義，從而為國家民族主義奠下基礎，也讓一切馬來族裔民族主義的法統蕩然無存。在汶萊，一切形式的民族主義都遭到君主打壓，馬來意識仍是官方標準的構成基礎。

接下來談到的亞齊，是對作為國家的印尼最有威脅的族裔民族主義。第五章告訴我們，這種族裔民族主義的力量正來自它對國家的記憶，與隨後討論的無國家人民的例子成對比。就少數族裔的意義來說，亞齊或許比不上印尼的巴塔克，或馬來西亞的卡達山，但亞齊人承繼了一種特別強烈的抵抗外來控制的意識。第六章與第七章是巴塔克與卡達山個案研究，說明在印尼與馬來西亞，過去沒有國家的人可以採取的政治認同成形途徑與主張的不同。這些不同，主要取決於他們對抗的兩種國家民族主義之間的差距：在印尼，他們對抗的是後革命、中央集權化的公民民族主義；在馬來西亞，他們對抗的是不斷演化的聯邦體系與族裔（排他）—民族主義。

最後，第八章再次透過東南亞的整體角度進行宏觀分析，以將這些個案研究整合為一體。

第二章

了解東南亞民族主義

反帝國主義之所以在二十世紀的東南亞這麼盛行，部分原因是當時東南亞沒有什麼老牌國家主義與之抗衡。緬甸、暹邏、越南、高棉、亞齊與龍目島（Lombok）的國王們，運用宗教象徵的操控手法，也造就了一些與大多數臣民之間的共同性。但與東北亞統治者不同的是，這些東南亞的國王聘用一大堆外國人，而且雖然在與臣民溝通時使用白話，但他們更常使用更各種宗教或貿易語言，如巴利語（Pali）、梵語、阿拉伯語、馬來語。

反帝國主義的典型案例是菲律賓。西班牙長達三個世紀的統治與共同的宗教信仰，使得帝國的統治方式早在一八六〇年代在菲律賓就已經顯得很有說服力。到一八九〇年代，荷西·黎剎（José Rizal）與他的「開明派」（ilustrado）支持者提出的菲律賓建國宣言，成為一八九六年反西班牙革命，以及接下來的反美國占領抵抗運動的主流思想。但是，在許多擁抱民粹的平民階層中，他加祿語與宿霧語的使用，自然而然便促進了族裔主義的興起，但這些語言一直未能真正撼動由殖民帝國法令確立的菲律賓邊界概念。

我們即將於下文談到，印尼民族主義在誕生之初，與萌芽中的爪哇、米南佳保、巴塔克與米納哈薩（Minahasan）族裔主義都能

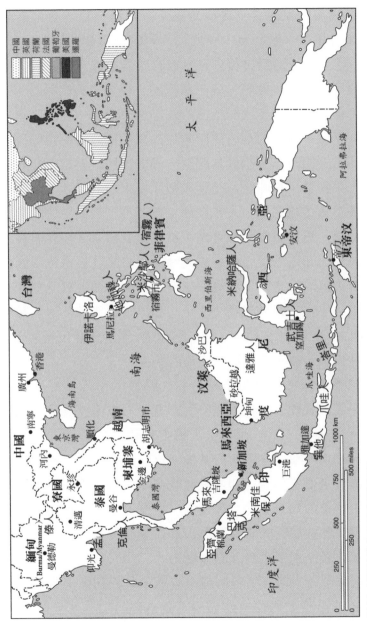

殖民時期與當代東南亞對照圖

共存。但在沒有國家主義支撐的情況下，這些族裔主義都遭到反帝國主義洪流吞噬。一般認為，一九二八年的「青年代表會」（Youth Congress，見下文）是相當具有分水嶺意義的事件。當時代表不同族裔、地區與宗教的學生團體，就一個祖國、種族／民族與語言的問題達成協議。這個協議把帝國統治派的論點據為己有，是反帝國主義者慣用的典型手法，而他們又將伊斯蘭與馬來荷蘭政府使用的貿易通用語——比如爪哇語及馬來語做為國語，讓自己居於非常有利的地位。這造成了下列影響：爪哇語是幾近半數印尼人口的母語，但其他一半印尼人大多不懂這種語言。大多數學生精英都習慣使用的的荷蘭語，最後總得拋棄。馬來語當年只是極少數島民的母語，但在所有的城市都能通行無阻。印尼的反帝國主義運動，因青年代表會這項協議而享有菲律賓及大陸的反帝國主義無法享有的優勢：菲律賓的反帝國主義者必須費盡心思在一種外國語（西班牙語以及之後的英語）與一種本地方言（他加祿／菲律賓語）之間來回調適；至於大陸反帝國主義者，則必須犧牲少數族裔，使用最大族裔的語言。

由於帝國統治者在重要關鍵時刻的轉移（在一八九八年的菲律賓，西班牙人被美國人取代；在一九四五年的東南亞其他地區，日本人被歐洲人取代），新一代的反帝國主義認同革命訴求得以在菲律賓、印尼、越南與緬甸境內大行其道。就像一七八九年的法國一樣，革命派將舊帝國劃在地圖上的這些新認同賦予神聖性。在或大或小的程度上，透過革命而實現的「煉金術」，將原本的多族裔帝國認同轉變為一種讓人熱血澎湃的新共同體；而這樣的轉變，為這些新國家打造的國家革命神話提供了巨大的原動力。

透過這類革命手段，這些新國家延續了殖民前東南亞國家那種超自然氛圍。革命烈士的鮮血將國旗、獨立宣言以及烈士陣亡的地點

賦予神聖性。在大多數情況下，它們不能像在歐洲或在東北亞一樣，繼續或恢復舊有國家主義，但它們承繼了原統治者留下來的兩條可能的脈絡。根據第一條脈絡，國家是超自然權力、敬畏、恐懼與歸屬之源。在這種脈絡最強烈的印尼與緬甸，革命當局將這種傳承神聖化，從而以合法名目，對挑戰者進行嚴厲軍事鎮壓。另一條脈絡是帝國式傳承，這是一種本質上取自他國，不過迫於現實需求，不得不做的構築：它為現代化開啟了原本無法如此敞開的大門。由於欠缺一種強大的本土國家傳統，這些後殖民國家看來很脆弱，或套用岡納·麥達爾（Gunnar Myrdal）的說法，看來很「軟弱」。[01]無論如何，這些東南亞國家既迫於現實需求而引進外來傳承，又憑藉真實（或許逐漸退色）的超自然魅力（supernatural charisma）傳承建國，兩者結合，最終造就了真正的新社群，相較於民主環境下復甦的大多數族裔主義，它們顯得更加長壽。

關鍵性認同標誌

語言

　　班納迪克·安德森告訴我們，歐洲印刷術的發明如何刺激現代國家意識的產生：它創造了「統一交換場」（unified fields of exchange），從中建立一種新的、故意給人一種古老感的「固定傳統」（fixity），這為某種較接近印刷版本的「核心」口語提供了特權，從而將其他口語給「方言化」。[02]不過，在亞洲的情況是：東北亞的身分認同與印刷物的互動，比歐洲的互動長久得多，而東南亞的身分認同與印刷物的互動，又比歐洲的互動短得多。傳入東南亞的印刷物

最早都是中文書籍，從十六世紀起才有拉丁文書籍流傳，在習慣使用印度與阿拉伯文字的東南亞地區，拉丁文似乎格格不入，不能引起人們爭相效法的意願。

　　直到十九世紀，基督教傳教士都以單打獨鬥的方式，將印刷術運用在東南亞語言上，主要透過羅馬拼音形式來傳播。第一本這樣的印刷品，是一五九三年在馬尼拉印刷、翻譯成羅馬拼音他加祿文的《基督教教義》（*Doctrina Christiana*）。在這之後，出現了更多闡述基督教教義的印刷品，並且多了宿霧與伊洛卡諾（Ilocano）文版本，因此讓菲律賓語成為東南亞基督教精英使用的較固定與統一的語言。不過，由於使用菲律賓語印刷的讀物幾乎都是教義書籍，懂得羅馬拼音的精英可進一步接閱讀西班牙文書籍，因此菲律賓語並沒有造成強大的族裔主義認同。

　　在越南，耶穌會傳教士亞歷山德羅（Alexandre de Rhodes）編撰了第一本羅馬拼音基督教教義抄本，還在一六五一年創造了越南話羅馬拼音字典。這套拼音文字系統在一九二〇年代成為標準化越南「國語字」，對族裔主義的耕耘有深遠影響。但在此以前，它「只是一種宣傳外來宗教與政治的原始工具」，扮演的角色有限。[03] 在差不多同一時期，荷蘭傳教士也發明了羅馬拼音馬來文，並且印製為聖經，以供他們在巴達維亞、馬魯古與米納哈薩成立的天主教教區使用。事實上早期羅馬拼音印刷品的標準非常參差不齊，沒有任何推廣標準化的效果，直到所謂《萊德克聖經》（*Leydekker Bible*，新約於一七三一年、舊約於一七三三年完成）問世，印刷術才開始對基督教人口產生標準化的效果。到十九世紀，羅馬拼音馬來文印刷品根據這個傳統，成為一種新的多族裔都市文化的載具。但除了生長在都市的本地華人與馬來人以羅馬拼音馬來文為母語以外，幾乎所有馬來人都將它作為

第二語言與不同族群間的通用語。直到很久以後，基本上在一九二〇年代，它才逐漸成為都市精英與平民文化共同使用的語言。

同樣也是透過基督教傳教士引介，泰國與緬甸在十九世紀後半段開始有了本土文字刊物，隨後在二十世紀出現報紙，對當地的民族主義產生標準化效應。但在島嶼地區，只有爪哇人、巽他人（Sundanese）與使用阿拉伯字母的馬來人，由於人口基本盤夠大，才能支撐並維繫一個使用本地方言的媒體；不過，面對採用羅馬拼音的馬來媒體之競爭，這些本地方言媒體都陷於苦撐。此外，對於生活在高地的基督徒（具有歐洲浪漫主義方言運動思維的傳教士們相信，必須透過本地方言傳教，才能讓許多高地人皈依為基督徒）而言，羅馬拼音刊物確實在他們的族裔主義中舉足輕重（見第六章與第七章）。但對島嶼地區的大多數其他族裔來說，語言基本上是一種口語媒體，在書寫文字方面，他們習慣使用的是阿拉伯字母或羅馬拼音的馬來文。

簡單來說，主要由於字母拚寫的差異，印刷術對於東南亞認同塑造的衝擊來得極晚。當此衝擊（西班牙文、荷蘭文、英文、以及特別是透過羅馬拼音書寫的馬來文）終於到來的時候，在島國世界對多族裔反帝國主義產生的影響，比對族裔方言的影響更大。不過也由於這樣的衝擊來得很晚，而且是在帝國主義、而不是國家主義的主導下進行（泰國是例外的個案），在當地便形成了一場非常不公平的對抗──其中一方，是多族裔通用語刊物，而另一方則是數以百計語言聚落使用的、主要用於口語表達的刊物。不過，與歐洲以及東北亞情況不同的是，東南亞的語言聚落沒有因為印刷媒體出現而降低數量與趨向同質化。

宗教

在東南亞，就像在其他地方一樣，宗教認同搶在民族認同之前出現。但我們必須先區分清楚的是，相互排斥的閃族一神教世界，如伊斯蘭教以及基督教世界，與仍然由印度衍生的各種宗教主控的東南亞世界是大不相同的。在東南亞大陸的世界，受到民眾喜愛的「僧伽」（指多人組成的宗教團體）將佛教信仰帶進每一個村落，使當地成為亞洲佛教天地。因此，來自佛教或印度教世界的各地移民，很容易融入當地，一方面繼續保有家鄉的宗教習俗（中國的鬼神節慶、緬人／撣人的自然崇拜、婆羅門教的儀式），另一方面參與皇家贊助的上座部佛教儀式。由於國王是國境內上座部佛教教主，因此需要宗教幫他整合各式各樣的臣民，卻並不要求臣民必須遵從一種文化或知識規範。

另一方面，基督教與伊斯蘭教不僅要確立、往往還會強制推行明確的區隔。對伊斯蘭教來說，與老東南亞信仰型態的最起碼的區隔，就是放棄豬肉（這是東南亞民眾喜愛的宴席美味），並且採取某些樸實、極簡的服裝與喪葬儀式。[04] 而對基督教來說，這類區隔與一夫一妻制與性規範以及與教會接觸的形式有關。基督教是透過高度政治化的形式引入東南亞的。比如葡萄牙人往往以信奉天主教的與否，作為在與穆斯林貿易網路的政商衝突中表現「忠誠」的象徵。而一五九六年抵達的荷蘭人，以同樣堅定的決心反對天主教，迫使已經皈依天主教的馬魯古與巴達維亞人遵守荷蘭人的喀爾文派（Calvinism）教規，以證明他們在荷─葡這場政商鬥爭中，確實站在荷蘭人、而不是葡萄牙人這一邊。在十七與十八世紀的菲律賓，由於信奉天主教的菲律賓人面對的主要威脅是「荷蘭東印度公司」，因此天主教與新教之間的分界線，便成為當地最明確的認同區隔。儘管後來的菲律賓反帝國主

義在受到共濟會（Masonry）與歐洲啟蒙運動的影響，以一種反天主教精神發動一八九六年革命，但是它引以為革命根據的身分認同，卻是由教會一手打造的。

在東南亞，由於遜尼派伊斯蘭教的莎菲懿派（Shafi'i）教法學校在各地都獲接受，伊斯蘭教沒有這類內部認同區隔界線。但就對外而言，特別是在亞齊、淡目（Demak）與萬丹（Banten）當地的伊斯蘭教，在十六世紀與葡萄牙的競爭過程中便越來越政治化，並且讓成功以武力抗拒伊斯蘭教化的人民產生一種反認同。在這種反認同的推波助瀾下，蘇門答臘的巴塔克人與十六世紀的峇里人，以及十七世紀蘇拉威西島（Sulawesi）的托拉查人（Toraja）建立一種非伊斯蘭教認同，婆羅洲的達雅人（Dayak）與其他非伊斯蘭教民族，也與海岸的馬來―穆斯林文化形成一種鬆散的區隔。

伊斯蘭教在創造認同的過程中所扮演的角色，往往根據它引進的阿拉伯文與土著之間的互動型態，而產生各種不同的結果。對於那些從十五到十七世紀之間成為穆斯林的民族來說，大多數接受阿拉伯文，視阿拉伯文為唯一文學表現手段，而且僅使用馬來文或阿拉伯文書寫。因此，包括後來的所謂馬來人、亞齊人、米南佳保人與班加爾人（Banjarese），這些民族便與廣泛的伊斯蘭世界建立一種強大的共同意識。另一方面，發展得最好的前伊斯蘭文學文化，包括爪哇島的爪哇人與異他人，以及蘇拉威西島的望加錫人（Makasarese）與武吉士人，在保有他們自身文字與文學語言的前提下，挑選有限的阿拉伯文與馬來文文選，譯成自己的方言。對他們來說，語言是一種強有力的疆界，不僅能阻止伊斯蘭局外人滲透，更能塑造他們的基本認同意識。

但對於那些成為穆斯林的人來說，宗教成為超越特定的語言團體

或王朝之外的主要團結選項。一五六○年代，亞齊人因為與葡屬麻六甲的香料貿易競爭，與奧斯曼土耳其（Ottoman Turkey）以及其他涉及香料貿易的穆斯林港口結盟。一五六○年代，亞齊蘇丹在懇請土耳其蘇丹提供軍事援助對抗葡萄牙人的書信中，一再以「穆斯林」遭到「不信神的人」荼毒為訴求，要求提供援助。[05] 透過上列案例，可說明在現實中，東南亞的穆斯林統治者幾乎無法聯合行動。但在「荷蘭東印度公司」讓即使是最強大的穆斯林統治者也相形見拙之後，穆斯林世界接連出現數次以千禧年為號召的訴求，促進穆斯林的團結運動。[06] 接下來，在一八五○到一九二○年間，伊斯蘭團結運動（Islamic solidarity）的重要性再次獲得增強，這是對抗迅速擴張的荷蘭殖民帝國勢力之最簡易可行的方法。因此，從一九一二年起，印尼現代民族主義經驗的第一個群眾運動自然而然地自稱「伊斯蘭聯盟」（Sarekat Islam）。

在一九二○年後，全球各地的反帝國主義的勝利，讓人感到這種宗教團結形式已經走入歷史塵煙。然而，伊斯蘭的團結運動從未消失，在若干程度上，它與蔚為主流的民族主義相互依存，但在共存之中也不乏緊張。每當條件許可的情況下，特別是在一九五○到一九五七年間、以及一九九八年以後的印尼民主化過程中，「伊斯蘭」總是成為一種政治認同的標誌。此外，在馬來西亞，自一九七○年起，馬來族裔主義更是成為年輕一代馬來人的認同標誌首選。就分析角度來說，伊斯蘭團結與民族主義是兩回事，不過兩者透過強有力互動而結合在一起。

有疆界的主權空間

如果說，「厭惡國家」的東南亞土著只關注中心與身分，歐洲帝

國主義帶來的觀念是極度強調疆界的需求。英國特使伯尼（Burney）曾於一八二六年告訴暹邏朝廷，英國人相信只有在土地與土地之間劃定固定疆界，才能「防堵一切錯誤或爭議的可能」，並且相較於緬甸人與暹邏人的關係，固定疆界將能促使據有下緬甸（Lower Burma）的英國占領人與暹邏建立更穩定、更和諧的關係。[07] 不過，早在歐洲船隻飄洋過海來到東南亞以前，疆界訂定——以及它帶來的那種每一個疆界內主權獨占的假定——已經先一步抵達東南亞。西班牙與葡萄牙在一四九四年簽署《托德西利亞斯條約》（*Treaty of Tordessillas*），時間雖在哥倫布發現新大陸之後，但卻在葡萄牙從海路抵達亞洲之前。《托德西利亞斯條約》把歐洲以外的世界沿大西洋子午線劃上一條南、北走向分界線，子午線的左半邊為西班牙可以征服的土地，右半邊涵蓋太平洋本初子午線的大多數亞洲地區，則留待葡萄牙進行征服。可想而知，其他被排斥在外的歐洲列強對這項條約並不買帳。

歐洲依循著各強權國家的規則，持續進行疆界訂定。許多隸屬於荷蘭與英國的貿易公司，雖然勢力強大，但沒有像葡萄牙的國王們作出許多浮誇的領土主張，不過它們重視壟斷——貿易與香料生產中心的壟斷——而且能以更有效的手段追求壟斷。早在一六一五年，荷蘭東印度公司就已經告訴望加錫統治者，說望加錫的自由貿易原則，與荷蘭東印度公司對望加錫香料貿易的壟斷主張衝突。當時的望加錫國王回覆，荷蘭人的祖先也曾為了主權，不惜死戰以抗拒西班牙人，更何況：「上帝作成這塊土地與這個海洋；把土地分給眾人，讓海洋成為公有。從來沒有聽說有任何人應該被禁止在海上航行。」[08] 無論怎麼說，經過四十幾年血腥衝突，荷蘭東印度公司最終成為香料群島主人，所有與它競爭的對手都被安上「走私者」標籤並排斥在外，比

如英國東印度公司也是在這段過程中被荷蘭東印度公司擊敗的對手之一。英國東印度公司被迫於一六六七年簽署《布雷達條約》（Treaty of Breda），放棄對肉豆蔻產地班達（Banda）的貿易權，換得當年看來沒什麼價值的紐約。

在十六世紀哈布斯堡對抗奧斯曼土耳其之戰、十七世紀新教對抗天主教之戰結束後，英、法兩國於一七四四與一八一五年間在歐洲、北美與亞洲的一連幾場戰爭，很可以名正言順地稱為「第三世界大戰」（third world-wide war）。在這場大戰一開始，英、法兩國為爭取在印度的貿易霸權，分別支持相互競爭的印度統治者，最後英國取得大片印度土地控制權。在戰爭與革命的強大刺激下，歐洲國家主義改變了東南亞境內主權主張的性質。荷蘭在東印度群島地區的領地，先由親法國的革命軍將領丹德爾斯（Daendels，1808-1811年）占領，隨後由英國的史塔福・拉法爾占領（1812-1815年）。拿破崙戰敗之後出現的簽約潮，在一八二四年的《英—荷倫敦條約》（London Treaty）簽訂後劃下句點。這項條約將海洋通道轉變成國際疆界。尤其根據條約法令，麻六甲海峽與新加坡成為荷蘭與英國之間競爭及野心的疆界。雖然位於這條疆界的任何一邊的土地，當時並沒有分別被英國或荷蘭占領，只是被宣稱了疆界的主權。一直要到約一個世紀以後，生活在群島地區的民眾才發現，儘管在地「主權」偽裝得極其巧妙，他們其實是一個擁有處置他們全權的歐洲政體的一部分；而生活在半島的民眾，也才發現自己原來屬於另一個、同樣擁有處置自己全權的歐洲政體。

當歐洲的國家主義發展到巔峰，歐洲人不再容忍那些不肯響應「文明」國家要求、在地圖角落上胡作非為的土著時，英國與法國領土主張之間的衝突與和解才成為話題。法國在一八五九與一八八五

年間分階段征服越南，然後沿流經暹邏與越南的湄公河北上，深入高棉與寮國地區。英國也在緬甸採取同樣行動。不過英、法兩國都不能容忍對方占領這個地區第三大國的暹邏。在一八九三年，法國迫使暹邏放棄它對湄公河東岸的一切主張，讓又一條貿易動脈淪為一條毫無生息的疆界。英國與法國隨後於一八九六年達成協議，共同尊重暹邏的獨立主權。暹邏為求生存，搶先東南亞鄰國實現了歐式的現代化運動。接著經過又一輪精心策劃、保持勢力平衡的行動，暹邏的現代邊界得以進一步確立。雖然法國在一九〇七年占領高棉的暹粒（Siemreap）與馬德望（Battambang）省，但是因隔著暹邏的邊界，也只能坐視英國於一九〇九年將馬來半島地區的吉打（Kedah）、玻璃市（Perlis）、吉蘭丹（Kelantan）與登嘉樓（Trengganu）等蘇丹國納入保護。

在比較不文明的東南亞東部地區，荷蘭在一七四九年與葡萄牙達成瓜分帝汶的協議。荷蘭、德國與英國談判人員於一八八〇與一八九〇年代在新幾內亞（New Guinea）地圖上劃界，確立各自勢力範圍，不過住在當地的土著要許多年以後才弄清發生了些什麼。這些疆界就根本來說都是人為的，它們將各式各樣族裔團體砍成兩半，將重要的交通要道塑造成新國家的邊陲。但到了二十世紀，對於接受學校教育的新一代東南亞人而言，這些疆界已成為課堂地圖上的固定現實，以及新國家主義的標誌。

人口普查

東南亞的國王經常為臣民的多樣性而感嘆不已，特別是緬甸、暹邏與越南的幾位國王，還曾為了稅收問題而統計過他們的臣民類型。

殖民統治時期的作法則是運用人口普查將所有臣民分門別類,無論是否可以課稅。英國是最常運用人口普查的殖民統治者,每十年都會在馬來亞與緬甸舉行一次人口普查,從一九○○年起直到一九三九年因歐戰爆發而中止。二十世紀之初的英國人,由於相信「種族」是一門重要的科學,也對分門別類情有獨鍾,只不過他們在東南亞的作法似乎不是這麼「科學」。

在實作上,人口普查當局登記人們的出生地或居留地、語言、宗教與穿著方式等,建立了各式各樣的「自我認同」。這與他們對「種族」的一般認知大不相同——在歐洲,種族與國家認同糾結在一起,也因此相對固定。緬甸的人口普查當局在一九三一年將英格蘭人、威爾斯人、美國人、法國人、荷蘭人等等歸入「歐洲與盟國種族」類別的「種族」,做來一點也不費事。但當他們將這一套基本自我認同概念轉移到緬甸人身上時,問題來了:他們發現一百三十五個土著「種族」。[09] 同一年,馬來亞人口普查當局登記了七十多個「種族」,其中十五個歸類為「馬來西亞的種族」。在大類別方面,只有華人「種族」與國家主義類別混在一起,那些使用華南地區不同方言的華人,就這樣成為人口普查登記的「部落」人口。[10]

但在發現這麼多「種族」與了解在地語言與風俗的各種殖民官員對話之後,人口普查當局察覺他們是在對一個不斷變化的世界進行分類。他們對「緬甸境內種族差異的極度不穩定性」怨聲載道。[11] 一九○○年後,馬來亞人口普查當局對不知道、也根本不想知道「科學」分類究竟是什麼的馬來人進行種族的科學分類,結果同樣令人沮喪。負責一九三一年這項人口普查的維里蘭(C・A・Vlieland)承認這項行動失敗。維里蘭說,「大多數東方民族本身對種族並無明確概念,而宗教對他們的影響,即使不是決定性的、通常也是最重要的因素。」

他承認，要在這種情況下界定「種族」根本不可能，但他堅持使用這個名詞，並且認為「基於現實目的，應該明智結合地理與人類學的起源、政治忠誠、種族及社會之間的親和感與同情心。」維里蘭以一種非常英國的方式，為這本看得人暈頭轉向的糊塗帳找了藉口，他認為這樣的人口普查，不過是在問一個人每天掛在嘴邊的問題，「它是一句很普通的口語對話，也就是『那是什麼人？』」[12]

　　但人口普查為這些人為、強制的分類帶來一種假權威。馬來西亞、新加坡與緬甸直到獨立以後，仍本著英國特有的那種對種族分類的信心，繼續透過人口普查去進行種族分類。不過，在進入二十一世紀以後，在當地政府力勸下，認為種族分類是基本、不能避免之工具的人已經不多，當年那些「對種族並無明確概念」的人就是其中一部分。

　　但是，在二十世紀初，人口普查當局相信，他們身處於一個為了生存而進行支配及競爭的社會達爾文主義世界，因此原有的種族分類，開始在同質化的過程中逐漸演變成大的種族類別。比如馬來亞的英國人開始一步步將「馬來」列為具有政治重要性，必須保護的種族類型，這點我們會在第四章進一步詳細討論。一九二一年的人口普查當局仍然嚴肅考慮「種族」概念，將母語為馬來語的蘇門答臘移民視為「馬來」人，但到了一九三一年，人口普查當局採用一種政治詮釋，只有生在馬來半島、因此值得「保護」的人才能稱為「馬來」人。其他屬於「馬來西亞」類的人種則依自我認同或出生地而定，其中最重要的是爪哇人、巴韋安島人（Boyanese）與米南佳保人。[13]

　　土著人民賦予自身的各種自我認同，同樣也讓荷屬印度官員困惑不已。因此，對這些官員來說，「race」（種族）一詞只是代表各種不同「類型」，而最重要的則是四大「人口團體」（bevolkingsgroepen）

的區別。這四大人口團體分別是歐洲人、華人、「其他亞細亞人」與「土著」（內地人），其中「土著」類占總人口的百分之九十五。其他令人眼花撩亂的各種族裔都被歸類為「landaarden」（荷語，意思接近「鄉下人〔countrymen〕」），翻譯成英文就是「races and tribes」（種族與部落）。一九三〇年，荷蘭人在東印度群島進行了唯一一次的全面性人口普查，在面臨上述的難題時，他們嘗試給出的解釋是：「我們盡可能以最標準的方式明確闡述 landaard 這個字的意義：這是一種共同文化，特別對較小的族群來說，也是一種不願與其他 landaard 混居在一起的『意願』。」[14] 就像在緬甸一樣，東印度群島的族群種類也多如牛毛，讓人口普查當局難以「閱讀」或理解，於是他們採取「盡可能將不同的 landaard 組合在一起」的作法，「使統計人員的工作不致過於複雜，使資料處理與發表的成本不致過於昂貴」。[15] 之後幾章就會探討，這些大族群分類，對形成當代印尼相互競爭的族裔有重大影響。不過就整體而言，更重要的是，在每一項官方統計或刊物中創造的這種一邊是「土著」、另一邊是外國人口族群的劃分。這對後來的統一印尼而言是一項大禮，但是卻讓那些標上「華人」標籤的族群成了犧牲品。

姓名

在講究全球化與融合的現代，姓名成為世世代代保有認同的重要手段。一旦同化政策成為處理移民問題的最主要手段時，改名換姓、讓姓名顯得更「正常」，就成為加速這種同化過程的重要辦法。雖然，後來的新多元文化主義鄙視這種為求同而改變原有姓名的作法，不過仍然接受許多妥協。比如說「混名」，也就是移民在社會中使用一個

名字，與家人相處時則使用另一個名字，比如特莉莎・阮（Theresa Nguyen）、亞伯拉欣・陳（Ibrahim Chen），這種案例呈現了所謂「文化共存」（bi-culturalism）的可能性。因此，想深入理解想像的社群與疆界，「如何命名」是個非常重要的關鍵，然而相關研究卻始終不夠充分。[16]

　　然而，華人與阿拉伯人的姓名，在變動的環境中特別難以轉換。以華人的例子而言，原因是父系家族的重要性，以及中文姓名的不可變化的性質。中國人遠比世上其他民族更加相信應該用姓氏維護父系家族的傳承。根據傳說，每個人都必須有「姓」的政令，早在公元前二八五二年便已經頒布。[17]儘管源遠流長，中國的姓氏並不多，而且大家都對它們耳熟能詳。根據一般說法，中國只有一百個姓（百家姓），但實際上的姓氏或許有兩、三百個。儘管隨著時代與地點變化，這些姓氏的讀音或有不同，但使用的文字不變。在動盪不安、流離失所的環境下，就算失去華語能力，華人也一直不願放棄他們嚴謹的中文姓名系統。或許也正因為姓名讓華人念念不忘他們殘存的「華人意識」，東南亞政府有時還會向華人施壓，迫使他們放棄中文姓名。

　　這些中文姓氏同樣也用於越南與韓國，不過它們的讀音差距，比起中國方言的差距還大。越南在二十世紀初期推動的姓氏羅馬拼音化政策，比如「阮」姓轉寫為羅馬拼音的「Ruan」、「范」姓轉寫為羅馬拼音「Pan」。這項政策造成越南姓氏與中國姓氏在形式上的極大差異，也讓越南人與中文世界漸行漸遠。

　　阿拉伯姓名的原因則不同。自古蘭經用神聖的阿拉伯語表達，並透過阿拉伯文、而非白話方言譯本進行研究與記憶以來，古蘭經上的姓名與文字就沒有改變過。另一方面，基督教的聖徒名字則歷經「民族化」（nationalisation），比如拉丁文的「Jacobus」（雅各布斯）

變成法文的「Jacques」（雅克），西班牙文的「Iago」（伊阿古），德文的「Jacub」（雅庫布），英文的「James」（詹姆斯），與義大利文的「Jacopo」（雅格布），這與穆斯林世界不成對比。也因此，對採用伊斯蘭教或阿拉伯命名系統的東南亞人而言，除了他們姓名中呈現的伊斯蘭認同以外，看不出其他任何認同（他們將阿拉伯文的「ibn」〔某人的兒子〕稍加變化，改為「bin」，如此而已）。直到二十世紀，伊斯蘭命名系統的使用逐漸普及，成為馬來人、亞齊人與望加錫人的主要型態。但在爪哇人中，使用這種命名系統的人數相當有限，大多數爪哇人直到今天仍在姓名中標示他們的族裔。

東南亞普遍使用的命名系統，是一種雙邊世系與母系系統，與中國的姓氏與父系標記正好相反。除了華人與越南人，或是在本書第六章討論的巴塔克人中有一些例外，東南亞的命名系統普遍不會經由父系將姓氏代代相傳。東南亞的姓名，可以在不同的人生階段改變，甚至可以針對不同的人使用不同的姓名，沒有人認為一個人的姓可以傳到下一代，或傳給另一人使用。

不過，現代民族主義採納姓氏系統，確實為許多文化帶來一種模仿歐洲人與華人的擔憂。然而，當局往往這麼做，是因為這能夠讓人民感知到「國家」的存在，套用詹姆斯・史考特（James Scott）的說法：這麼做能讓人民「看得懂」。[18] 舉例來說，西班牙總督克拉維利亞（Claveria）在一八五〇年宣稱，每一個菲律賓人都必須取一個姓氏，因為「沒有姓氏就不能讓人為他們的家族負責，從而造成司法行政、政府、財務與公共秩序的困惑」。[19] 克拉維利亞發行了一本收錄數以千計姓氏的《姓氏名錄》（*Catalogo de Apellidos*）供菲律賓人選用，上面的姓氏事實上多屬本土姓氏，不過精英們一般都選用西班牙姓氏。這是一次由國家主導、非常成功的轉型運動，菲律賓人也因

此成為非漢化東南亞人中，第一個擁有明確姓氏系統的族群。因此，這段史實難免讓人認定，菲律賓認同的出現，以及家族政治之所以在二十世紀的菲律賓舉足輕重，都與這本《姓氏名錄》密切相關。

而在泰國，西式類型的泰國民族主義創始人、泰王拉瑪六世（Rama VI，Vajiravudh，1910-1925年在位）也在一九一三年下令，每一戶的男性戶長必須選用一個姓氏，由男性子嗣代代相傳，「以確保政府的出生、死亡與婚姻紀錄都能明確而可靠」。毫無疑問，拉瑪六世的部分動機，就像菲律賓的克拉維利亞總督一樣，為的也是方便國家治理。但是不只如此，從拉瑪六世的評論中也可以明顯看出他的國家主義用意：「現在我國人民都有了姓氏，因此可以說我們已經趕上了文明標準。」[20]

拉瑪六世似乎很怕別人認為他在抄襲中國的作法，因此他說，華人仍處於容易造成分裂的氏族姓氏階段，而真正的現代民族應該有屬於個人的姓氏。他相信姓氏「有助於維護家族傳統。還能發揮激勵作用，讓每個人都能在追求個人榮耀的同時，也為家族榮耀而努力。」[21] 拉瑪六世親自把名字送給社會精英，但也鼓勵平民百姓取名字。就這樣，儘管在日常生活中極少使用，泰國人繼菲律賓人之後，開始有了家族姓氏。至少在與非泰人打交道時，這些姓名有標示國家界線之效，使泰族的族裔壟斷地位更加明確，也使不肯效法的少數族裔更顯疏離。在一九四〇年代泰國國家主義發展到高潮的期間，華人與穆斯林也面臨採用泰國姓氏的巨大壓力。因此，泰國國家主義能否成功對抗重大競爭對手，端視這項過程能否成功而定。

國家與族裔的殖民構築

東南亞的民族主義之所以與歐洲民族主義不同，不僅僅是基於文化背景的差異而已。在東南亞以現代形式推動國家主義的現代國家，都是外來帝國。它們之所以能於十九世紀末期在東南亞建立權威，主要因為它們體現的族裔與國家主義的「同質性」，比它們的在地對手大得太多，而事實證明，這種「族裔與國家主義的同質性」在十九世紀非常有效——「取得權力與財富的萬無一失的途徑。」[22] 這些帝國的政策也因此很重視認同的塑造。

只有統治菲律賓的西班牙人，從一五七一到一八九八年間將國家主義擴大到他們的亞洲屬民身上，並且朝西班牙化的方向重塑他們。然而，撇開這個例外不計，其他在亞洲的歐洲人並不想在國家與它的屬民之間創建共同的歸屬意識。他們完全沒有這類念頭；再者，隨著這些歐洲人的絕對國家意識變得更加現代，他們開始與生活在周遭的亞洲人更疏離，也更加下定決心保有這種疏離。儘管在帝國疆界內創建族裔主義並非殖民當局本意，但同質化效應是殖民統治必然產生的結果。因此可以說，英國人、荷蘭人與法國人在他們的統治領域內建立共同法律、財政、官僚與教育政權，反而為反帝國主義奠下堅實基礎，不過他們沒有採取最後步驟，也就是動員民眾發動戰爭或其他共同行動。這個步驟要留待土著民族主義者來完成。

殖民統治對東南亞族裔形成的效應或影響各不相同，差距甚大。之所以如此，每個殖民者各有不同風格與動機固然是一個因素，但更加重要的是區分出與殖民統治者互動的不同東南亞社會類型。我們需要區分至少四種互動類型，我將它們標示如下：（1）擴大單一族裔核心（2）保護脆弱的王權（3）從貿易帝國走向革命統一（4）將無

國家狀態族裔化。

擴大單一族裔核心——緬甸、越南與暹邏

　　英國征服緬甸與法國征服越南之初，都知道緬甸與越南都是基礎穩固、頗以獨立自傲的國家。尤其是緬甸在一七六〇年代、越南在一七八八年，兩國都曾擊敗中國人吞併或「懲罰」他們的企圖。因此，緬甸統治者自稱是世界統治者（轉輪王），是眾王之王，還是佛祖化身，當緬甸與鄰近的泰國發生爭鬥時，不僅能動員數十萬大軍，還能有效部署火砲。此外，越南人也極端擅長軍事，在與鄰國以及中國的衝突中，往往都能取勝。

　　緬甸與越南兩國也都擅長亞洲的不平等聯盟外交遊戲，為牟利而不斷派遣朝貢使團前往中國，直到十九世紀，仍然繼續朝貢中國的東南亞國家只有它們與暹邏。[23] 緬甸、越南與暹邏等三國，接受與各自鄰國的各類型從屬、附傭關係，但是它們沒有西伐利亞體系灌輸給歐洲人的主權平等概念。不過，與東北亞的中國強調無形宗主地位的作法相比，英國與法國對於占領一種儀式性空間並無興趣——它們要的是某些關鍵經濟的控制權，而且若不是透過戰爭，往往不可能取得這樣的控制權。

　　在越南，國家主義是一種以前文陳述的東北亞模式呈現的現實。儘管越南在十七與十八世紀大部分時間一直處於幾個相互敵對國家的分裂狀態，但阮朝在一八〇二年統一越南以後，可以輕鬆利用大越（Dai Viet）創建的官僚與印刷文化同質性，依據中國模式建國。雖說這些越南國家也像中國一樣，有許多藩屬國，但它們了解文明人與野蠻人之間的疆界。以越南公民與高地部落居民來說，只有前者負有

對國家的直接責任，而被征服的占人與高棉人即使接受中式書寫與姓名系統，成為「被同化」的越南百姓，但核心族裔的疆界仍然明確。

十八世紀後半段的動盪使阮朝得以脫穎而出成為越南之主，緬甸與暹邏也在同一時期出現一些強大的王朝。不過緬甸與暹邏統治者比較具備多族裔意識。暹邏王經常自認為是泰人、寮人、高棉人與孟人（Mon）的統治者，甚至還誇張地將馬來人與華人視為自己的子民。因此，泰國主權在一開始就分為許多支，在楠府（Nan）、清邁（Chiang Mai）、西雙版納（Sipsongpanna）與素可泰（Sukhothai）各有統治者，它們互相敵對，也互相納貢，還向緬甸或中國納貢。暹邏在十九世紀的經濟實力主要依賴華商與經濟作物。事實證明，暹邏人在與華商交易的過程中學得的技巧，對他們在十九世紀與歐洲人打交道很管用。

緬人由於首都距離港口超過一千公里，比較不願意接受與非緬人的象徵性關係，而更樂意運用高壓，推動文化同化。在伊洛瓦底江南方盆地的孟人因不堪高壓統治而發動一連串叛變之後，緬甸政府以殘暴手段弭平這些叛變，鼓勵緬人移民孟族地區，並強迫留下來的孟人在語言與服飾上與緬人同化。李伯曼估計，經過這種變化，在一四〇〇年緬人人口只占百分之六十的伊洛瓦底江盆地，到一八三〇年已有百分之九十的緬人人口。[24] 在伊洛瓦底江盆地以外地區，最強大的緬甸王或許想把其他族裔都降格為奴隸，不過，對一名領土內住有多個獨立「民族」的世界統治者而言，無論就實際與就意識形態條件而言，同化都是不可能辦到的事。[25] 桑吉馬諾神父（Fr Sangermano）談到緬甸帝國內的九個不同「民族」時，認為「他們各有各的語言，風俗習慣也與緬甸人不同。」[26] 這些民族有時是競爭勁敵，有時會納貢稱臣，有時是血腥征服的對象。

歐洲人征服了東南亞兩個最強的國家緬甸與越南，卻讓暹邏保持中立、做為緩衝國的作法，為曼谷卻克里（Chakri）王朝那些暹邏王帶來一種額外好處。在周邊藩屬大多都被歐洲人切斷的情況下，越是小而緊密的王國，也越容易自我轉型，成為現代民族國家。暹邏王朱拉隆功（Chulalongkorn）與他的內政大臣丹龍（Damrong）親王知道，他們必須效法殖民帝國的作法，在已經縮水的疆界內建立一支國軍與一個統一的政府。由於他們完全沒有殖民政府吸收周邊民族（基本上都是泰人）、建立國家認同的矛盾心態，一般認為，暹邏領導人將境內人口轉型為一個多數族裔，只留下極少的周邊「少數族裔」，可說在國家主義的發展道路上走得最成功。[27]

　　但是，同時期的英國及法國聲稱，曼德勒（Mandalay）與順化（Hue）原本與周邊社群的各種藩屬關係，現在分別由英、法兩國繼承。英、法建立了一個與滿洲帝國的現代主權疆界，讓過去的藩屬不能再向北京朝貢。在它們（為它們自己以及為中國）建立的這些疆界內，英、法構築了完全現代化的權力壟斷，以及統一的財政、教育、商務與行政系統。不過由於地方當局為適應五花八門的土著結構而不得不在現實上有所調整，這種一統權威的運作形式仍然複雜得讓人看得眼花撩亂。印度支那（中南半島）劃分為四個保護國——每一個保護國由不同的土著系統與法國當局搭配統治——與越南南部的交趾支那（Cochin-China）殖民地。約有三分之一個緬甸大小的緬北「指定區」（scheduled areas），由撣人、欽人（Chin）與克欽人（Kachin）首領們在英國人監護下繼續維持統治。甚至在設有國會系統的「正緬甸」中，克倫人（Karen）與若開人（Rakhine）人的憲法地位與孟族以及緬甸人也有所不同，而這些支配性族裔（dominant ethnie）的反帝國主義者，自然認為這種膚淺的劃分是騙人的東西，是一種封建的

時代錯誤，只因為殖民帝國的陰謀才得以存在。其他族裔儘管也在不同程度上受到反帝國主義的影響，但是與緬甸人相比，他們比較能接受來自遙遠統治者的這些新奇的管理辦法。一邊是支配性族裔，另一邊是發現自己成為新國家境內「少數民族」的族裔，兩者之間開始出現緊張衝突。這種衝突在整個二十世紀不斷出現，而且在進入二十一世紀後仍然持續延燒著。

這類基於帝國互動效應而產生的民族主義，創造了非常難以實現的指望。原為殖民地的疆界經過「理所當然」的神聖化之後，成為反帝國主義的「正確」疆界。但在緬甸獨立以後，緬甸族裔主義與國家主義牢牢結合，不斷對少數族裔主義發動贏不了的戰爭。越南則非常幸運，因為印度支那共產黨的反帝國主義無力在一九四五年控制整個殖民地，最後於一九五一年自我改名為「越南工人黨」（Vietnamese Workers' Party）。法國則於一九五四年成功引導寮國與高棉，成為根基脆弱的獨立國家。[28] 但無論怎麼說，直到一九八〇年，幾場印度支那戰爭都遭到越南妖魔化，因為越南人早自一九三〇年起，就夢想領導寮國與高棉的反帝國主義，發動「印度支那革命」，這些各式各樣的民族主義之間的問題，至今依舊無解。

保護脆弱的王權——馬來亞、高棉與寮國

英國在馬來亞，以及法國在湄公河盆地的勢力圈，都是純粹基於經濟目的，尋求介於真實與想像間的中國貿易路線之產物。英國人在麻六甲海峽地區建立貿易基地，蒐集運往中國的熱帶貿易商品；法國人則希望能順著湄公河直通傳言中的中國市場。他們在這兩個地區都沒有碰上能對他們構成重大障礙的強國。而在馬來半島有幾個港埠小

國，一邊向暹邏、一邊向廖內（Riau，自1784年起成為荷蘭的保護國）納貢。這些小國不適合農耕稻作，總人口也不多，但是因為長久以來一直位於貿易要津，這些小國有著世界一家的傳統，來自印度、中國、群島地區、以及暹邏灣的商人聚集在這些小國的港埠，當地最通用的語言是馬來語。此外，湄公河地區也是一處「水疆界」，[29] 當地的高棉人號稱擁有對華人、馬來人、占人與歐洲貿易商的主權，但力量薄弱，不時遭到越南人與泰人干預。

英國人與法國人來到這裡，當然不只為了與這些地區進行貿易而已，他們幾乎是在誤打誤撞的情況下取得影響力。雖然，當地的經濟既得利益在後來的二十世紀很重要，但在一開始，這些利益本身並不是英、法的戰略或經濟目標。來到這裡的歐洲人發現眾多軟弱、分裂的君主，其中不乏渴望藉助歐洲人以打擊對手，就這樣，這些歐洲人很快發現自己成了一些陷於亡國危機的小國「保護人」。因此，歐洲人選定他們願意保護的小國，維護、強化這些小國君主的力量。同時，這些小國為了滿足本身擴展經濟的需求，也鼓勵外來人口——在馬來亞的華人、印度人與歐洲人；在湄公河諸國的華人、越南人與歐洲人——開發資源。

在二十世紀，隨著民族主義與馬克思主義壓力的不斷升高，殖民意識形態大幅轉向，從保護統治者轉為保護人民。雖說殖民地人口原本一直非常複雜，但根據這種保護系統，接受殖民保護的所有對象，必須被「同質化」為那些溫良但懶散的本地「土著」。因此，所有農民、漁民或朝廷官員都得效忠於殖民當局干預下重新創建的統治者。隨著「保護」區的經濟進步開發，這些人民需要更多「保護」，以對抗較有活力、更現代的移民。在這些人民與統治他們的權貴精英間，反帝國主義的發展比較不如族裔主義那麼強勢。擁抱民粹主義的平民

很難從這些精英手中奪取領導權，不過一旦他們奪權，往往都會宣稱「迫使國家以更有效的方式協助這些軟弱而易受傷害的土著人民」。

　　馬來亞的個案會在第四章詳細討論，以說明所謂「馬來」（Malay）的多重意義。不過，「馬來」除了可以被視為一種自成一格的特例，也可以被視為類型學的一部分以進行探討。為了解這一點，我們可以先針對高棉與寮國「脆弱且受保護的王」之特性進行討論。

　　泰王達信（Taksin）在征服緬甸之後，於一七六七年在吞武里（Thonburi）建都，之後拉瑪一世（Rama I）遷都於今天的曼谷（1782年），暹邏開始蓬勃發展，並且迅速地向東擴張。直到一七七九年，軍事行動已經讓暹邏勢力廣被整個湄公河地區。當地的三寮王國——永珍（Vientiane）、龍坡邦（Luang Prabang）與占巴塞（Champassak）——破天荒地向暹邏稱臣，他們的翡翠佛聖像也從永珍搬遷到曼谷。不過永珍王阿奴旺（Anuvong）在一八二六年發動叛變，這是寮王運用寮人族裔主義在湄公河兩岸起事、意圖重建十七世紀瀾滄王國（Lansang kingdom）的最後一次企圖。最後阿奴旺叛變失敗，永珍遭到徹底毀滅，殘餘居民搬遷到湄公河對岸，以便暹邏當局統治。

　　再談到高棉。高棉在十九世紀之初一反常態地向暹邏稱臣，高棉王在曼谷加冕，為表忠誠，還將他們的親人送往泰國首都充當人質。與暹邏有淵源的官員在高棉位居要職，特別是在高棉最西的馬德望與暹粒兩省。這兩省是吳哥古蹟所在，對暹邏與高棉兩國王室都有重要象徵意義。這兩個省的地方勢力切斷了與高棉的關係，不再聽命於金邊，而是聽命於曼谷。然而，高棉朝廷本身一方面陷於派系分裂，一方面也因為不斷遭到泰人頤指氣使而不堪其擾，於是決定派遣使者向順化的越南朝廷納貢，以謀求其它的選項。一八三三年，暹邏軍隊入

侵高棉，越南也隨即派遣一支更強大的軍隊進入高棉，兩軍擁護各自的君主，都誓言為維護自己勢力而戰。在一八三三到一八四〇年間，越南的明命帝在高棉推動新儒家治國理念，希望複製之前在占人土地與湄公河三角洲地區的作法，將高棉中部地區「文明化」並且納入越南版圖。但在明命帝於一八四〇年死後，他的接班人認為這項挑戰過於巨大，他們於是與暹羅達成協議，同意從一八四八年起，與暹羅共享對高棉的宗主權。

法國在征服鄰近的越南土地後，便向高棉國王諾羅敦（King Norodom）提出保護建議，而這種模式在當時已經相當常見。當法國人在一八八四年提出更嚴厲的要求，要諾羅敦接受「法國政府今後認定有益的一切……改革」時，法國人給予高棉的生存機會，也比越南統治下的生存機會好得多。在一八九〇年代，寮國各地的親王，面對越來越中央集權化的暹羅的鯨吞蠶食，同樣也甘願與法國簽約，接受法國「保護」。位於湄公河東岸的寮國，在統治精英們爭取自主權的鬥爭遭暹羅擊敗之後，想要救亡圖存，比高棉更需要法國支援。

過去，湄公河地區在持續不斷的衝突下，只有最強悍的統治者才能生存，現在有了法國保護，湄公河地區的君王得以享有幾百年以來首次的太平歲月。像馬來地區諸王一樣，法國人也鼓勵湄公河地區諸王全力投入國家儀式、象徵事務、文化與宗教。約二十二萬越南移民（占寮國人口百分之二點七，占高棉人口百分之六點三）與十一萬華人（占寮國人口百分之〇點三，占高棉人口百分之三點五）分別填補中級行政與經濟職缺。[30] 在高棉，稻米生產在法國人鼓勵下不斷增產，農民人數穩步增加。如同馬來的情況，受過教育的高棉精英人數也很少，而且基本上都是貴族。這種在日本占領以前出現的民族主義，反抗對象是越南人對行政事務以及華人對商務的壟斷，而不是殖民主義

或法國本身。因此，作為國家統一的力量或一種公民民族主義的基礎，當地的反帝國主義仍然非常軟弱。

從貿易帝國到革命團結──菲律賓、印尼

在菲律賓的西班牙帝國勢力，以及在印尼群島的荷蘭帝國勢力，基本上都是基於商業因素而建立的，在菲律賓還多了受到帝國支持的基督教因素。雖然荷蘭人不惜進行血腥且代價高昂的戰鬥，不過他們往往基於商業目的謹慎地選擇他們的目標。一般而言，荷蘭人會協助力量最強、而且與他們沒有爭端的勢力，而不會與這些勢力敵對。到十九世紀末期，當英國人與法國人還在與緬甸和越南爭戰不休之際，荷蘭人與西班牙人已經在各自的腹地建立了良好的基礎建設，並向他們所謂的「周邊」地區出兵──分別是亞齊與蘇祿（Sulu）──與當地的穆斯林交戰。當時仍然獨立的亞齊蘇丹認為自己足以媲美緬甸、越南的君主，於是起而奮戰（見第五章），但從爪哇的觀點而言，亞齊已經淪為戰亂的邊陲，必須順應當時既有殖民模式才能免於戰亂。當時的爪哇與呂宋已經是一個多族裔（殖民）國的基地，沒有一個族裔的地位強大到足以成為核心，因此，未來要在這些群島立國，應該以三百年來的殖民主義與一個中央島嶼的土著結構的互動經驗為核心。然而，菲律賓以近似於爪哇語的他加祿語為基礎、建立民族語言的嘗試，也面臨與緬甸語相同的問題。不過菲律賓民族主義的有效通用語是西班牙語，二十世紀後則是英語，而荷蘭語與馬來語也在印尼扮演著同樣角色。對於菲律賓與印尼這兩個群島的反帝國主義者而言，如果想建立新社群、提升歸屬意識以因應殖民疆界，還得有更創新的作法才行。

歐洲殖民當局知道他們面對的是語言與文化各不相同的各式各樣民族，但在殖民主義極盛時期（約 1870-1940 年間）強調的種族階級意識中，「土著」的地位處於種族金字塔最底層，因此土著與土著之間的差異也就無關緊要了。西班牙人與荷蘭人都將境內土生土長的人民稱為「印地人」（Indians）──西班牙人稱他們「Indio」，荷蘭人稱他們「Indiër」。除了殖民者帶來的宗教以外，還有一種新的集體團結意識，出現於荷蘭或西班牙統治群島。這種新觀念在當地原住民之間傳開，讓原住民逐漸感到「印地人」一詞是種屈辱；隨著民族主義逐漸抬頭，原住民更將「印地人」視為壓迫的代名詞。在這種情況下，西班牙人與荷蘭人需要創造一個沒有「土著」或「印地」等負面意涵的新名稱。

　　頗具反諷意味的是，菲律賓由於以十六世紀的西班牙國王之名命名，反而是幸運的；直到十九世紀，「Filipino」（菲律賓人）已經毫無爭議成為這個殖民地的公認代稱，後來更成為出生於本地的西班牙人之代稱，並且追求地方認同的華人混血與印地人精英也逐漸自認為是「Filipino」。佩卓・帕特諾（Pedro Paterno）在他的《他加祿古文明》（*La antigua civilizacio'n taga'log*）中，曾使用「他加祿」這類族裔名詞以示對「Filipino」的抗拒。帕特諾對西班牙統治前的他加祿社會田園風情的描繪，讓民粹主義革命家安德烈・博尼法西奧（Andres Bonifacio）深受感動。一八九六年，博尼法西奧在他的宣言中談到「他加祿人」。[31] 作為一種歸屬感的大分類。另外，「馬來」（Malay）一詞也很有魅力，特別對菲律賓民族主義英雄荷西・黎剎而言尤其如此（見第四章）。但進入二十世紀，新的美國政府與新的慣用語出現，促使「Filipino」穩穩成為民族主義者奮鬥的目標。最後，儘管像印尼的案例一樣，菲律賓當地被稱為「華人」族群往往也

有遭到邊緣化的感覺，但這與族裔主義無關，應該將這種現象視為東南亞反帝國主義——充其量只能說精神上的「公民」而已。

而在荷蘭統治的群島，最初的民族主義者在追求泛群島團結時，用了一個相當於「印地人」（Indians）的馬來名詞「orang Hindia」（馬來亞印度人）稱呼自己。直到第一代民族主義荷蘭留學生歸國，深奧的「Indonesia」（印度尼西亞）一詞才逐漸問世。「Indonesia」是一個希臘式名詞，意為「印度諸島」，自十九世紀起不時出現在歐洲語言學與人種學界用語中，直到第一次世界大戰，才納入我們今天所謂「南島語系」（Austronesian language group），成為一種比較科學性、比較不像「馬來」一詞那樣具有種族意涵的名詞。而「Indonesia」的拉丁文版本「Insulinde」，或許由於最早曾為一個殖民地性質的民族主義政黨採用（1907 年），該黨員基本上都是歐亞人（Eurasians，指歐洲與亞洲血統的混血兒），因此未能獲得大多數民族主義者青睞。直到一九二四年，荷蘭留學生將他們認同的名稱從「Indian」轉為「Indonesian」，並且以激勵人心的「印尼獨立」（Indonesia Merdeka）為名，發行一份鼓吹民族主義的雜誌。這個新名詞非常迅速地傳遍整個殖民地。一九二八年，殖民地各地的青年與學生團體代表發布「一個祖國，印度尼西亞；一個民族（bangsa），印度尼西亞民族；一個語言（bahasa），印度尼西亞語」的團結誓言，成為日後印尼認同的關鍵里程碑。

印尼的革命經驗在日本占領結束後，於一九四五至一九四九年間出現，比菲律賓晚了半個世紀。印尼革命分子透過比他們的菲律賓前輩更有效的手段，將原本屬於少數知識分子的民族統一構想，轉型為新國家的神聖立國理念。就連亞齊與峇里這些不久以前還是獨立王國、獨立記憶依然深刻的族裔，也為這種民族統一構想深深打動，認

定民族統一是推翻荷蘭統治的途徑。在一開始，分離主義、聯邦主義或與新國家不對稱關係的理念，都因為被視為奢侈而遭到擱置，最後這些理念經過重新定義，又被視為是對後革命蹣跚不穩的新國家的背叛。在革命民粹主義的喉舌蘇卡諾（Sukarno）垮台後，革命民粹主義也於一九六五至一九六六年間逐漸沒落，蘇哈托（Suharto）將軍的軍事政權繼續將民族統一理念奉為神聖與施政核心。直到蘇哈托於一九九八年垮台、新的民主政治確立以後，在東帝汶、亞齊與西巴布亞（West Papua）的壓力下，這類問題才又一次成為熱議主題。我們將在第五章將亞齊個案作為這類問題的典型進行討論。

將無國家的人民「族裔化」

我雖說將「對國家的厭惡」列為東南亞的一種歷史特性（除了越南與伊洛瓦底江盆地以外），但無論就神殿建設型或貿易導向型的國家而言，東南亞都有各式各樣與國家交往的經驗。在這種經驗光譜上的另一端是一般山區居民，加上「船民」或小島群的「海上吉普賽人」，以及其他一些東方小島的島民。我們能在東南亞找到已經在歐洲與中國本土消失了好幾百年的「原始」民族的例子。這些民族也知道河流渡口或其他戰略貿易動脈，是統治者展現國家控制手段的場所，因為他們必須在這些口岸進行交易，以換取鹽、魚醬、金屬器皿與武器等必需品。在許多情況下，這類交易被定位為「納貢」，但它們大多是各取所需的貿易關係。這些民族有時採用游牧生活方式，不過比較多的情況是，他們依賴山產稻米輪耕維生——他們每年焚燒一處森林，用燒出來的林地種稻，一年以後遷往另一處森林如法炮製——這種耕作方法在勞力使用上很有效率，卻浪費了土地資源。

這類社會有意識地排斥與他們所知道的國家同化。他們的生產模式相對機動，他們的宗教、土地擁有與婚姻習慣法也往往與眾不同，都反映出下列事實：他們大多數人都得為保有自由之身而戰。至少在南蘇門答臘有一個大型高地民族，他們自稱「自由人」，不對控制河口的「羅闍」（raja），也不對荷蘭人與英國人稱臣納貢。[32] 北蘇門答臘的巴塔克人似乎刻意打造一種吃人族的凶神惡煞形象，以確保岸邊那些統治者不敢騷擾他們。[33]

根據定義，這些社會並沒有什麼族裔主義意識，每一個河谷各有不同方言與習俗，因此他們認為彼此之間存在著極端差異，只有在面對外來的高度壓力時，他們才產生「自家人」的共同意識。二十世紀之初，當他們在威逼或勸誘下，遷入一個現代（殖民）國的固定疆界內，受到強大的主權理念壓制時，他們面對到一場認同危機。但帝國權威在過去僅限於沿岸港口，從這些港口角度來看，山區居民不過是一群原始的次等人而已。歐洲人採納了低地居民對這些高地居民的一般性稱呼，稱他們是山地人、鄉巴佬、異教徒與野蠻人──山民（Montagnard）、克倫人、內陸原住民（Orang Ulu）、杜順人、伊夫高人（Ifugao）、阿爾夫人（Alfur）、托拉查人、達雅人或巴塔克人。一般而言，低地的君王對這些高地居民的霸權主張都能獲得殖民當局的支持，殖民當局在取代這些君王以後，也同樣要求這些高地居民順服。

就算是最有雄心壯志的東南亞國家，充其量也只能設法將一些被捕獲或一些愛冒險的山民同化而已。李伯曼對此有具體的描繪：「文盲的欽人、克欽人、克倫人、巴朗人（Palaung）等等，由於過於貧窮、交通不便以及他們的類村落組織的鬆散，使他們逃脫了緬甸的完全政治管控。」[34] 我認為，就部分而言，這在群島地區也是選項，不

過等到一九〇〇年併入殖民國以後，這選項已不復存在。歐洲人統治的多族裔國家，需要為這類人提供較廣的標籤，歐洲傳教士、人種學、語言學者與人口普查當局也忙著進行分類，提供這類標籤。在這個階段，傳教士相信他們必須以方言傳教，但實際需求迫使他們進行方言同質化，將眾多方言轉換為可以管理的幾種語言，以利翻譯與聖經、祈禱文的印刷。歐洲官員也試著學一些方言，不過一般都會運用土著通譯與仲介來與更廣的族群進行溝通。後來出現的政治代表（political representation），也有擴大族群分類的需求。因此，在殖民地經驗推波助瀾下，五花八門、雜亂無章的無國家人民逐漸形成較大的群體，其中一些後來成為族裔。第六章與第七章會討論兩個這樣的個案，巴塔克人與卡達山／杜順人，以了解擴大分類對這類群體的民族主義潛能具有什麼意義。

在一開始，二十世紀的荷蘭與英國人口普查當局使用的分類相對繁複，反映土著的自我認同方式的龐雜多樣，特別是在無國家社會的情況尤其如此。根據人口普查當局在緬甸的分類，在無國家的「庫基人—欽人」（Kuki-Chin）項下有四十五個不同的「種族」，克倫人項下有十七個「種族」，巴壤人與佤人（Wa）項下也有十一個，其中規模最小的種族全族人口不滿一千人。基於現實理由，政府也只能在這類群體的基礎上了解、處理這些土著。在殖民統治期間，都屬於上座部佛教並與國家打過很長交道的孟人與泰人（撣人）類型，逐漸為緬甸吸收，人口占比分別從一九〇一年的百分之三點一與百分之八點五減少為一九三一年的百分之二點三與百分之七點一。另一方面，其他因為享有「指定區」地位而獲得保護的類型，人口相對穩定，以克倫人的個案而言還從百分之八點七增加到百分之九點三。在獨立後進行的人口普查顯示，殖民時期匡列的十五個土著群體已經減為八

個，低地上座部佛教類型（緬甸人、孟人與撣人）現在由於位在緬甸聯邦（Union of Burma）之內的好處，規模不降反升。一度處於無國家狀態的高地原住民運氣就沒這麼好，以克倫人為例，在一九八三年跌到百分之六點二。[35]

在一度處於無國家狀態、現在成為現代獨立國家一部分的群體中，比如將在第六章與第七章討論的巴塔克人與卡達山／杜順人，都是在定義上比較一致而有效的群體。我們應該記住的是，在過去一百年，其他好幾十個語言群體或者遭到全國性大族裔完全吸收，又或者被區域性大族裔完全吸收。而存活下來的，都是能以相對較快的速度把握殖民國提供的教育、企業與政治運作新機會的群體。其中的幾個群體成為殖民政權寵兒，並且因為效忠而在殖民政權軍隊中享有較好的待遇，但他們對民族主義的態度也顯得小心翼翼。不過，大多數群體都對殖民政權結束後出現的獨立國家表示支持，認為新國家領導層能為他們提供過去殖民政權為他們提供的保護，讓他們不受在地競爭對手或壓迫者的威脅。而且他們除了這個新國家以外，也沒有其他國家記憶可以運用。至於一些少數群體如克倫人、安汶人（Ambonese）與巴布亞人提出的立國要求，應該視為有待解釋的例外，絕不是常態。

第三章

身為東南亞「局外人」的華人

專門用一章篇幅討論東南亞的華人認同，或許有些奇怪。直到今天，東南亞「華人」的民族主義，關注的對象仍然是「中國」（Chinese state），而不是一種在地認同。如同人數較少但更有野心（aggressive）的歐洲人一樣，來到東南亞的華人，也帶有一種比一般東南亞人更強大的、以國家為中心的認同感，而且在東南亞各地發展出特別強有力的超地方社群形式。從十七世紀以來，由於男女比例趨向平衡，以及與中國故鄉的定期往來，華人得以在東南亞各地拓展社群，並且逐漸成為當地「不可或缺的局外人」[01]，乃建立各種民族主義賴以誕生的、必不可缺的商業與資訊網路。因此，如何理解華人與東南亞各種民族主義的關係，是個非常重要的問題。

東南亞的「華人」概念

「身分標籤」擁有造成團結與分裂的龐大力量，特別是當人們認定它們理所當然時，標籤尤其力道無窮。在東南亞各種語言中，「China」既是名詞也是形容詞，從長遠來看，這是一種具有高度分裂性的身分標籤；不過就像是許多「民族稱呼」（ethnonyms），

此一身分標籤所指涉的對象，往往只限於東南亞情境中的「局外人」，而居住於「中華帝國或中華帝國」（the Middle or Flowery Kingdom）本土的人民本身並不需要此一身分標籤。因此，這些來自中國本土、本屬於帝國臣民的局外人，在東南亞逐漸脫離原有帝國屬性，開始形成一種新的族裔定義。因為這些局外人在遭遇到由宗教、語言、政治或地方認同所定義的各種人群後，發現他們需要一種能代表自己的族裔屬性。直到十六與十七世紀，相繼支配東南亞的歐洲人，更透過各種方式將這種特殊的政治—文化標籤加以具體化。

在東北亞漢字圈，一旦必須得區隔中華帝國「文明」的臣民與邊陲野蠻民族時，最常用的辦法就是訴諸一個朝代名。這個朝代可能是當下執政的朝代，也可能是讓人仰慕的先朝——通常是指「唐」或「明」。直到近代，「華」（hua，指「百花盛開」）或「中國」（zhongguo），這類將「華人意識」與特定朝代脫鉤的名稱才逐漸出現。

至於在東北亞漢字圈以外的世界，類似「China」這樣的概念，長久以來一直是由外國人所定義的，儘管直到十六世紀，如何定義「China」仍然是個爭議不斷的問題。一般認為，對這個東方帝國的描繪，應該起源於公元前二二一到二〇六年始皇帝的秦王朝，這是歷史上第一個以官僚帝國形式統一中國北部及中部的王朝。中國人對秦的仰慕遠遠不及對漢或唐，也因此後世中國人鮮少自稱秦人。不過似乎從很早開始，東南亞與印度洋地區已經用「Chin」作為中華帝國的稱謂。比如古印度文獻《政事論》（Arthasastra）中談到一種來自「Cinabhumi」（絲綢之國）的「Cinapatta」（支那絲捲）。又或者是早年伊斯蘭教也談到在最遙遠的東方有一個黑暗但強大的所在「Sin」，如同著名的《聖訓》（hadith）中所記載，「欲追求知識，

便得不惜一切地前往 Sin」。[02] 就連埃及的托勒密（Ptolemy）也曾談到遙遠東方的民族「Sinae」。不過在歐洲，如「Cathay」這類名詞則比較通用。

而東南亞語言則遵循「印度洋模式」來稱呼「China」（支那）——例如馬來與印尼的「Cina」（支那）人，泰國的「Chin」（欽）人，高棉的「Chen」（清）人，緬甸的「Sina」（西那）人，他加祿的「Tsina」（新那）人等等。從十五世紀起，這種指稱「China」術語的書面來源已經很一致，不過此術語的出現時間事實上還要更早。在公元九四七年，高棉的一篇梵語銘文就描述耶輸跋摩（Yasovarman）王的領土擴大到「Champa」（占城）與「支那」。[03] 而馬可波羅則曾用「Manzi」（蠻子）一詞來指稱「支那」。他指出，支那附近有一個島，島民稱周圍的海域為「支那海」——也就是鄰近「蠻子」的海，因為根據島民的語言，所謂「支那」就是「蠻子」的意思。[04] 一三六五年問世的《爪哇史頌》（*Nagarakertagama*），也曾談到支那、安南、高棉、占城與三個印度地區的人前來爪哇朝聖，並追求神聖的知識。[05]

「支那」作為一種帝國的實在性，之所以能深入東南亞各島國的意識並確立其邊界，主要是源自於明帝國從一三六八年開始的大舉介入，特別是一四〇五到一四三三年間鄭和的遠征行動。事實上這也是中國人唯一一次以帝國之姿介入東南亞。依賴海洋維生（與中國人不同）的東南亞人，之所以用同一個名稱「支那」，稱呼明帝國、稱呼明人所說的各種方言、稱呼明人所寫的文字、稱呼與那種文字以及明帝國相關的貿易商們，也是可以理解的。早先的爪哇人在談到一二九〇年代的蒙古入侵時，一般都會使用韃靼（Tartar）或蒙古（Mongol）。[06] 然而，從在地角度提及「滿者伯夷」（Majapahit）

王國的興起，以滿者伯夷在十四世紀中葉征服八昔（Pasai）為結尾的馬來編年史《八昔列王傳》（*Hikayat Raja-Raja Pasai*）中，便完全沒有提及「支那」的名稱或實在性。不過還是可以說，「支那」一詞的使用方式，在十五世紀以後似乎便已確立了。

東南亞文獻中的「支那」

事實上，在殖民時代開始以前，「支那」一詞作為一個遙遠而強大帝國的象徵，不僅經常出現在大越與緬甸這些鄰國，也出現在經由海路與中國接觸的國家的文獻中。更由於這些海洋國家，多數興起於十五世紀期間與中國本土的互動，因此便不能忽略「明」對東南亞的影響。[07] 雖然根據中國文獻的說法，當時麻六甲與汶萊等國的統治者都曾乘坐明帝國的船艦前往中國，還靠著搭上「明」的順風車之便以取得初期的相對優勢，但即使是這類國家也沒有在它們的紀錄中直接承認這類接觸。在這段期間，東南亞國家曾向中國派出數以百計的朝貢使團，而有數以千計的華人以難民或以叛逃者的身分躲藏於東南亞港口，其中一名廣州僑民甚至還在伊斯蘭教傳教工作上扮演重要角色，但這一切都在文獻中鮮少提及。不過，下段將談到，東南亞當地有個重要穆斯林國的王室文獻倒是講述了一個較不可信、但在文化角度上合情合理的故事，說中國的皇帝贈送一名「中國公主」（puteri

---

* 作者注：就像在其他方面一樣，就這件事而言，或許也有兩種東南亞國家，一種是與中國鄰近的國家，另一種是經由海路與中國接觸的國家。其他東南亞人一言以蔽之的「支那」，在越南就呈現各種樣貌。鄭懷德（1765-1825年）就曾指出，「在西貢，自十九世紀初年起，福建話、廣東話、潮洲話、海南話、西話〔高棉，或是葡萄牙語？〕與暹邏話，都是通信工具」。崔秉旭為我提供這項注解，我非常感激。

Cina）下嫁本地的統治者，從而確認他的地位。

　　麻六甲是當時東南亞商業模式的象徵，在一四〇〇年代初期成為鄭和艦隊的可靠基地與貿易門戶，它的最初三名統治者都曾前往中國接受冊封。在葡萄牙於一五一一年征服馬來以後不久，托梅・皮雷斯（Tomé Pires）獲得一本現存最早的馬來文編年紀錄。根據這本紀錄，麻六甲最偉大的滿速沙蘇丹（Sultan Mansur，1459-1477年在位）「一直就是支那、爪哇以及暹邏等地的國王們之忠僕」。他的繼承人馬穆德（Mahmud）既無能又傲慢，讓葡萄牙占領了麻六甲，也拒絕向暹邏與爪哇納貢，只肯向中國納貢，並認為「為什麼麻六甲要向那些臣服於支那的國王稱臣？」[08] 但事隔百年之後，麻六甲的王室文獻卻極力否認麻六甲與中國的臣屬關係。這本文獻鉅細靡遺地講了一個故事，說「支那之王」（階級與麻六甲之王相同）把他的女兒嫁給偉大的滿速沙蘇丹。紀錄中承認麻六甲遣使送了一封信到北京，向支那之王致意，但只是一種以女婿身分向丈人表示感恩而已。當使節帶著這封書信來到北京時，支那之王突發怪病，一名智者隨即提出解釋，支那之王生病的原因是他犯下收受麻六甲貢品的罪行。支那之王為了表示懺悔，隨即派遣使者前往麻六甲求一盆滿速沙蘇丹洗過腳的水，隨後用這盆洗腳水治好了病。支那之王於是鄭重宣布，「所有我的後代子孫，永遠不得向麻六甲之王要求納貢稱臣，只能要求友好協議。」[09]

　　根據《大爪哇史》（Babad Tanah Jawa）的紀錄，爪哇伊斯蘭王朝開國君主拉登・巴達（Raden Patah），是最後一任滿者伯夷王與一名中國公主之子。這段紀錄似乎是要解釋，為什麼一個來自巨港（Palembang）的華裔混血統治者，能在明帝國的強力干涉之下，成為合法的爪哇國王。據說，拉登・巴達的父親——滿者伯夷國王布拉賈亞（Brawijaya）因為首任妻子的反對，便將已經懷孕的中國公主妻

子送給巨港的伊斯蘭統治者，而她生下來的孩子就是拉登・巴達。儘管是出身穆斯林重鎮巨港的華人混血，卻是馬打蘭史家筆下滿者伯夷最後統治者「真正的」兒子，也因此天命所歸，所以拉登・巴達後來得以終結滿者伯夷，建立馬打蘭穆斯林王朝。[10]

今天的爪哇與峇里，有許多各式各樣有關「三寶太監」鄭和的冒險傳說，有些傳說還談到當年鄭和選擇留在當地的助手們——例如他的領航員達普・阿旺（Dampu Awang），在峇里甚至還有他的廚子「宮保」（Cong Po）的傳說。[11]如果我們相信漢語文獻的說法，今天的汶萊王室便有著來自華人的血統——明初的汶萊統治者，曾娶來自中國的黃森屏（Ong Sum Ping）將軍之女為妻。來自北婆羅洲地區的一些非穆斯林民間傳說，比如中國軍隊後代在當地落地生根，或是沙巴最重要兩個地標之命名——京那巴魯山（Mount Kinabalu）與京那巴唐河（Kinabatangan River）的命名（比如「Kina」即杜順語中的China），可連結到華人的參與。[12]馬辰（Banjarmasin）與北大年（Patani）雖與中國沒有正式關係，但當地有許多華人貿易商與工匠往來其間。這兩個地方的馬來文史料記載，由於馬辰與北大年有許多來自中國的巧手匠人製作特製銅器——包括北大年的大砲與馬辰的銅像——因此受到中國文明影響頗深。[13]

十五世紀的東南亞各地，彷彿認為世上只有一個地方、一種民族叫做「支那」；但是對「支那」的帝國朝廷本身來說，就不是這麼一回事了。作為「持久的統治結構」（enduring states）的典型，中華帝國的中央集權結構與文字統一，對東南亞那些前現代的政治實體而言，無疑地極為特殊。儘管帝國內部依然存在著各式各樣的地方語言與文化——特別是在華南與西南，但是與任何其他前現代政治實體相比，更多的華人認為自己是單一文明中的歷代王朝的子民，因此，可

以說這樣的文明不只是「中國的」而是「普世的」。雖然根據官方的帝國理論，中華帝國是世上唯一的文明，然而，在歷史上接二連三遭到野蠻人大軍的侵擾，也迫使官方發言人承認（更多人以沉默來加以迴避），事實上他們保衛的其實是一種特定的文明。[14]

而在東南亞，儘管大越的立國頗受中國文明啟發，但大越不肯承認中華帝國的官僚權威，讓這種文明理論受到嚴厲考驗。明帝國曾在一封致大越的書信中，一方面將這種符合帝國理想的對外關係講得很清楚：

> 朕身為皇帝，奉天命統治華、夷，以一種語言／文化教化四海、萬邦，天下眾生無不歸心。[15]

然而在另一方面，對帝國眼中，不肯完全臣服帝國官僚統治的外族，始終是蠻夷之人。「儘管安南遵奉朝廷曆法，向朝廷納貢，歸根究底，它的人民仍是外邦夷人」。[16]

東南亞的歐洲人與作為「他者」的華人

在各種族混居的東南亞世界，人們的交流互動主要透過海洋而非陸地，而此地的華人以少數族群的身分經商貿易、安家落戶，因此在人們眼中，「華人意識」也只是一種與其它族裔間的區隔而已。在一五六七年，明政府終於承認與東南亞貿易的必要性，從這一年開始，南方貿易圈的華人社群因為來自廣東與福建的商船隊年復一年的定期往來而生氣蓬勃。特別是也從這一刻起，在東南亞人似乎一致認定這些貿易商都是「華人」（稱為 Chinese 或是 cina），而沒有進一

步區分的必要。

　　到十六世紀，這個名稱的指涉意涵，似乎先在東南亞人、之後在歐洲人中固定下來。一五〇九年進入東南亞的葡萄牙人原本用「Chijs」指稱他們聽說的貿易商，但在進駐麻六甲等地以後，葡萄牙人也採用馬來人的說法，稱呼那個東方的大帝國為「China」，因此稱呼從帝國來到東南亞的那些商人為「Chinos」。[17]此外，在中國對外貿易圈經由菲律賓到印尼東部的貿易東線，另有一個名稱叫做「常來人」（sangley）──或許這名稱源於閩南語對商人的稱謂──這是菲律賓人與南蘇拉威西島民對明代中國商人最常用的稱呼。[18]但即使如此，從十六世紀以降，特別是在描述中國這個國家時，「China」一詞的使用也越來越普遍，逐漸成為獨占名詞。

　　在大多數的東南亞文獻中，似乎只有一種「華人」，儘管這些人使用的是各種不同的語言。一六三〇年代的高棉，為處理「華商」（應是分別來自福建與廣東的商人）事務設有兩種不同的海關──這是我在越南以外的東南亞地區找到的、唯一將「華人」視為多族裔群體的證據。[19]在東南亞文獻中，將「華人」視為單一整體的證據多不勝數。

　　有人說，自身認同不斷變化、重疊的東南亞人，在面對異族時開始產生自我意識，主要因為華人而不是因為歐洲人。這種說法不無道理。華人接觸東南亞的時間較早，人數也較多，從十六世紀起，他們在東南亞便有了以族裔群體生活的整體形象。在明政府於一五六七年不再禁止旅居東南亞的華人返鄉以前，由於非法返鄉者可能遭到處決，華人在東南亞並沒有特別營造與眾不同的形象。由於返鄉的禁令，生活在東南亞的華人，對於保有中國語言、服裝與髮型以便返鄉時能夠融入中國社會一事興趣缺缺；反之，推動華人與當地人通婚、維持雙重文化認同、甚至融入當地文化的推力便相當大。舉例來說，

在十五世紀朝貢紀錄中來自爪哇與暹邏使節的事跡，充分顯示他們除了擁有地方姓名以外還有漢名，而且顯然因為穿梭於兩種文明之間而大發利市。而當他們在一五○○年代初與首批前往東方的葡萄牙人交談時，許多爪哇與馬來商人頗以他們身為華人父系後裔而自豪。[20]

　　然而，在一五六七年返鄉禁令解除之後，東南亞各地貿易城陸續建立永久性的「華埠」。以寺廟與新年祭祖節慶——四月的清明、八月到九月的盂蘭盆會——為核心，開始出現濃厚中國味的儀式與組織性生活。[21]他們大多說閩南語，奉行一種以家族與祖先傳承為核心的儀式系統，各種技術的使用與理財作法也大同小異。當首批荷蘭旅行者於一五九六年抵達萬丹（爪哇），「華人」已經具備鮮明的辨識度：

　　　萬丹的華人住在一個分隔的特區（在城寨之外），特區周遭建有強固的柵欄，還有一條壕溝圍繞。他們住的房屋極為精緻。他們非常精打細算，無論做什麼都為了賺錢，也因此他們看來都很體面。他們也像我談到的其他商人一樣，在從中國來到這裡的一開始就先買一個妻子，讓妻子服侍他們，直到他們回中國，他們就把妻子轉賣，如果有了孩子，就帶著孩子回中國。[22]

　　這些華人已經擁有自己的寺廟、劇團與熱鬧的儀式，有自己的、在城市商業行為中扮演重要角色的銅錢貨幣，還有自己的生計——比如養豬，讓城裡大多數的穆斯林居民遠離他們。當時有一篇精彩的英文報告，談到萬丹華人與本地人社區之間的緊張關係：「爪哇人在看到一名華人被押赴刑場受死時都歡欣鼓舞，而華人在見到爪哇人被處決時也同樣雀躍不已」。[23]

　　一五六七年以後，這類「華埠」在越南的會安（Hoi An）、暹邏

的阿瑜陀耶（Ayutthaya）、馬來半島的北大年以及群島地區的亞齊、汶萊與萬丹紛紛出現。直到十七世紀，每逢貿易季，這類社區將湧進多達三千名左右的華人。不過，在東南亞各地的獨立邦國，比較有企圖心的華商仍然有著接納當地宗教的動機，以「成為」馬來人、泰人、爪哇人或亞齊人。因為唯有這麼做，他們才能晉身商業官員的寡頭統治圈。在十七世紀所有穆斯林占多數的國家，放棄原有認同而轉變為另一認同需要明確的步驟，並且無法反悔。那些放棄原有認同的華人一般要舉行公開儀式，宣布戒絕豬肉、改變服裝、剪掉明式的長髮，因為「他們剪了長髮，就永遠不會重返自己的國家」。[24] 十七世紀這些「剪了髮的華人」，就像馬來文所謂「土生華人」（peranakan）一樣，都是改變了宗教、認同與效忠對象的新穆斯林。

在歐洲人統治下，無論在西班牙的馬尼拉（從 1571 年起），荷蘭的巴達維亞（1640 年）、望加錫（1669 年）與其他類似港口，以及英國治下的檳城（Penang，1786 年）與新加坡（1819 年），由於統治階級都是極端種族主義者，華人也因此完全沒有改變認同的誘因。在歷經一段敵視與競爭之後，歐洲官員與華裔的商人、工匠建立了一套完備的合作共生關係，讓華裔的商人與工匠成為一種典型的「中間少數」，填補統治者與被統治者之間的商業空間。[25]

就長遠而言，歐洲人對種族區隔的影響很大。特別是荷蘭人與英國人，對華人皈依基督教並不熱衷，對於這些華人會不會融入穆斯林社群的問題更加興趣缺缺。只要存在少數富有的華人居民懂得用荷蘭語、英語或馬來語和統治者溝通，幫統治者管理大多數經濟問題，統治者也樂得讓華人繼續保持這種分治型態，讓華人住在城市特區、擁有自己的行政與司法系統。雖然至少對精英階級而言，雙重文化認同十分重要，但殖民系統不鼓勵模稜兩可與跨界。華人就應該是「華

人」。[26]

歐洲人依賴華人企業家管理經濟的作法，也導致他們混雜著羨慕、恐懼、輕蔑的複雜情緒。歐洲人很快就將東南亞的華人視同歐洲境內的猶太人──在商業上成功得離奇，在儀式上令人莫測高深，但卻是無權無勢的「不可或缺的局外人」。[27]史考特曾以生活在萬丹的華人為例，說明這種典型：他們「活得低聲下氣，節省財富以便送回中國」。[28]

在整個十九世紀，歐洲人對東南亞的華人一直保持這種模稜兩可的態度，其中自由派與保守派的歐洲人在如何對待猶太人與華人的問題上各說各話，一些死硬改革派則認定爪哇人之所以貧窮，不是荷蘭統治者而是華裔中間人的錯。至於東南亞人本身，不只有證據顯示他們敵視華人，而且有更多證據顯示他們以暴力對付華人，因為華人是相對而言缺乏防衛能力的少數群族。[29]直到二十世紀，民族主義浪潮以及中產階級角色的競逐興起，對華人系統性的仇恨與歧視也出現了。東南亞人在一九一四年第一次使用「東方猶太人」一詞詆毀華人，並且這人不是一般人，而是第一個在英國接受完整教育的泰國統治者──泰王拉瑪六世。他當年發表一份匿名傳單，譴責「黃禍」。[30]無論怎麼說，這類惡意的偏見在今天已根深柢固。

殖民時期的華人僑民認同

在一七四〇年前的一個世紀間，歐洲統治的巴達維亞與馬尼拉，是東南亞華人貿易兩處最大的集中地，每年從廈門出發駛往南洋的大帆船，多數都以這兩座港埠為目的地。每年來到這兩座港埠的幾十艘大帆船，每一艘大約會有兩百個華人留下來。在巴達維亞與馬尼拉兩

地，數以千計的華人（巴達維亞在一七三九年有一萬五千名華人）[31]形成當地的經濟命脈，對華人徵收的鴉片、酒與賭博稅成為市政收入重要來源。荷蘭人在他們統治的亞洲城市設計了一套包稅系統，由在地華人居民標購某些壟斷事業的運作權與港口稅捐徵收權。這些包稅人往往也是當地僑民領袖，經由荷蘭當局授權，負責維持僑民社群內的治安與司法審判工作。可以說，華人社區的命運，便掌握在少數具備雙重文化認同的商業寡頭手上。

　　一七四〇年，一場針對巴達維亞華人的駭人聽聞的大屠殺（巴達維亞史上唯一一次）發生了，荷蘭士兵及當地居民將這個繁榮城市的華人居民殺戮過半，僥倖存活的華人也紛紛逃離。再者，在菲律賓的馬尼拉，歷史上發生的反華暴力事件，發生的頻率比巴達維亞高得多，在一七五五年，沒有皈依天主教以表忠心的華人被趕出菲律賓。在之後的一百年間，華人維持自身的認同在荷蘭殖民地不再積極，在西班牙殖民地變得根本不可能。而住在爪哇的華人更傾向與當地同化，住在菲律賓的華人也避開馬尼拉，選在蘇祿這類港埠定居，並且開始增加與其他亞洲港埠、而非殖民地港埠的貿易。這些挫折，再加上巴達維亞與馬尼拉在亞洲貿易樞紐地位的逐漸式微，使越來越多的華人貿易商與移民開始流向其他仍在亞洲人統治下的人口中心，比如西貢、河仙（Ha Tien）、登嘉樓、汶萊、坤甸（Pontianak）與蘇祿，都是這百年之間——約為一七四〇到一八四〇年——華人轉移商業重心的受惠者，但最大的贏家是曼谷。一七八二年剛成為泰國新首都的曼谷，很快成為華人海上貿易在中國以外地區的首要港口。約有八十艘中國遠洋大帆船以曼谷為母港，每年還有六十艘來自中國的大帆船造訪曼谷。到十八世紀結束時，曼谷或許已經取代巴達維亞，成為從加爾各答（Calcutta）到廣州之間最繁忙的港口。[32]

在這段期間，當明王朝於一六四四年滅亡之後，移居海外的華人產生了一種前所未有的政治特性。在明覆滅後、滿洲人一步步建立在中國的控制權之際，一種依靠海洋貿易立足的另類華人政權在台灣與福建沿海港口崛起。由船商鄭氏家族領導的這個政權，雖然名義上是明的效忠者，但實際上它是一種以富有船商——大多為閩南人——為基礎的華人政權。[33]然而，隨著滿洲人的勢力逐漸擴張，先是占領福建沿海，隨後於一六八三年取得台灣的控制權，這個以閩南人為主的政權之中的一些大船商便前往東南亞避難。其中一組擁有五十艘帆船的船商，在當年仍屬蠻荒邊陲的湄公河三角洲地區為越南當局服務。一七〇〇年，一位名叫鄭玖的廣州冒險家在河仙建了一個明式自治領，在高棉、暹邏與越南都對河仙垂涎的夾縫掙扎求存。在整個滿清統治中國期間，出現在海外的任何形式的華人政權一般都標榜「反清」，特別是各種秘密會社更不時鼓舞華人移民採取武裝活動。

但在十八世紀中葉，滿清當局放鬆對國際貿易的限制，並且在一七五四年宣布，任何海外華人只要具備正當理由都能獲得返鄉資格，財產也可以獲得保護。[34]因此，貿易商、礦工、種植者、造船業者、工匠、海員與冒險家開始大量的湧往南方。這些華人主要往當年人煙稀少的東南亞中部聚集，北起暹邏灣，足跡遍及整個馬來半島，南則至西婆羅洲、邦加島（Bangka）與南蘇門答臘。他們在西婆羅洲與吉蘭丹開採金礦，在邦加、普吉島（Phuket）、以及馬來半島開採錫礦直到一八四〇年代為止。他們在汶萊、高棉與暹邏東南部種植辣椒、在廖內—柔佛一帶（Riau-Johor）種植毛鉤藤、在暹邏與越南種植甘蔗。

儘管東南亞的許多民族主義者會不假思索地說，在一八七〇年後，大批不能同化的華人少數族裔藉由殖民勢力硬闖東南亞。但事實

是，一八○○年代初期華人在東南亞人口的占比，與一九○○年代初期殖民統治期間華人在東南亞人口的占比相同，而且影響力還比後者大得多。紐伯德（Newbold）估計，在一八三○年左右，整個東南亞地區有「近一百萬」華人，占東南亞總人口約百分之三。[35] 在統計紀錄比較完善的一九三○年代，東南亞的華人數量約三百萬，但在東南亞總人口占比仍然很低。事實真相是，在一八○○年代初期，最具規模的華人社區都產生於亞洲人統治下的暹邏與西婆羅洲，還有菲律賓──雖然華人與當地人的混血後代很快就被認為是「菲律賓人」。最後，在殖民統治巔峰期所出現的大規模移民潮，使馬來西亞與新加坡成為一八七○年後最主要的華人集中地。[36]

　　新加坡於一八一九年開埠之後，在不到數十年間取代曼谷成為東南亞最重要的華人船運中心。基於商業性的需求，新加坡成為華人移民的新中心與周邊地區的貿易樞紐。相較於荷蘭殖民地或暹邏，接受英國殖民的新加坡更能夠維持中文報紙與中文教育。也因此，當一八九○年代改革運動與海外華人民族主義開始風起雲湧並深深影響南洋華人時，新加坡便成為這些運動與思潮的傳播中心。整體而言，華人無論在哪裡都是「中間少數」的事實、華人的貿易與資訊網路、以及新加坡所擔任的華人通信中心角色──這一切都使東南亞的華人比當地歐洲人、比當地多數族裔社群，更察覺到一種東南亞（華人稱為「南洋」）認同的存在。不過，東南亞華人政治認同的追逐還得考慮其他議題。

混合語認同與都市印刷文化

　　史基納曾以三個十九世紀發生在菲律賓、馬來與爪哇的漢─東南

亞混合語（Sino-Southeast Asian creoles）故事作為案例，[37] 指出華人結合閩南語與土著方言而創的語言，是一種語言學意義上的「混合語」（creole）；而這種混合語在十八世紀漸趨穩定，在十九世紀成為這三個殖民地的主要語言。這三個案例都是以土著馬來與他加祿方言通用語為主，搭配閩南語文法與字彙組成新的混合語。

史基納指出，華人移民往往透過伊斯蘭化，逐漸融入土著社會，最後被視為當地人。但這種社會模式最終被歐洲的殖民控制所改變，因為一旦無法與之通婚的歐洲基督徒位居高位，華人透過這種模式同化的誘因也不復存在。在菲律賓，幾乎有一整個世紀（1756-1850 年）禁止來自中國的移民，當地華人必須皈依天主教，並且與在地土著通婚。直到一八七七年，在恢復來自中國的移民後不久，可透過混合語使用來界定其身分的「華人混血兒」（Chinese Mestizo）共有二十九萬人，超過菲律賓人口的百分之五，但是所謂「華人」（Chinese）只有兩萬三千人。另一方面，在荷蘭人控制下的麻六甲，從一六四一到一八二四年的大部分時間幾乎沒有華人移民。而在更早期來到麻六甲的華人移民，與他們從周邊群島帶來的女人（主要是奴隸）通婚，造就一種安穩的「峇峇華人社會」（baba society）——即「海峽殖民地」（Straits Settlements，包括英屬新加坡、麻六甲與檳城）的「海峽華人」。直到十九世紀中葉，峇峇華人在經濟與社會上一直是支配新移民的主導勢力。在一八九一年左右的巔峰時期（不過就絕對值而言，在東南亞全體華人人口中占有的百分比已經開始下滑），峇峇華人在新加坡約有一萬六千人，在麻六甲有八千人，在檳城有兩萬三千人。

在爪哇，中國移民潮從未間斷，生活在一端是純粹的華人文化、另一端是城市混合語多元文化兩者之間的華人越來越多。對此，荷

蘭人保持一貫的政策，將這些「華人」視為與土著大多數不同的單一法律與行政管理類型，由屬於混合語群體的華人官員負責管控。而說華語的華人仍是特定少數，除了對華貿易以外，這些華人無論在任何事務上都遭到邊緣化。在一九〇〇年的爪哇，出生在中國本土的華人仍然只有兩萬四千人，而屬於混合語群體的華人有二十五萬人；由於後者對前者占據穩固的主導地位，因此荷蘭人乾脆也將後者稱為「華人」。不過在進入二十世紀以後，為了與出生於中國本土的華人區分，荷蘭人重新使用十七世紀的舊詞彙，稱使用混合語的華人為「土生華人」。但在這時，所謂「土生華人」很少是穆斯林。就像「海峽殖民地」那些峇峇華人一樣，他們保有福建老家的節慶與祭祖儀式，對皈依為基督徒（就像在菲律賓一樣，這時皈依基督教也不能為他們帶來什麼好處）或皈依為穆斯林一事興趣缺缺。[38]

　　混合語成為土生華人的母語，與成為峇峇華人母語的過程非常類似。史基納根據謝拉伯（Shellabear）的研究，對混合語進行分析並且指出：「全部詞彙或許三分之二是馬來語，五分之一是閩南語，其餘是荷蘭語、葡萄牙語、英語、塔米爾語（Tamil）以及各式各樣印尼語。」[39] 在半島地區與爪哇，這種馬來混合語成為許多城市居民的母語，以及最重要的貿易通用語。十九世紀中葉發行的第一批馬來文報紙，無論在生產者與消費者兩方面都極度仰賴這些使用漢—東南亞混合語的華人讀者。起先作為城市通用語、後來成為印尼與馬來西亞國語的羅馬拼音馬來語，很大程度上便起源於這種兼容並蓄的印刷文化傳統，不過在印尼的情況尤勝於在馬來西亞罷了。

　　但商業精英需要統治階級的語言——英語、西班牙語或荷蘭語——以接觸殖民地的上流社會文化，同時也需要華語以便與中國打交道，以及維持固有的華人傳統。因此，在殖民地成長的華人居民便受

益於當地的教會學校或官辦公立學校，在一八八○與一八九○年代造就早期獲得歐洲教育學位的第一批亞洲人。比如十九世紀末年菲律賓的開明派人士「伊盧斯特拉多」（ilustrados）便是這類歐式教育受惠者中最大的群體，也是唯一一個大到足以發起名副其實的民族主義運動之群體。[40]

這些使用混合語的華人在二十世紀民族主義時代的命運頗發人深省。菲律賓境內受西班牙教育的華人混血精英，是菲律賓民族認同的締造者。這個群體雖因種族關係遭到執政的西班牙精英排擠，但他們與大多數本地人共享語言與宗教（反天主教教權），最終將「菲律賓人」（Filipino）重塑為一種具備包容性的族類，「華人混血兒」便在十九世紀末被納入「菲律賓人」的分類中。

身為十九世紀都市馬來語文化——最後成為印尼民族文化——最大構成元素的爪哇「土生華人」，原先也很有理由自稱是第一批印尼人。但直到一九一一年中國民族主義熱潮達到巔峰之後，印尼的民族認同才姍姍來遲，比早已出現的菲律賓民族認同晚了一個世代。在十九世紀，充滿理想的青年在尋找一種有尊嚴的現代認同時，必須抓住「海外華人」的身分認同，因為「印尼人」的選項還沒有出現。如果像西班牙教育與菲律賓民族主義一樣，荷蘭教育與印尼民族主義也出現在十九世紀末期，使用混合語的華人很可能在印尼與菲律賓兩地都成為民族主義的先驅。然而，最早的印尼民族主義民粹運動，是在「伊斯蘭聯盟」（Sarekat Islam）這類穆斯林團體的組織下，出現在二十世紀的第二個十年。部分由於幾年前出現的中國民族主義運動在華裔印尼人之間引起的騷動，最早的印尼民粹運動帶有一層反華特性。最後，可以說中國民族主義運動、一八九○到一九三○年間移入印尼的華人（包括婦女）人數大幅增加、不同的教育系統再加上印尼

民族主義者對華人的猜忌——這一切加總形成的壓力，都使「土生華人」無法重現菲律賓模式。

但是無論如何，作為一種認同與一種語言，印尼語就像華人的「下馬來」（low Malay）或「市場馬來」（market Malay）混合語一樣，保有許多開放與包容的特性。作為大多數印尼人第二語言的印尼語，不被任何人「擁有」，而且在整個二十世紀繼續不斷以相對自由的方式從歐洲語言、梵語與爪哇語借取詞彙。印尼語無法結合伊斯蘭而成為單一的身分認同，因為基督教與華人的宗教長久以來也持續使用馬來語來表達，而萊德克（Leydekker）一七三三年翻譯的馬來語聖經，更在數百年來持續為安汶、萬鴉老（Menadonese）與歐洲「馬來上流社會」所用。因此，在若干時間點（包括 1920 年代、1950 年代與 1970 年代），面對波濤洶湧的印尼化浪潮，「土生華人」的「華人」特質似乎已被遺忘，但在雙方的相互抵制之下，華人在印尼依然大體上維持著「局外人」的地位。

最後，在馬來西亞與新加坡，峇峇華人在人口數量完全處於劣勢的狀況下，掙扎著對抗更強大的外力。早在一八九一年，他們在海峽殖民地已經處於三點五比一的人數劣勢，而這種劣勢在馬來亞則更加明顯。在香港於一八四〇年成為開放城市，以及中國沿海通商口岸相繼開放之後，湧向南洋的華人主要來自廣東或閩南的廈門港。這時來到馬來亞礦區開礦的華人主要說粵語與客家話，來到柔佛與新加坡南方的印尼群島廖內農墾區的華人主要說潮州話。因此，當地說閩南語、馬來語與英語的「海峽華人」社群想控制這群新移民並不容易。在一九四〇年代以前，沒有人動過以帝國疆界為基礎的多種族反帝國主義的念頭，而且在整個二十世紀，這種反帝國主義的成長一直沒有進展（見第四章）。

然而對峇峇華人而言，接受這種強調多種族的「馬來亞民族主義」，本應是自然而然的事，而且在一九四五至一九四八年間，峇峇華人確實也支持這種「馬來亞民族主義」。然而，海外華人民族主義強化了「中國官話」（Mandarin）作為溝通工具的地位，將原本使用漢—東南亞混合語的華人重新定位為「中華民族主義」（Chinese nationalism）不可或缺的一部分。迫於中文學校、報紙與派系組織系統施加的強大壓力，峇峇華人必須讓他們的子女學習中文，還得將自身歸類為「華人」或「馬來西亞華人」。[41] 再者，馬來西亞與新加坡的教育政策各自以不同方式阻礙了多元公民民族主義。在一九九〇年代的馬來西亞，由於對全國性馬來文教育系統缺乏信心，也由於想讓新一代華人接受國語教育，百分之八十五的華人兒童讀的是一種獨立的中文學校系統。反之，新加坡採取的是一種英文教學的單一全國性學校系統，到一九七〇年代，曾經因南洋大學而大放異彩的中文教育在新加坡逐漸淡出。直到李光耀在一九八〇年代實施雙語政策，情況才改觀。李光耀規定，身分證上標名為「華人」（在混血的個案以父親籍貫為準）的孩子必須學會流利的使用。李光耀說，「感情上，我們可以接受中國官話，將它視為我們的母語。它還能讓不同的方言團體結合在一起。它提醒我們，我們是一個歷經五千年不曾間斷的古文明的一部分。這是一種深刻而強大的精神力量。」[42]

　　換句話說，早先從來自福建、純男性移民中衍生的混合語華人，大部分在進入以種族為基礎的民族主義時代後的發展並不理想。只有印尼境內的土生華人類型得以存活，而且他們之所以存活，主要靠的不是他們仍然保有與主流社會的文化差異，而是他們的「局外人」地位——他們在商界扮演的角色，以及從而招來根深柢固的種族仇怨。但無論如何，在東南亞現代認同成型過程中，這些混合語華人都在或

長或短的時間內扮演非常重要的角色。

海外華人族裔主義

十九世紀末年的通信、電報、蒸汽輪船與鐵路革命把世界更緊密地聯繫在一起，也讓海內外華人對彼此有更清楚的認識。滿清政府儘管在數百年間持續譴責海外華人移民不忠不孝（disloyal and unfilial），也終於在一八九三年向海外華人完全敞開大門，開始汲取他們的資金與人才。這項行動主要透過自一八七七年以來，北京派在東南亞最活躍的代表處——中國駐新加坡領事館來推動。[43] 雖然這導致使用漢—東南亞混合語的華人精英，因此可以享有清廷對他們的榮寵與回報，但反清的革命派華人也因此聲勢大增。

日本在一八九五年甲午戰爭中擊敗中國，讓東南亞華人群情激昂，在羞愧之餘要求變革，他們在當地引發的震撼尤勝於中國本土的迴響。一八九九年，荷屬東印度群島的日本居民獲許享有與歐洲人對等的法律地位，比當地日本居民人數多得多的華人卻沒這份福氣，「國恥恨」（OSH）開始成為東南亞華人日常生活的一部分。史賓塞（Spencer）的「人種適者生存」哲學理念，從明治天皇統治下的日本擴散到華人世界，也為梁啟超、鄒容等中國本土改革派所接受。[44] 鄒容稱：「將有亡種殄種之難者，此吾黃帝神明之漢種，今日倡革命獨立之原因也。」[45] 因此，革命議題深獲東南亞華人關切，他們透過種族而非政治觀點重新詮釋此議題，讓他們獲得一種明確的身分認同。雖然在中國本土，除了「漢人」或「黃帝子孫」以外，這種「人種」理論並不能激起多大迴響，但對於在日常生活中不斷面對「支那」（Cina）等異族稱呼的東南亞華人，這個議題引起巨大共鳴。

就在這同一時段，「支那甲必丹」（Kapitan Cina，即華人僑民領袖）與包稅系統也開始解體。二十世紀的秩序變得更開放，競爭更激烈，但種族化情況也更加嚴重。位於殖民地社會階級頂端的歐洲人，這時不僅認為自己與「土著」不一樣，還認為自己的教育與成就高人一等。在這種保守的階級制度的排斥下，懷抱雄心壯志的土生華人為了掙脫束縛，有時也會想辦法將自己重新定位為「土著」，但在種族化的階級框架下，教育與成就受到限制，讓他們決定爭取與歐洲人相等的地位。[46] 就像法國大革命過後的歐洲猶太人一樣，使用漢一東南亞混合語的華人也大舉「解放」，展開「都市無根」（urban rootlessness）運動的現代鬥爭，值此群眾政治曙光初露之際，每一個潛在精英都積極爭取著新社群。

力求在北京發聲的激進改革派，因此獲得許多南洋華人的支持也不足為奇。在君主立憲運動於一八九八年失敗之後，改革派首腦梁啟超與康有為流亡新加坡避難，而革命家孫文則不斷往返南洋，單在一九〇〇到一九一一年間就曾八次訪問新加坡以爭取當地人的支持。孫文的革命聯盟於一九〇六年在新加坡成立一個分支，在一九一一年革命成功之後，承繼革命聯盟衣缽的國民黨將組織擴散到東南亞許多地方。孫文後來曾說，南洋的這些海外華人是「革命之母」，因為孫文最富有的支持者都是東南亞的成功商人。[47] 孫文很快通過一條屬人主義的法律，讓所有海外華人自動成為他的新共和國的公民。

伴隨中國革命而來的激情並沒有影響到所有使用漢一東南亞混合語的華人，但在殖民地支持反帝國主義、有理想的年輕華人，確實深受感召。在一九一〇到一九一一年的印尼與泰國的反帝國主義運動，華人組織開始變得更加主動積極，而陷於掙扎中的本土資產階級則開始與他們分道揚鑣，形成一道分水嶺。在泰國，華工在一九一〇年的

一次罷工癱瘓了曼谷，也造成泰國民族主義中獨樹一幟的反華勢力逐漸壯大。[48] 而在爪哇，一九一一到一九一八年間的一連串衝突，以及爪哇各地城市的反華暴動，使華人與爪哇工人早先的合作關係蕩然無存。荷蘭官員說，由於孫文革命造成的效應，華人現在要求與歐洲人享有相同的待遇。對一些年輕的華裔印尼人來說，一九一一年的革命確實激起一種民族尊嚴感，讓他們追求與歐洲人與日本人同樣的待遇。他們開始像歐洲人一樣穿著打扮，認為自己與大多數印尼人不一樣。從結構分析來看，這種轉型之所以出現，來自於當時經濟更加開放，競爭更加激烈，華人與比較弱的穆斯林企業界人士同時決心把握機會所致。這種獨特的民族主義誕生期的時機極為關鍵。第一個在全殖民地各處宣揚反帝國主義理念的印尼人民黨（Indische Partij），由歐亞人與爪哇精英成立於一九一一年，但成員幾乎沒有華裔印尼人。[49] 如果像在菲律賓一樣，這種轉型出現在中國革命前夕，結果將大不相同。第一個以民眾為基礎的印尼政黨「伊斯蘭聯盟」，由峇迪（batik）商人以及與華人供應商競爭的製造廠商聯手創辦。之後十年，伊斯蘭聯盟主張建立篤信伊斯蘭教與排華的新國度，其勢力像野火一樣在印尼全境擴散。[50]

　　到一九三〇年代，印尼華人仍然沒有所謂「印度尼西亞」或甚至是「荷蘭」的歸屬感，不過幾個相互競爭的民族理念已經出現。另一方面，印尼已經有一群殖民地精英，與一些華人、土生與歐洲背景人士藉由荷蘭語與馬來語混處的機構。在那段期間，印尼華人精英儘管沒有使用「印度尼西亞」這個標籤，但他們實際上與其他人一樣的「印尼」：他們說印尼話與荷蘭話，不說本地方言或華語，他們生在殖民地的族裔雜處的城市，他們自稱荷蘭印地人（Netherlands Indies），不認為自己是爪哇人、米納哈薩（Minahassa）人或米南佳保人。莊

培揚（Twang Peck Yang，譯音）指出，殖民地晚期的「華裔」商界領導人幾乎清一色都是生長在當地的土生華人，他們融入當地社會，不說華語——與那些強烈認同母國荷蘭或德國的歐洲商界領導人大不相同。這些華裔印尼商界精英大舉投資印尼，在新加坡也小有投資，但在中國本土投資極少，除了一個「華人」標籤以外，他們與中國人沒有絲毫類同之處。[51] 換言之，殖民地晚期的政治穩定（或許是高壓的結果）條件，有利於追求穩定而且植根於地方的商界領導層。

在馬來亞與英屬婆羅洲，直到大戰以前、舊秩序即將解體的最後幾年，關注中國本土未來的華人族裔主義（Chinese ethnic nationalism）是唯一真正的政治運動。阿諾・湯恩比（Arnold Toynbee）曾說，「當我展開東方之行抵達海峽殖民地時，我發現英屬馬來亞命中注定、未來將透過『和平滲透』而成為一個新的中國行省。」[52] 這話雖說得大錯特錯，卻在當時頗有代表性。馬來亞共產黨（Malayan Communist Party，MCP）在一九三四年成立，與國民黨對抗。儘管馬來亞共產黨為了宣揚反帝國主義，更積極地爭取非華人加盟，但事實是它的黨員幾乎全是華人，而中日衝突的發展也成為它最主要的關注點。「抵制」是華人民族主義者愛用的一項「動員武器」，他們偶而用來對付歐洲人，但之後越來越常用來對付日本人。早年檳城與新加坡的抵制日貨運動出現於一九〇八、一九一五與一九一九年，但與一九二八以及一九三七年出現的抗議日本侵略的怒潮相比，它們顯得微不足道。當時東南亞各地城市都出現抵制運動，還有秘密民兵組織以威脅或暴力手段對付日本人。[53] 由於這類抵制行動使貧窮的消費者無法取得廉價日本紡織品與其他商品，導致大多數社群與華人之間的進一步分裂。它同時也使日本出口商尋找非華人經銷通路，讓既有華商網路與新興穆斯林中產階級之間的競爭更加激烈。

日本於一九四一至一九四二年間入侵東南亞時，華人與大多數東南亞民族的反應自然也大不相同。日本軍方知道華人組織一直就是反日動員與抵制勢力的核心，而且許多日軍親歷一九三七年以來多次對華戰役，對中國人的敵意記憶猶新。他們很快就在新加坡與馬來亞逮捕數以千計的華人領導人、活躍分子以及國民黨與馬來亞共產黨黨員。即使根據日方估計，到一九四二年三月，至少已經有六千人遭他們處決，根據華人估計，遭他們處決的人數更高達四萬。[54] 一些華人領袖，如陳嘉庚等，逃到蘇門答臘，隱姓埋名，還有一些華人領袖潛入馬來亞叢林，加入共產黨動員、但獲得英國協助的游擊隊反抗組織。同意與日本合作的華人領袖，包括海峽地區知識分子林文慶等，被迫籌募五十萬美元作為戰前反日活動的贖罪金。一九四三年，在日本人於印尼犯下的最嚴重的一項大屠殺罪行中，約有一千五百名坤甸都市精英被殺，其中大多數是華人。[55] 就這樣，就整體而言，華人社會對日軍占領當局以及與占領當局合作的人深惡痛絕。但無論如何，或許由於日本人對任何看不懂華文（日文漢字）的華人不屑一顧，也由於日本人禁止在印尼使用荷蘭文，還關閉荷蘭與英文學校，因此更加深了當地華人的「華人意識」。

相對來說，如同許多爪哇以外的印尼民族主義者一樣，馬來亞青年聯合會（Young Malays' Union，KMM）組織的馬來族裔主義者，也與日本第五縱隊的推手藤原少校搭上線。在麻六甲海峽兩岸，原本遭荷蘭政權全面邊緣化的民族主義活動，現在透過日本宣傳組織得以直接接觸民眾，催生了前所未有的大好良機。[56] 許多馬來與印尼官員因為曾遭歐洲人監禁而擁有原本難以想像的大權。爪哇的蘇卡諾，以及其他印尼群島上的重量級人物，之所以能名氣響亮，能在戰後位居要職，靠的都是日本人給他們的機會。也因此，毫無疑問，太平洋戰

爭以及出現在這場戰爭爆發與結束時的政權驟變，讓東南亞華人民族主義者與東南亞在地民族主義者之間的鴻溝與嫌怨更廣更深了。

　　日本占領對西化的土生華人精英而言雖是一場災難，但是對那些懷抱野心、不惜冒險進行走私與行賄勾當的新來者而言，占領當局獨裁且專斷的經濟政策卻是大好機會。一些獨立時代的這類新來者就在這危機四伏的時代崛起。對勇於冒險的人來說，一九四五到一九五○年的印尼革命時期是充滿機會的黃金年代。在這段期間，革命人士或那些打著革命旗號行事的人雖能在北京揚名立萬，但處於風雨飄搖中的新印尼共和國革命人士，如果得不到華商支援則根本無望生存。儘管革命強人們都把反資本主義與極端民族主義的口號叫得很響，但在他們的袖子裡，一般都藏有一位華人企業家名單，以便為他們提供必要補給與財務支援。這些企業家幾乎無一例外，都是說華語的「托托克」（totok，意為「局外人」），比如中國出生的福州人林紹良就在早期與青年軍官蘇哈托搭線，堪稱其中典型。這類新移民在原先荷蘭統治秩序下既無恆產，因此更願意冒險與新印尼共和國的青年軍事領導人結盟，結果獲利頗豐。[57]

東南亞獨立後作為「局外人」的華人

　　地位鴻溝理論（theory of the status gap）的起源，在於解釋為何在嚴格劃分為貴族與農民兩種階級的東歐社會，屬於少數的猶太企業家能夠如此重要。東南亞殖民社會的社會階級很能切合這種理論。厄文‧林德（Irwin Rinder）說，「當一個社會分割成優越與低劣兩部分，而缺乏連續的、中間的身分群體來溝通時，就會出現巨大的社會空白。」[58]地位意識濃厚的荷蘭殖民當局與爪哇貴族，都想保持與群

眾的社會距離，因此鼓勵外來的華人群體填補這種中間角色。因此，在殖民時代的多元社會中，華人是一種「不可或缺的局外人」。[59]這種角色早在殖民展開以前已經存在，而且在殖民時代結束以後，仍然以一種令人稱奇的方式繼續存在。殖民時代之所以強調種族劃分，目的在加高、加強種族區隔，在社會階層頂端鏟除通婚與混種的誘因。

然而，殖民地獨立後，抹除了這種地位鴻溝，以及殖民時代種族劃分的習慣。印尼共和國在成立後採取由官方主導的同化政策，在一開始只是不鼓勵華人公開使用華語或表達華人文化，但在一九六六年後便開始加以禁止。印尼人口統計當局放棄殖民時代有關族裔的問題，就官方角度而言，所有公民一律平等。有關種族的態度變得含糊，不像馬來西亞與新加坡那樣明確。蘇卡諾政權像對待其他族裔一樣，也攏絡華人加入多元全民社會。那段期間成立的大多數內閣，總會延攬幾名左傾的土生華人政界人士入閣。

不過獨立與它帶來的高度期望，立即加劇了有關經濟議題的衝突。在菲律賓，一九五〇年代排華法案打擊的對象，是沒有菲律賓公民身分、卻在菲律賓扮演重要角色的華人。但在印尼，就連「非土生土長」的公民也淪為種族歧視法案的受害者。特別是在一九五〇至一九五九年間的民主時期，一連幾屆政府為爭取民意支持，紛紛採取行動限制華商取得商業執照與外匯。由於荷蘭企業也在一九五〇年代一連幾場衝突中遭到充公，如果華裔印尼企業人士不能找出繞過這些法令的門路，經濟會陷於停滯。雖然有些華人確實也將他們的資金撤出印尼（往往轉入新加坡），但其他華商透過與非華人夥伴合資、利用法律漏洞或向主管官員行賄等手段仍能讓企業欣欣向榮。這段期間，在大多數印尼人心目中，由於與華人「局外人」的牽扯，商業代

表了「貪婪」、「狡猾」——而且最重要的，是一種「外來貨」。不過，政府或軍方在同時期大舉接收荷蘭企業的作法，沒有遭到國內任何重大反對。

蘇卡諾造成許多動盪的「指導式民主」對華商很不利，他在一九五九年十一月立法禁止境外人士居住鄉間，將若干地方性排華行動制式化。這項立法主要針對的是大約兩萬五千家構成群島經銷網路的華人零售店。接下來一年中，超過十萬名華人離開印尼，其中大多前往中國。在那以後，印尼在政治上的左傾氛圍，一度為華人的困境提供了一種可能性：融入世俗化的社會主義印尼，成為印尼的「蘇庫」（suku，意為「部落」）。當年重要的印尼華人組織「國籍協商會」（Baperki）主張採取的就是這種辦法。在這段期間，國籍協商會藉由與蘇卡諾的親密關係，逐漸進入印尼政治核心。但在翁東（Untung）將軍一九六五年九月一日對陸軍領導層發動的政變過後，印尼展開血腥的反共整肅，國籍協商會被指為親共組織。協商會領導人蕭玉燦（Siau Giok Tjhan）因為身不由己地擔任「革命委員會」委員而被捕。「國籍協商會大學」（Baperki University）被燒毀，它的分支或被禁或自願關閉，協商會的許多活躍分子、好幾十萬共產黨黨員與支持者一起，或遭監禁，或遭處死。這場政治傷痛，主要來自於蘇哈托——他當時是軍方的重要人物——對華人特別的敵意。[60]

馬來西亞華人的處境與印尼華人大不相同。在第二次世界大戰結束時，華人的數量幾乎占了馬來亞（包括新加坡）總人口的四成，此外，由於華人曾在大戰期間進入叢林組建叛軍，對抗日軍，日本投降後重新占領馬來亞的英國人也對華人頗表同情。英國戰後規劃當局提出的「馬來亞同盟」（Malayan Union）方案，主張建立一個只有單一公民的現代化馬來亞國，這原是馬來亞華人社群想在戰後秩序中取

得平等地位的最佳機會。但馬來亞的華人社群過於分裂，無法有效支持這項方案，許多華人社群只在意中國，還有更多社群開始訴諸罷工與顛覆等革命手段。結果是，下一章討論的馬來族裔主義得以搶占核心舞台，迫使英國人放棄「馬來亞同盟」的構想，轉而支持一種非常複雜的聯邦安排，以保持馬來主權的完整。

馬來共產黨人在一九四八年展開武裝叛亂，重返他們當年用來對付日本人的叢林營區。儘管共產黨這項革命以「馬來亞」為名，但是未能取得其他社群的實質性支持，而且過於仰賴中國共產黨，使得華人與本地人更加疏離。在一九五一年，反共的「馬來亞華人公會」（Malayan Chinese Association）為打選戰，與「馬來民族統一機構」（United Malays National Organisation，UMNO，又稱「巫統」）成功結盟。這項結盟使馬來亞得以在一九五七年主張獨立，並在一九六三年將砂拉越（Sarawak）與沙巴併入馬來西亞版圖。拜這項結盟之賜，大馬得以例行舉行有秩序的選舉，並享有非常繁榮的經濟，不同社群間的和平也比印尼境內好得多。不過它的公民權仍有缺陷，人民享有的權利視種族而定。

蘇哈托與「外來的圈內人」

蘇哈托政權在執政三十二年（1966-1998年）期間，為印尼重新引進一種經濟與社會穩定，並可能因此消除「局外人」的商業優勢，造就一種整合各族群的商業文化，如同一九二〇與一九三〇年代的印尼。一九三〇年後移民潮的中止，以及印尼推動全國統一國語的成功，照理說也都應該能讓蘇哈托政權更輕鬆地完成這些工作。但蘇哈托政權在對華政策上有一種極度矛盾，最終造成可怕後果。蘇哈托政

權以極度仇視一切與中國有關的事物起家，或許是由於蘇哈托對蘇卡諾親北京一事的深惡痛絕，也因為蘇哈托執政的正當性來自於他極度地反共。新上台的蘇哈托政權雖強調反共，但蘇哈托對華人影響力的反感幾近偏執，往往迫使印尼外交部無法訂定符合國家利益的彈性政策。一九六七年通過的新規定，禁止華文報紙——事實上包括一切中文書寫形式——和華人社會組織與學校，以及禁止公開慶祝華人宗教與習俗。大多數過去使用中國姓名的華人，忙著改用印尼發音的名字，希望藉此逃避最惡劣的種族歧視。但印尼當局很快採取反制行動，在華人身分證上多加一個「零」，讓華人後裔在所有官員面前無所遁形。在一種容忍貪汙的氣氛助長下，華人為取得政府服務必須透過暗盤付費已經成為整個官僚體系的慣例。此外，華人不得加入官僚體系、不能從軍、也不能從政，只有少數華人能進入公立大學。[61]

但開放外資以及迅速的經濟成長，為華裔印尼商人帶來前所未有的大好商機——在這種新經濟氛圍下，他們的效率、資金與網路成為必不可缺的要件。在這段期間混得最好的華人，首推知名的裙帶資本家林紹良與鄭建盛（Bob Hasan）。兩人早在一九五〇年代已經大舉介入中爪哇地區「迪波內戈羅師」（Diponegoro Division）的走私等不法勾當。這類裙帶資本家大多出身作為「局外人」（托托克）的華人，在一九六五年以前和與蘇哈托有關特定的軍方單位建立關係。鄭建盛是例外，他是生在三寶壠（Semarang）的土生華人，但無論怎麼說，在與賈托・蘇布洛托（Gatot Subroto）將軍——蘇哈托的前一任迪波內戈羅師師長——搭夥以前，他始終是個無足輕重的「局外人」。但即使是這些與軍方高層維持良好關係的企業集團，他們也仰賴於大量且高效率的華裔印尼小企業主的連結關係。

根據伐木業的文獻，蘇哈托靠著與華裔印尼伐木業者合作，藉由

他們從外國特許經營夥伴取得的專業而起家。當蘇哈托在一九八〇年後將這些外國公司擠出印尼以後，他與鄭建盛、彭雲鵬（Prajogo Pangestu）、林紹良這些華裔業者的裙帶關係就變得絕對重要。來自伐木特許的龐大預算外營收，讓蘇哈托不但可以中飽私囊，讓他的家族大賺特賺，還能在不與主管預算的技術官僚產生正面衝突的情況下，憑自己喜好，推動國有石化工業（詹德拉·阿斯利〔Chandra Asri〕石化公司）、哈比比（Habibie）的飛機工廠、美麗印尼縮影公園（Taman Mini Indonesia）等等不合經濟效益的項目。正因為身為「局外人」，沒有加入官僚體系的資格，這些華裔業者對蘇哈托不具任何威脅，只能聽命於第一家庭的指令。

就這樣，印尼華人能夠走進政治核心，不僅因為他們有商務專長、國際聯繫以及與軍方的既有商業關係，更因為他們欠缺一種獨立政治勢力的地位。根據評估，在蘇哈托政權結束時，印尼最頂尖的十五名納稅人中有十三名華裔印尼人，還有蘇哈托的兩個兒子。[62] 當然，所有心存不滿的印尼人都對富有華人懷恨不已，華人因此更加邊緣化，也更加依賴蘇哈托的保護。[63] 然而，反華暴動事件也因此持續不斷：一九四五年、一九四七年、一九五九至一九六〇年、一九六三年、一九六五至一九六七年、一九七三年、一九八〇年、一九九四年、一九九六至一九九八年——但在一九九〇年代頻率更加頻繁。

從蘇哈托統治的正面意義而言，經濟成長與經濟自由化逐漸沖淡了社會大眾對私營企業與營利活動的偏見。土生土長的中產階級終於出現，儘管在若干領域發生激烈競爭，但他們一步步開始與華裔印尼人企業合流。[64] 魯斯·麥克維（Ruth McVey）曾指出，蘇哈托政權的態度也在一九八〇年代出現變化，因為它發現，隨著它與華商的關係越來越深，不斷爆發的反華群眾暴力事件不再是讓群眾洩憤、轉移

目標的工具，而是對政權本身的另類攻擊。[65] 這讓人想到漢娜·鄂蘭（Hannah Arendt）對十九世紀歐洲反猶太主義的觀點：「每一個與國家發生衝突的社會階級，都成為反猶太主義者，因為唯一一個似乎能代表國家的社會團體就是猶太人。」[66]

一九九〇年代，蘇哈托權勢漸衰，隨著接班之爭浮上檯面，他的家族也開始利用伊斯蘭教與種族仇怨爭權奪利。總統府的核心圈人士開始煽動極端穆斯林團體，要他們仇視最著名的華裔印尼大亨，說這些大亨是基督教徒、華人與猶太人陰謀推翻蘇哈托計劃的成員。蘇哈托那位極富野心的女婿、普拉保沃（Prabowo）將軍就是這核心圈的一員。[67] 這種來自總統府核心圈的不負責任言論，無疑鼓舞了攻擊華人資產與基督教教會的暴力事件，而軍方對暴亂鎮壓問題的曖昧，也使暴民更加肆無忌憚、變本加厲。[68] 一九九七年襲向印尼的金融危機使這類陰謀論更囂塵上，暴力攻擊事件於一九九八年初達到頂峰。

兩次五月暴動

一九九八年五月十三日與十四日兩天，印尼發生現代史上最嚴重的暴動，都市暴民攻擊他們的華裔同胞，死了好幾百人（不過大多數死者都是搶劫商家、困在起火燃燒的建築物裡的非華人暴民），至少有一百八十名婦女被強暴，財物損失以百萬美元計。這次暴力事件是造成蘇哈托總統垮台、隨後印尼跌跌撞撞走上民主轉型之路的一項因素。在蘇哈托垮台之後，印尼陷入一場嚴重的轉型危機，這場危機的影響至今尚未明朗。

而在整整二十九年前，也就是一九六九年五月十三日，也有類似的暴動。馬來亞各地城市的暴民攻擊他們的華人同胞，焚毀華人店

圖 3-1　一九六九年五月暴動之後的吉隆坡

圖 3-2　一九九八年五月暴動之後的雅加達

舖,把華人從汽車裡拖出來,殺害約一百七十人,造成龐大財產損失。儘管華人無力反擊,但在這場前後三天的動亂中,擁有壓倒性優勢的馬來保安部隊,逮捕的華人卻比馬來人多了兩倍有餘。[69] 這場創痛是馬來西亞獨立後的重大危機,永久改變了馬來西亞社群的政治立場與關係。這兩場五月暴動震驚了全球國際社會,因為它們在國際媒體眾目睽睽之下,發生在兩個欣欣向榮的新國家核心地區(見圖 3-1 與圖3-2)。在這兩場暴亂中,統治當局的立即反應都是指責受害者,大談如何縮減華人與其他群體之間的財富差距之道。

馬來西亞這場暴亂,讓首相東姑‧阿布都拉曼(Tunku Abdul Rahman)領導下原本看似安和的多元種族國度從此充滿暴戾之氣。族裔管理的重要性在一夕之間大幅提升。東姑‧阿布都拉曼因信譽破產而失勢,敦‧阿布都‧拉扎克(Tun Abdul Razak)則於政壇崛起,開始推動「新經濟政策」(New Economic Policy,NEP),將馬國經濟重心從農業轉移到能夠創造大量就業機會的都市製造業。「新經濟政策」為半島地區的馬來人提供一條前往城市的途徑,取得始料未及的成功。在經濟一片大好聲中,「布米普特拉」(bumiputra,指土地之子)名下資產持有率從一九六九年的百分之一點五增加到一九八二年的百分之十五點六,英國人名下資產迅速銳減。[70] 但新經濟政策在教育、政府聘用、合約與執照方面顯然偏袒馬來人,造成主張永久性種族分裂的社會期待與態度。此外,新經濟政策讓那些經濟、政治影響力兩缺的族群——特別是婆羅洲的印地人與土著——更加陷於困境。

少數華人企業家全面支配民營企業引發的民怨,是造成印尼與馬來西亞兩場暴亂的潛在主因。在這兩場暴亂中,儘管華人控有大多數的城市資本,但多數人的社群掌控了街頭與保安部隊,擁有使用暴

力手段的主控權。也因此,攻擊華人財產既能提醒華人看清自己的軟肋,但是相對而言,這也是對政府或「體制」洩忿的比較安全的辦法。不過,這兩場暴亂幕後的政治動機非常不一樣。

在馬來西亞,透過第一次選舉(1955年)以來確立的選舉系統,一直存在著種族權力鬥爭。鬥爭涉及的議題都是老生常談——教育、語言使用、平權措施以及這「究竟是什麼國家」的相關象徵性議題。而早在獨立以前便已建立的政黨系統,是兩大關鍵政黨的聯盟,一方是馬來貴族領導的「馬來黨」(Malay Party),一方是大企業領導的「華人黨」,此外馬來亞印度人也組黨謀求平衡。一九七〇年代,由「民族陣線」(National Front)衍生的組織「聯盟」(Alliance)在執政後採取族裔中間路線。他們在主要是馬來人的農村選區大力支持馬來候選人以對抗伊斯蘭反對黨;在都市選區則支持華人或馬來亞印度候選人,對付比較偏左、總是以多族裔為號召、但由華人主控的反對黨。「聯盟」一旦過於傾向馬來人一邊,就會失去「華人」席次,但是倒向另一邊,或在象徵性穆斯林議題的鬥爭上落敗時,它會失去「馬來」席次。兩大關鍵政黨於是重新展開討價還價,以解決政策與權力分配問題。

在一九六三年馬來西亞立國之初,新加坡原為馬國一部分。儘管之後由於排除新加坡(1965年),然後逐步推動民主改革,半島地區的馬來人鞏固了他們的主導優勢,但在立國之初,他們的這項優勢並不穩固。一九六九年是馬來西亞排除新加坡以後舉行的第一次選舉,疲態漸露的「聯盟」在兩方面都遭到反對黨攻城掠地。儘管馬來人在東海岸地區獲得絕對的優勢,此區多數州政府落入馬來/穆斯林反對黨手中,但是雪蘭莪(Selangor)都會區政權的易手讓許多馬來人感到不安,因為馬來人的政黨似乎就要被一個華人政黨擊敗。許多

人因此認為種族權力均勢已經轉變，而一九六九年的馬來西亞暴動就是針對這項轉變的一種直接反應。

而一九九八年五月的雅加達反華暴動與殺戮，以及發生在蘇拉加達（Surakarta）等地規模較小的反華事件，在類型上非常不同。這些事件與一九六九年發生在吉隆坡與一九九七年與二〇〇〇年發生在斐濟（Fiji），或與發生在東歐巴爾幹半島的各種「種族清洗」事件不一樣，它們並非不同種族在鬥爭中用來刻意消滅彼此的武器。因為華人在印尼人口中占比不到百分之二，而相比之下，一九六九年的華裔人口占馬來西亞總人口的百分之三十五。大體而言，這些華人在語言與文化上非常印尼，他們被歸類為一種典型的「賤民」或「局外人」企業主類型，除了靠走後門行賄以外，他們完全沒有任何政治影響力。有人開始在精英政治遊戲中用攻擊華人的方式向各種對手示警，這種情況在一九九八年最初幾個月變本加厲。

對年輕的印尼政治實體來說，一九九〇年代末期的危機是一次重大考驗，其嚴重性可以與一九三〇年代發生在歐洲的大蕭條相提並論。一九九四年舉行的會議，在將東南亞華人與中歐猶太人的歷史遭遇進行對比之後達成結論，有鑒於東南亞華人擁有的財經力量遠比歐洲猶太人大得多，在東南亞，仇恨因素似乎極為節制。不過會中也提出警告說，如果當年欣欣向榮的經濟受挫，這種看來無害的景象可能改觀。[71]據估計，單在一九九八年一年，印尼的金融瓦解就造成百分之十四的國內生產毛額（GDP）損失。整場危機造成的衝擊，幾乎與德國在一九二九到一九三三年整個大蕭條期間遭到的百分之二十四的國內生產毛額重挫不相上下。相關對比不僅如此而已：一九九八年以前的經濟繁榮，將印尼的國民生產毛額（GNP）提升到一八九〇年代的德國或一九二〇年代的義大利的水準。[72]到一九九七年，印尼約百

分之三十五的都市化程度，已經與歐洲整體在一九二五年達到的程度相彷。

然而在一九九八年，不景氣浪潮襲捲印尼，城市裡出現數以百萬計的半文盲、憤怒的失業工人。這樣的經濟危機讓群眾對全球金融系統失去信心，讓執政精英獲利。希特勒與墨索里尼這類煽動家為擴大影響力，就趁機大放厥詞，說這一切都是種族或階級敵人操控系統造成的結果。根據這項後見之明，造成一九三〇年代大蕭條最致命惡果的主因，不是大蕭條本身導致的暫時性苦難，而是這些造成人民喪失信心的政治操弄。

就這個角度而言，可以說印尼這場危機的結果對作為印尼少數族裔的華裔而言絕不嚴重，而且對民主發展而言更是徹頭徹尾的好事。印尼在一九九七到二〇〇一年間發生許多族裔與族裔、宗教與宗教之間的暴力（見第六章），但就像一九六五至一九六六年間一樣，大體屬於中產階級的華人社群並不是危機主要受害者。但話說回來，華人社群受到的傷害特別具有公眾及政治意義，也對印尼造成特殊的損傷。在首都發生的反華暴力事件中，對富有精英發動的攻擊至少不輸於對市井小民的攻擊，一些反華論點於是成為生活現實。即使原本作為「忠誠的印尼人」的華人少數族群，也開始對印尼離心離德。在暴力事件發生後的三個月間，至少有三萬華裔印尼人離開印尼，能夠將資金轉到海外的人也紛紛從印尼撤資，造成經濟危機進一步惡化。[73]

另一方面，吉隆坡暴力事件的長期後果是削弱了華人在馬來西亞體制內的權益和議價能力，但雅加達暴力事件卻產生一些反效應。一些勇於面對的婦女與基督教團體公布了一九九八年事件的強暴罪行真相，在印尼民眾間造成一波史無前例的震撼與同情。許多印尼人有生以來第一次承認他們在日常生活中對華人的貶抑其實是種族歧視，有

嚴重的潛在危險性。有人因此要求一勞永逸地除去華裔印尼人的「賤民」地位。

在公共服務部門與警界依然存在著歧視，錢多、權力少的華人想辦事就必須行賄，這已經成為不成文的社會法則。但蘇哈托的強制性同化措施造成的逆轉效應相當可觀。此外，中國迅速崛起，成為印尼經濟夥伴的現實，也造成民意轉向。蘇哈托自一九六七年上台以後一直沒有與中華人民共和國建交，直到一九九〇年，他才終於接受這必然的事實，與中共建交。在後蘇哈托時代，印尼與中國的貿易非常熱絡，每年都有大約百分之二十五的成長率。到二〇〇七年，中國在貿易與投資兩項都已成為印尼第五大最重要的來源。[74]

蘇哈托下台以後，哈比比（Habibie）與瓦希德（Wahid）總統迅速採取行動，將一些令人震驚、讓人想到華人「賤民」地位的官方措施──例如華人身分證使用特殊編碼，海關表格上宣布禁止毒品、槍械與一切中文出版物──完全去除。在蘇哈托統治下，雖說所有中國認同或文化的公開展示都在查禁之列，但在進入二十一世紀之後，鞭炮、舞獅與中文報紙卻在全國各地無所不在。在蘇哈托統治期間，一整代華人在對中國風俗一無所知的情況下成長，對他們而言，這些習俗多半就此喪失，一去不復返。不過，二〇〇〇年瓦希德總統批准可以合法慶祝中國新年，中國新年（在印尼稱為 Imlek）則大舉回歸，並從二〇〇三年起成為國定假日。希望重新尋回「華人意識」的華裔印尼人得以重新學習中國基本習俗。現在越來越多印尼人認為蘇哈托將印尼人華語能力摧殘殆盡的作法，是對印尼成長的一大障礙，今天無論在官方或民間教育系統，華語課程都如雨後春筍般出現在印尼各地。

民主與差異

　　東南亞在僅僅不過五十年間，已經從帝國轉入民主秩序。回顧這段期間，與更加漫長的歐洲史作比較，東南亞爆發各種暴力與排除異己的事件其實並不奇怪。如果族裔雜處的東南亞能在不發生種族清洗或帝國疆界碎裂的情況下發展民主政治，反倒令人稱奇。在現代之前的各王朝、帝國與獨裁政體，一般都容許或鼓勵治下臣民各行其是，只憑藉頂尖領導人的個人權勢結合在一起。但民主化不只僅揭開了蓋子、釋出各式各樣埋藏在裡面的仇恨，像前蘇聯與南斯拉夫發生的情況一樣，讓政客們厚顏無恥地運用這些仇恨以爭取選票。歐洲直到十九世紀最後二十五年，隨著特許經營權擴大到包容選區內所有選民，才出現有計劃的反猶太主義。最惡劣的反族裔罪行，往往是全民普選的政府幹下的。

　　漢娜‧鄂蘭敏銳地觀察到一種明顯的歷史悖論：唯有在高度的民主化與文化融合後，反猶太主義才達到巔峰。她指出：

　　條件的平等，儘管是正義的一項當然基本要件，卻無論如何是現代人類最大、最不確定的一種冒險。平等的條件越多，對於人與人之間實際存在的差異的解釋也越少；於是個人與群體的不平等也變得更加嚴重……現代人類面對的重大挑戰以及現代特有的風險就在於，置身現代的人得破天荒地在沒有環境差異與條件保護下面對他人。此外，正因為這種新的平等概念，才讓現代種族關係變得如此棘手，因為我們現代人面對的是自然差異，無論如何想方設法改變條件，這類自然差異依然顯著。這是因為，為了謀求平等，我必須將每一個……個人視為與我平等，然而為了

謀求平等，基於本身理由不願意相互給予這種基本平等的不同群體，也必須強逼著自己這麼作。[75]

　　丹尼爾・凱洛（Daniel Chirot）提醒我們，歐洲在一百年前由於民眾大舉移往城市、公用土地私有化、法律理性化以及新中產階級——「既不屬於精英，也不再是農民大眾的一部分」——的興起而出現的改變，既攪亂了舊有認同，也為現代民族主義提供了可能性。這種可能性，讓人重新定位，將古早的鄰人視為局外人。因此可以說，導致反猶太主義在奧地利與德國崛起的政治環境具備一種特性——它是對自由與進步的德國文化的一種反動。最同化、最成功、最有國際觀的猶太人，正是造成反猶太主義的最大罪魁禍首，原因就在這裡。「他們不僅在經濟與文化市場上超人一等，也是眾人眼中反民族主義的潛伏分子，用異端邪說——即自由與反民族主義——毒害民族的純淨。」[76]

　　對比歐洲，至少能讓我們對東南亞的轉型不致期望過高。印尼與馬來西亞都以不同的方式在獨裁與自由模式之間徘徊，但在一九九八年後，都似乎逐漸成熟，邁向更開放的民主社會。馬來西亞如果就種族與宗教條件而言，基本上仍然分裂，但相對來說尚屬和平。此外，自馬哈地（Mahathir）首相辭職以來的發展，也讓馬來西亞最終能克服分裂的遠景更加可期。我們將在以下兩章更詳盡地討論印尼自一九九八年以後的民主化。印尼在一九九八年爆發反華暴動，隨即在麻六甲與蘇拉威西發生更血腥的衝突（大體上是宗教衝突）。

　　印尼能自一九九八年起接納「局外人」，讓華人參與印尼政治與道德社群，尤其令人印象深刻。有人認為，像泰國與菲律賓的土生華人一樣，印尼的土生華人也即將融入印尼社會，只不過是以宗教少

數派的身分融入罷了，這種想法不無道理。果真如此，與中歐社會當年的經歷相比，印尼走上民主轉型旅途經歷的創傷要小得多。一九三〇與一九四〇年代泰國民族主義政權對華人的象徵——特別是華語姓名——採取的嚴厲措施，讓之後幾代人更容易接受泰國民族主義。基於同樣理由，可以說蘇哈托的同化措施對之後幾代印尼人或許也有好處。事實上在所有印尼族裔中，華裔印尼人在家裡使用印尼語的比例最高，繼十九世紀之後又一次成為最「印尼」的印尼族裔。

印尼的多元社會，一直是它渡過危機的最重要的潛在資產，過去如此，今後也將繼續如此。只要印尼仍是一個龐大的群島國家，多元文化就是它必不可缺的要件。這種即使在民族主義高漲聲中依然屹立不搖的多元主義，是印尼得以避免巴爾幹式偏狹族裔主義肆虐的最佳保證。如果華裔印尼少數人的文化與象徵，不再成為印尼人心目中道德社會的異類，並且印尼經濟能夠更加開放與穩定，這些華裔印尼人的「局外人」地位可以在現有民主氛圍內獲得克服。經驗證明，對少數人的過度經濟歧視只會扭曲經濟，最後迫使主流社會與「局外人」進行進一步的特殊秘密交易，從而降低生產力。

近年有兩項進一步的改革，可以加速土生華人成為印尼合法一部分的立法進程。其中一項改革是找一個適當標籤，取代讓人有一種特殊聯想的英文「Chinese」或印尼文「Cina」一詞。無論是英文「Chinese」或印尼文「Cina」都含有太多矛盾的意義，包括在每一方面而言顯然都是印尼人的少數族裔，以及往往為主流社會視為威脅的外來語、文化與政治實體。二〇〇〇年的人口統計將這個名詞帶來的包袱描繪得很清楚。這次人口統計，是自一九三〇年以來第一次將有關族裔的問題納入問卷的人口統計。在一九三〇年，略多於百分之二的印尼人在問卷中回答自己是華人。而一般認定，在之後三十年

中，由於人口穩定化與家庭成員增加，這部分人口會成長。但在二〇〇〇年人口統計中，只有百分之一點一四的印尼人在問卷中承認自己是華人；而在首次發表、沒有列入小型社群的摘要中，這個比例更小。[77] 這個現象顯示，就算納入移民因素，仍然有許多華裔印尼人寧願遺忘自身關於「Chinese」的身世淵源。如果能效法華裔菲律賓人的先例，發明一個類似「Chinoy」這樣的混合名詞，既能說明族裔混合特性，又能強調印尼（菲律賓）認同，對華裔印尼人而言一定相當有益。

　　另一個明顯的整合途徑是效法印尼精英，運用國家主義模式，塑造「民族英雄」（pahlawan）。華裔印尼人一直在這個體系缺席，是華人遭到排斥的強有力象徵。要讓一個置身全國性社會與全國性教育系統內的群體取得正式認可，成為國家的一部分，找一個具有華裔背景的特定民族英雄加以神聖化，是個好辦法。這樣的華裔民族英雄不愁找不到。根據一般性標準，在一七四〇至一七四三年的「華人戰爭」中領導華裔爪哇人，與步步進逼的荷蘭殖民軍死戰的陳興國（Tan Singko，譯音），別名「Singseh」，就具備相當資格。在坤甸北方（西加里曼丹）、成立「蘭芳共和國」（Lan-fang kongsi）的那些民選領導人，同樣是很好的人選。蘭芳共和國曾經抗拒荷蘭多年，直到一八五四年才終於落敗。不過值此改革時代，是時候在那些更積極地建設印尼民族文化的人中尋找民族榜樣了——在十九世紀最後幾十年建立馬來文報紙與現代民俗文學的土生華人作家與出版家，都是這類人選。

第四章

馬來與它的後裔——

一個鬆散類型代表的多種意義

「Melayu」（馬來語，馬來人）是一個古老的名詞，長久以來也有過許多不同的意涵。它在十六世紀與十七世紀初期以英文「Malay」（或以法文「Malais」、葡萄牙文「Malayo」）的形式進入歐洲語彙，而它所具有不同的歐洲與馬來意涵也在之後相互造成重大影響。歐洲人稱為「Malay」的這種語言，先後成為三佛齊（Srivijaya）王國與麻六甲的貿易用語，也是流通於東南亞海商貿易、甚至東南亞以外廣大地區的商業中心通用語。說英語的人也因此用它作為一種廣泛的種族或區域性稱謂。研究人員在發現今天所謂「南島語系」（Austronesian）種類龐雜、從馬達加斯加（Madagascar）延伸半個地球直到復活節島（Easter Island）的語言系統時，首先也根據語系中最著名的語言，將語系命名為「馬來語系」。這種演變最後成為土著民族主義者運用的工具。馬來西亞、印尼與汶萊三個國家，儘管用法各不相同，但都以馬來語作為三國的「核心文化」基礎。而菲律賓人也將這個名詞種族化，用來鼓吹菲律賓民族主義。在新加坡、泰國、高棉、斯里蘭卡與南非，「馬來」也在少數族裔的詮釋上扮演其他角色。

　　因此可以說，「馬來」與前一章討論的「華人」並列，都是散布

最廣、最模稜兩可、以及帶有負面意義的標籤。

馬來的起源

「Melayu」一詞可以至少回溯自二世紀埃及地理學者托勒密（Ptolemy）。像之後一些阿拉伯與中土作者一樣，他認為馬來是位於我們稱為蘇門答臘的島內或島附近的一個地方。根據唐代中文文獻的說法，馬來與「三佛齊」王國、特別與占碑（Jambi）有關，占碑為三佛齊王國的第二重心，或許之後還是這個王國的首都。[01]事實上，根據非中文文獻的說法，「Melayu」代表的意義不僅止於三佛齊王國而已。無論怎麼說，就任何意義而言，它直到很晚才成為一個民族的代名詞。在十六世紀以前，外國人在談到整個群島或島上人民時，最常用的名詞是「爪哇」（Jawa）或「亞哇」（Yava）。直到一七三〇年，中文文獻上才出現馬來一詞，泛指爪哇文化的廣大地區。[02]這個時間點，約與歐洲人最早使用「馬來群島」這類術語同時。

較早的馬來語文獻本身，很少用「馬來」作為一種認同標記，少得令人稱奇。根據麻六甲編年史的紀錄，「Melayu」是一條發源於巨港聖山（Bukit Siguntang）的小河，最終流入穆西河（Musi River）。但在今天，只有一條叫「Melayu」的河，在占碑流經聖山，沒有流經巨港。除此而外，麻六甲編年史中有關「馬來」的記述不多，大多用來形容「習俗」（adat Melayu，馬來習俗）或「國王」（raja-raja Melayu，馬來諸王），特別是來自巨港的麻六甲王一系。麻六甲編年史在較早的一部分紀錄中，稱它的國民是「麻六甲人」（orang Melaka）。直到麻六甲確立為穆斯林王國之後，「馬來人」（orang Melayu）一詞才開始出現，特別是在描述麻六甲人對異國文化的偏好

時。到麻六甲蘇丹國於一五一一年覆亡時，「馬來」一詞似乎已經成為一種指稱麻六甲少數族群的方式。這個少數族群由於在那裡居住得十分長久，已經接受遜尼伊斯蘭教，將馬來語作為第一語言，成為蘇丹的忠誠臣民。[03]

葡萄牙人在公元一五○○年後來到麻六甲時，一開始也採納同一觀點，認為麻六甲這座城內有許多受到控制的族裔，而馬來人基本上是麻六甲的統治群體。托梅·皮雷斯解釋說，麻六甲蘇丹將來到麻六甲的群體分為四種，各設一名「港務長」（syahbandar）分別管理。[04] 馬來人不在這四個群體之列，基本上，這四個群體的區分都根據對方來自何方而定。就這樣，南印度人與來自北蘇門答臘和緬甸（勃固）的人同屬一個群體，各式各樣的華人與來自琉球的人同屬一個群體。來自西北印度富裕港口的古吉拉特人（Gujaratis）是勢力夠強大、擁有自己的港務長的唯一族裔，而所有說南島語系語言的人則分散在其他三個群體裡。不過，在中國與馬魯古等其他地方，葡萄牙人確實也將馬來人說成貿易商。直到一五一一年葡萄牙人征服麻六甲，他們被迫流亡以前，所謂「馬來人」，似乎指的是麻六甲統治階級，與麻六甲蘇丹最接近的一群人。在麻六甲滅亡僅僅十年之後，麥哲倫探險隊在蒐集馬來單字時，將「cara Melayu」（字面意思是馬來方式）翻譯為「麻六甲之道」。[05]

對十六世紀的葡萄牙作者而言，這些源自麻六甲的馬來人，是活躍於爪哇海與南中國海的幾支群島海洋貿易商中的一支。葡萄牙記錄者還為其他幾支貿易商貼上其他標籤，稱他們是爪哇、爪夷（Jawi）與呂宋（Luzon）。這四個標籤都是介於地方與族裔之間，它們似乎都起源於十四世紀末葉與十五世紀三佛齊的遺緒、土著原住民、以及華人與穆斯林水手，三者之間的互動，並最後融為一種對新來者相對

開放的「馬來」族裔。為了解這項進程，得對十五到十六世紀關鍵期的民族形成理論作更仔細的探討。

十五世紀漫長的混合認同

麻六甲是十五世紀的幾個港口國中的一個，它的繁榮歸功於在一段關鍵期間與中國的特殊關係。這個特殊時期在蒙元征服並統治中國時（1276-1368 年）展開，在本土的明政權於一四三〇年代改變前三位統治者的作法、放棄與東南亞的積極邦交時落幕。

第一位蒙古統治者不僅派遣大規模陸路探險隊深入越南與緬甸，還史無前例地派出海軍艦隊前往日本，而且對我們而言最重要的是，蒙古艦隊還在一二九〇年代到了爪哇。這個龐大艦隊中的叛逃者與囚犯，加上往來於印度洋貿易路線與中國廣州貿易路線的穆斯林商團，在東南亞各地的貿易港口揭開了一個特別混雜的時代。身為外族統治者的元人，很重視治下穆斯林臣民的忠誠與四海一家的態度，讓廣州的穆斯林商團享有極優惠的待遇。這個商團本身也複雜多元，有波斯人、阿拉伯人、還有來自東南亞各地的航海族群。

但隨著蒙古政權勢力轉弱，泉州一些有權勢的穆斯林開始蠢蠢欲動。一三五七年，泉州衛戍部隊中的波斯軍人叛變，控制了福建南部。這些叛軍於一三六六年才被擊潰，但追殺穆斯林的行動一直持續到明初。直到永樂帝時才在一四〇七年下令停止對穆斯林的暴力，因為永樂帝計劃派遣穆斯林太監鄭和率領艦隊大舉遠征，需要他們的幫助。[06]

數以千計多多少少已經漢化的穆斯林商人家庭，搭上鄭和艦隊的船隻前往他們原已熟悉的東南亞港口。其他許多廣東人和福建人，似

乎是為了逃避明極嚴厲的私人海上貿易禁令，也搭上這些船艦南行。暹邏灣、新加坡、巨港、北爪哇的港口、汶萊與馬尼拉似乎是主要受惠者。到了十五世紀，泉州不再是重要國際港，這些新的東南亞港口逐漸取代了泉州。[07]

　　隨著三佛齊對馬來群島與中國貿易的控制漸趨瓦解，對歐洲的香料貿易也在黑死病銷聲匿跡後逐步恢復，這些來自四面八方的商團越來越活躍，為東南亞帶來改頭換面的新氣象。有紀錄可查的最後一次三佛齊朝貢貿易團出現在一三〇九年。新的研究顯示，多族裔的暹邏（大城，即阿瑜陀耶）與新加坡利用這些熟練的「華人」貿易商迅速填補了空檔。[08]但到一四〇〇年代初期，麻六甲藉由打著明的招牌，成功取代新加坡，繼三佛齊之後取得進出中國市場的貿易權。大城、一些爪哇港口與汶萊也把握住明轉變的機會，透過精心打造的朝觀使團，在中國的紀錄中成為對華貿易的重要參與者。明初統治者經常遣使到東南亞，這些使節眼中，一些東南亞港埠擁有不忠於明的「海盜」而聚居的大型「華人」社區，因此不被納入朝貢使團。故它們不得不透過琉球等地，或經由其他秘密管道進行對華貿易。馬來王權重心的巨港就屬於這個類型。根據一四〇〇年代初期的中國紀錄，巨港已經成為群島地區華人「海盜」的重鎮。一如麻六甲獲得鄭和的獎勵，巨港的「海盜」則遭到了鄭和的懲罰。[09]

　　東南亞商業的重新洗牌，結果就是在十五世紀時興起了許多混合型沿海城市，其中，華人或中國化的東南亞貿易商扮演了重要的角色。到十五世紀中葉，隨著與中國的往來告終，麻六甲與汶萊，以及淡目（Demak）、扎巴拉（Japara，舊稱闍婆城）、玉射（Grisek）與泗水（Surabaya）等爪哇港埠的統治團體，逐漸成為混合的「新」社群，他們就算還不是穆斯林，也已經接受伊斯蘭教，他們的語言也

分別以馬來語與爪哇語為主。其中有些人或許一方面與三佛齊和馬來的舊統治家族有聯繫，另一方面與滿者伯夷王朝保有歷史淵源。不過無論如何，這些統治團體都重視這類歷史淵源，並精心描繪一些神話故事來證實。

　　明廷在一四二一年將首都從南京遷到北京，它在東南亞的短暫介入也很快消逝得無影無蹤。經常性的大型朝覲使團在十五世紀後半段受挫，群島地區各港口不再組團往訪中國。來自中國的大規模移民或叛逃活動在大約一四三〇與一五七〇年之間停擺。連接菲律賓與東印尼以及福建各港之間的遠洋「東方路線」不再有船隻往還，汶萊與馬尼拉那些新的東南亞華人商業精英，開始透過麻六甲與暹邏重新調整他們的對華貿易——他們可以透過這兩個地方，假借海岸交易名目，與中國進行走私。葡萄牙人在一五〇九年以後發表的最初幾篇有關東南亞的報導說，他們已經看不到百年前存在的大型華人社區，認為這些華人或許已經完全融入主控爪哇海貿易的商業新貴。[10]

　　葡萄牙的作者說，曾在麻六甲遇到兩個從事商業的族群。根據這兩個族群自身的說法，他們是一百年或更早以前華人移民的後裔。這兩個族群分別是位於北爪哇海岸的爪哇人，以及位於蘇門答臘海岸的爪夷人。其中北海岸爪哇人是「這些地區最文明的人，根據他們自己的說法，他們來自中國」。[11]這個資訊與歷史學者逐漸達成的共識不謀而合：淡目、扎巴拉與玉射統治家族的起源很複雜，其中有紀錄最完整的華人元素。[12]

　　巴洛斯（Barros）在類似的描述中說，爪夷人是一個更模糊的類型，而且通常與華人沒有關聯。根據阿拉伯人的用法，爪夷人是用來形容較寬泛的爪哇人類型中的一個個體類別，代表以馬來語為通用語的東南亞穆斯林。已知最早的馬來作家，在十六與十七世紀稱他們的

書寫文字是「爪夷語」而不是「馬來語」。[13] 如果在這個階段，這種文字有任何特定地緣關係，這個地方就是蘇門答臘。根據萊佛士的觀點，爪夷一詞最初的意思有些類似混種或混合語，既指人，又指語言。[14] 我與麥克‧拉芬（Michael Laffan）都認為，對來自遠方的阿拉伯人而言，爪夷雖然屬於一個廣泛的東南亞類型、而且與他們一樣都信仰伊斯蘭教，但在東南亞本身，爪夷指的或許是新近皈依伊斯蘭教，並來到這個說馬來語的東南亞商業世界的移民。爪夷不是一個族裔、而是一個文化與語言名詞。有鑒於中國移民在巨港轉型伊斯蘭的過程中的重要性，也由於中國瓷器與藝術品在新加坡與棉蘭附近等十四世紀遺址的重要地位，[15] 巴洛斯認為中國在這個地區的族裔源起扮演重要角色的觀點是可以接受的。

根據葡萄牙人的論述，在一五一一年以前主宰麻六甲與中國之間貿易的另兩個類型，「馬來」（來自麻六甲）與「呂宋」（來自汶萊與馬尼拉），並沒有與「中國」祖先承傳有關的紀錄，不過我們可以憑推斷得出類似結論。對不熟悉中國方言、不懂中文、不了解地方官員與經紀人習俗的人來說，管理對華貿易是不可能的，或者即便可能也十分困難。可想而知，公元一五〇〇年左右在馬尼拉—麻六甲與麻六甲—中國兩條貿易線上都扮演重要角色的「呂宋」，就是八十年前汶萊—馬尼拉—中國貿易管理人的接班人。當西班牙人在一五六五年後於菲律賓碰上這個穆斯林商團時，西班牙人稱他們為「摩洛人」（Moros）。但早期來自棉蘭老島（Mindanao）的一篇報告承認，「在這些島嶼，來自婆羅洲（汶萊）與呂宋的船自稱中國帆船，就連摩洛人本身也自稱中國人，但事實上中國帆船並沒有來這裡。」[16]

我們認為當年所謂的「馬來」指的是麻六甲統治集團，這個集團本身的族裔極度混雜，在十五世紀初期，它的組成分子無疑包括華

人，到十五世紀結束時還包括海岸地區的爪哇人。爪哇貿易商當年是城裡最大的人口群體，城裡船東的領導人似乎是馬來化的爪哇人，麻六甲編年史本身羅列了眾多爪哇知識，在其中一篇有關馬來文化英雄漢都亞（Hang Tuah）的史詩中，漢都亞說：「麻六甲人似乎被視為是不純的馬來人（Melayu kacokan），並混合了來自滿者伯夷的爪哇人。」[17]

在麻六甲於一五一一年落入葡萄牙人手中以後，「馬來」（Melayu）一詞繼續意指一系列國王、一種在麻六甲發展出來的語言風格和習俗。不過，隨著時間的流逝，這些麻六甲的淵源也越來越薄弱。直到十九世紀，「馬來」持續與以蘇門答臘為中心的「爪夷」共存，始終是一種描述語言與馬來語伊斯蘭認同的名詞。兩者都不是一種真正的族裔標籤。之後，歐洲人與爪哇人在互動過程中，將「爪哇」確立為爪哇島島名，以及島上主要語言與島民的名稱，「馬來」一詞的意涵逐漸變窄。在爪哇以外的地方，主要貿易城市的商業區可能仍然叫做「馬來村」（Kampung Melayu）或「爪哇村」（Kampung Jawa），而且兩個名字還能互換，都能在馬來語不是當地方言的地區代表說馬來語的商業僑民。曼德斯・平托（Mendes Pinto）在十六世紀中葉仍然使用「呂宋」這個標籤，但它之後就消失了，離散在海外的變成了「馬來」，而留在菲律賓的變成了「摩洛」（Moro）。

如前一章所述，明帝國在一五六七年開放南洋貿易，在海洋東南亞各地與華南港埠間建立了一條持續不斷的直接交通。也因此，「中國」這個標籤經過壓縮，指的僅僅是那些顯然不同於東南亞主要社會、而且也不是穆斯林的族裔。隨著這些新移民與在地深耕已久的地方精英之間的緊張情勢逐漸升高，對這些同化了的精英而言，擁有中國傳承的主張不再具有吸引力。一些過去不肯皈依伊斯蘭教、自稱華

人的居民或許選擇融入移民社群，但大多數全面融入地方類型，特別是那些經營海商、最後成為所謂「馬來」的類型。

作為僑民的馬來

一直持續到十八與十九世紀的一個「馬來」概念，是源起於麻六甲、或更早以前源起於米南佳保的國王世系。由於一個成功的蘇丹國用其特定的魅力，將之經由半島與東蘇門答臘的那些小國，從蘇門答臘東北部的日里（Deli）與冷吉（Langkat）傳到婆羅洲的坤甸與汶萊，傳播給其競爭對手的後代，這個概念也因此變得複雜。現代收藏中倖存下來的「古典」馬來宮廷文學，主要都是在十九世紀時創作或複製的，強調馬來諸王的法統與神聖「主權」（daulat）。但到了十九世紀中葉，特別是在最偉大宮廷作家——廖內蘇丹國的羅闍阿里哈吉（Raja Ali Haji of Riau）的作品中，對某些王的昏庸而表示擔心，開始出現建立馬來原則的呼聲。它們強調，馬來的王必須行事公正；馬來的臣民必須忠誠，無論是統治者或是臣民，如果縱情慾樂，神會作出審判，讓那個王國崩潰，而且這樣的事已經出現，一個接一個古老王廷的垮台就是證明。在身為武吉士後裔的羅闍阿里哈吉看來，一方面馬來族裔沒有任何正面意義，只不過是一種負面的、反武吉士的、狹隘的「馬來人及其後裔」（Melayu）而已，另一方面，「馬來」（kaum Melayu）代表一種光輝燦爛的王權傳統（raja Melayu），不再依賴任何一個世系。[18]

但「馬來」代表的更生動的概念，是一種商業僑民概念。曾經為麻六甲注入活水的商人，在追求貿易轉口港的過程中，足跡幾乎踏遍東南亞各地。他們為各式各樣、大大小小的港埠，例如亞齊、北大年、

巨港、萬丹、汶萊、望加錫與馬辰，甚至包括高棉與暹邏，帶來新氣象。在麻六甲，他們融入來自各處亞洲海岸的族裔，許多人甚至說馬來語、信伊斯蘭教、被徹底同化。在擴散到群島地區以後，這些商人成為一種「馬來」僑民，藉由語言、伊斯蘭教以及一種海商均遵守的傳統而結合在一起。這是一個兼容並蓄的極佳類型，很能滿足東南亞島嶼區多元語言世界的商業需求。[19]

根據望加錫的史料記載，馬來企業家享有貿易商無論在哪裡都需要的自治與財產保障。這些史料說，馬來貿易商來自「柔佛（Johor）、北大年、彭亨（Pahang）、米南佳保與占城」，印度穆斯林後來也在這些社群中扮演重要角色。而在松巴哇（Sumbawa）島傳播伊斯蘭教的馬來社群，彷彿預知到兩百年後英國殖民主義會把馬來鑄造成什麼類型一樣，只要求當局給予港口關稅減免，不肯接受當局給予稻田的賞賜，因為「我們是水手與貿易商，不是農人」。[20]

在整個十七世紀的半島與麻六甲海峽地區，「馬來」保有它的麻六甲意義，代表一種源自三佛齊與麻六甲或米南佳保的王家傳承。在十八世紀時遭到武吉士勢力滲透的地區，特別是在廖內—林加（Riau-Lingga）、霹靂（Perak）與雪蘭莪，這個意義經過強化，不時還因為與武吉士的競爭而蒙上一層族裔主義色彩。在其他地區，「馬來」基本上代表一種從事貿易的僑民。這第二種意義適用於來自任何族裔背景的新移民，但無論怎麼說，它朝著一種獨特族裔「馬來人」（orang Melayu）的方向發展。望加錫的宮廷作家、《望加錫戰爭研究》（*Syair Perang Mengkasar*）作者阿明先生（Ence Amin），就自稱是「一名望加錫血統的馬來人」（nisab Mengkasar anak Melayu），頗以馬來同胞英勇保衛望加錫、抵抗荷蘭入侵為榮。[21] 赫雷米亞斯·范·弗利特（Jeremias van Vliet）一六四〇年左右對暹邏史的詳細紀錄中提到，

「馬來」只是在暹羅首都向暹羅軍服務的一個少數族群。相對而言，暹羅在有關北大年，或北大年反叛暹羅的文獻中並沒有提到馬來。[22]

荷蘭人在十七世紀初期成為群島中心的統治者之後，立即展開行動，將與他們共事的各類人等分為士兵、臣民、對手與商人等類，而巴達維亞尤其是一個族裔雜處的大熔爐。聚集在荷蘭治下各港的貿易商除了各類歐洲人以外，重要的僑民還有華人、摩爾人（印度穆斯林）、馬來人、爪哇人與武吉士人。在巴達維亞，最重要的商貿社區由甲必丹（kapitan，意為「首領」）負責管理。荷蘭人在一六四四年於巴達維亞任命一位馬來甲必丹，一六九九年征服望加錫以後，也在望加錫指派甲必丹，由來自北大年（本身也有非常多的族裔）的大貿易商擔任這類領導角色。這些甲必丹都是非常重要的商人與中間人。第一任巴達維亞的馬來甲必丹阿麥先生（Encik Amat），曾經以荷蘭特使身分四次訪問馬打蘭，還經常負責安排在巴達維亞接待亞洲顯貴的事宜。阿麥的子嗣繼續擔任甲必丹，一七三二年，這個顯赫家族的第四代在擔任甲必丹時，因詐欺馬來同胞東窗事發而流亡斯里蘭卡，當局在調查後發現他擁有三十二萬九千枚荷蘭幣（rixdaalders）與數以百計奴隸。[23] 他一定曾經是巴達維亞乃至整個東南亞最富有的人之一。

在十七世紀，這個巴達維亞的馬來社群很富有，但不特別大。在一七五〇年以前，這個位於將近有十萬人口的巴達維亞的馬來社群，其人口數量從未超過四千。到十八世紀中葉，人口則跌到不滿兩千人，但到十八世紀末年，由於來自蘇門答臘、婆羅洲與半島地區說馬來語的穆斯林大舉湧至巴達維亞，社區人口迅速增加到一萬兩千人。[24] 在針對十八世紀末年荷蘭各處港口船長的族裔背景進行的研究中，類似的先衰落、之後卻逆勢快速擴張的模式明顯可見。在荷蘭海運名

冊上，登記為「馬來人」的船長人數於十八世紀末年迅速增加，成為最頻繁往來爪哇海的船長。[25]

　　或許可以用兩個重要改變說明這些變化。首先，「馬來」這個標籤的意義有明顯的擴張。荷蘭人在十七世紀對馬來的了解很狹隘，局限於相對富有的船東，以及來自麻六甲與相關港口、組成初期僑社的港務人員。前述這群人在相對人數與重要性方面，隨著華人與武吉士僑民商業實力的增加必然下挫。但到了一七八〇年代，荷蘭港口當局開始擴大使用這個標籤。這或許是受到本地人也這麼做的影響，因為在荷蘭於一七八四年占領廖內、結束了與武吉士的戰爭之後，立即出現一種很明顯的變化，即這場戰爭造成荷蘭與武吉士之間的深仇大恨，導致造訪荷蘭港口的船隻認為使用「馬來」標籤比較安全。其次，登記為「馬來」船的船隻數目在十八世紀結束時增加，這個時間點與馬來船隻噸位縮減的時間不謀而合。由於華人與歐洲人不斷擴大主要海運線上的營運，本地船商發現難以在主要海運線上與之競爭，使用較小的船經營次要航線反而比較有商機。

　　在一七七〇年以前，馬來商團僑民與華僑有一些有趣的相似之處。馬來人與華人船長都使用「安西」（Encik，即先生、閣下之意）這個頭銜，而且他們使用的船型也很相似。他們的船隻平均尺寸大小差不多，都在二十六噸左右，比當時所有船隻的平均噸位高出許多，是爪哇船隻平均噸位的兩倍。但自一七八〇年代起，馬來船基本上都是次要航線所需的新式小船，而且與中國船的噸位差距越來越大。此外，在荷蘭人眼中，辨別這些小船船東屬於哪個族裔類型的重要性也減輕了。所有駐在蘇門答臘、半島或婆羅洲的船，逐漸都被視為「馬來」。

　　至少在歐洲人眼中，十八世紀末與十九世紀初出現的一次變化，

使「馬來」一詞成為大群貿易商、漁民與農民人口的一種族裔標記。威廉‧馬斯丹（William Marsden）就對出現在一七八〇年代的這項趨勢扼腕不已，說這項趨勢把「所有生活在群島上的人不分青紅皂白的都稱為馬來人」。[26]就像太多族稱一樣，「馬來」族稱的成型模式似乎也是這樣：外部人朝著較為廣范的、本質化的方向推動這個術語的使用，而與外部人發生互動的內部人，又把這個意義帶回社群內過去勉強維繫本地認同的各族裔身上。

在這項趨勢出現以前，定居在半島南部與蘇門答臘低地區的農耕人口不多。後來歸類為馬來人的主要農耕人口住在吉蘭丹與北大年，他們似乎都自稱吉蘭丹人或北大年人，甚或以更在地的地名自稱。他們的暹邏人領主在不得不辨識他們時，會稱他們為「客舍」（Khek）。在蘇門答臘，約百分之九十住在亞齊南方的人口是高地民族，以他們住處的湖泊（多峇〔Toba〕、蘭瑙〔Ranau〕、葛林芝〔Kerinci〕）、河谷或在地地標自稱。而在日後被視為「馬來人」居住的低地中心，當穆斯林商團、統治者與外交官發現他們需要一些非常廣泛的標籤，以便與阿拉伯人、歐洲人、中國人以及其他外來民族區隔時，他們會使用「爪夷」或「風下的人」這類名詞。在一七七〇與一七八〇年代鑽研馬來語書信寫作模式的馬斯丹指出，「用『馬來』一詞自稱或稱呼其他東方人的情況非常罕見。」。[27]

英國人對「馬來」的表述

英語作者首開風氣之先，將「馬來」一詞的意涵從過去的皇家世系、商旅僑民或語言擴大，成為一個泛指區域與民族的名詞。在其他歐洲人繼續以半島上最著名古城「麻六甲」之名稱呼這個半島時，英

國人自十八世紀起，開始以「馬來」或「馬來亞」（Malayan）稱呼這個半島。[28] 一七八六年，英國在檳城建立喬治城（Georgetown），開始更加關注半島事務，也開始排斥半島為暹邏領土、由麻六甲（當時還在荷蘭人手中）控制的概念。萊佛士與克勞福屢屢將半島稱為「馬來」或「馬來亞」。在一八二四年英國與荷蘭簽訂倫敦條約，限制英國在半島上的活動之後，這種用法變得正常化。

湯瑪斯・斯坦福・萊佛士對馬來的看法，無疑對英國人的想像空間產生巨大影響力。他綜合了兩種思想，一種是英國東方主義，一種是在下文討論的德國啟蒙運動的種族分類理念，並把二者調和投射於東南亞。萊佛士透過約翰・雷丹（John Leyden），將約翰・弗里德里希・布盧門巴赫（Johann Friedrich Blumenbach）有關「馬來種族」（或有關覆蓋半島大部地區的民族）的理念發揚光大。與土著馬來概念不同的是，根據這種歐洲人的理解，所謂「馬來」指的不僅僅是傳統的馬來蘇丹，甚或是蘇丹的支持者，而是世界上一個重大的民族類型。萊佛士與馬斯丹、克勞福等當代其他重要英國作家聯手，設法將這種德國人的分類理論融入有關東南亞的經驗數據。馬斯丹根據他所了解的土著（但以蘇門答臘為核心）用法，為「馬來」一詞明確定義：「每一個以馬來語為日常用語的穆斯林，無論是否為米南佳保古國後裔，或自稱為其後裔」，都是馬來人。[29]

不過，在這場啟蒙運動的知識追逐旅程中，萊佛士深入邊陲，引領浪漫之風，在樸實的爪哇或蘇門答臘高地尋找一度偉大的文明的高貴遺跡。他以助理官身分於一八〇五年底達檳城、展開馬來語研究之後不久，萊佛士即成為約翰・雷丹博士的密友。雷丹是學識淵博的蘇格蘭外科醫生，與萊佛士同齡，也幾乎同樣充滿浪漫情懷。雷丹在離開愛丁堡以前，一直深受華特・史考特（Walter Scott）爵士的

影響。德國的赫爾德（Johann Gottfried Herder）與英國的史考特等浪漫派學者認為，世界分裂為幾個以語言為基礎的「民族」，而根據萊佛士、雷丹與史考特等人的觀點，馬來就是這樣一個民族。萊佛士在一八〇九年從檳城將他的第一篇論文送到孟加拉的亞洲協會（Asiatic Society）。這篇論文受到雷丹不久以前提出的、有關「印度—支那民族」（the Indo-Chinese nations）論文的影響，堅持一種對馬來人的類似觀點：「儘管馬來人散布在如此廣闊的地域，足跡遍布蘇祿海與南大洋（Southern Oceans）之間所有的海洋國家，在那裡保有他們的特性與風俗，但是我思前想後還是認為，馬來人是一個民族、說同一種語言。」[30]萊佛士被迫放棄他重振爪哇人昔日榮光的夢想之後，把他的浪漫轉投到馬來人身上。萊佛士以他在明古魯（Bengkulu）的新任所為據點，組織探險隊進入米南佳保的舊都帕加魯楊（Pagarruyung），說帕加魯楊「如此廣泛的散布在東部群島，是權力的來源，是民族的源頭」。他熱情地向他的贊助人解釋，「蘇門答臘將在英國勢力下重振古王國的聲威，再次躍登重要政治舞台。」[31]

對之後有關馬來認同的研究而言，萊佛士影響最深遠的一項行動，就是將他的故友約翰·雷丹發現並翻譯的麻六甲皇家編年史改名並出版。這本編年史自稱「所有諸王的規矩」（the Arrangements of all the Rajas），目的在記錄一系列世代相傳的王、他們的禮儀以及他們的行為準則。[32]在一八二一年將這本編年史首次付印發表時，萊佛士為它取了一個英文名 Malay Annals（《馬來史話》），還用當時少見的阿拉伯名詞為它取了一個馬來名 Sejarah Melayu，這兩個名字都表示這是關於一個民族、不是關於一系列國王的故事。這名字讓人印象深刻。萊佛士在為該譯本寫的序文中說，馬來是一個「種族」

（race），這在當年是一個新流行的時髦名詞，希望這個編年史英譯本中的故事能像「閃亮之光」照亮馬來人的過去。[33]

在萊佛士發表這本編年史英譯本之後，原本只在學者間流傳的麻六甲編年史也成了英國讀者的讀物。英國教會的馬來文導師文西・阿都拉（Munshi Abdullah）編寫的《馬來史話》由「新加坡研究所」（Singapore Institution）於一八四二年出版。之後，馬來半島英國統治區與英國保護區內相繼建立馬來學校系統，《馬來史話》多次再版供學校之用。

有鑑於它早先錯綜複雜的歷史，用這個新興的族裔名詞概念化一個它所屬的特定地方並不簡單。即使在英文世界，海峽殖民地（包括新加坡、麻六甲與檳城等港埠）、充滿多元文化的英國統治區以及半島上的「馬來各邦」之間，也存有巨大概念差距。英國自一八七四年起開始跨出海峽殖民地進行干預，為選定的幾個馬來蘇丹提供「保護」，接受保護的蘇丹除了「馬來宗教與習俗」以外，一切都必須遵從英國指示。這種保護系統為馬來亞的現代基礎設施奠定了基礎，促成馬來亞經濟發展，也因此吸引來自華南、印度、印尼與暹邏南部的龐大移民潮。這些移民的經濟動機在一開始雖說非常類似，隨著時間不斷流逝，在英國當局鼓勵下，他們分別投入三種生活方式：傳統馬來人一般務農；愛搞小圈圈的華人從事商貿；印度人投入官僚與種植園，為殖民當局效力。英國當局認為，「真正的馬來人」（相對於英國人不信任的那些各式各樣住在城市、現代化的穆斯林），是生活在鄉村、忠於統治者、保守而且放鬆到近乎懶惰的人。為了對抗在所有其他馬來亞社群氾濫的資本主義，這些所謂「真正的馬來人」特別需要政府保護。這段期間一名很有影響力的馬來亞總督寫了一本小說，描繪了馬來人受到西方思想感染而造成的可怕惡果。[34]

「英屬馬來亞」對「馬來的土地」

　　無論是「Malay」或「Melayu」，這兩個概念都比這處位於半島南端之地的任何名稱要古老得多，在民族國家蔚為主流的二十世紀，馬來的認同問題變得越來越嚴重。但就正式憲法意義而言，它沒有認同。英國直接統治的新加坡、麻六甲、檳城等殖民地，在一八六七年集體組成「直屬海峽殖民地」（Crown Colony of the Straits Settlements）；先後成為英國保護國的四個蘇丹國（州），在一八九六年同意英國之請，加入一個以吉隆坡為核心的新官僚系統，組成「馬來聯邦」（Federated Malay States，FMS），只在形式上仍保有主權；另五個蘇丹國在成為英國保護國時，握有的籌碼比較多。其中吉打、玻璃、吉蘭丹與登嘉樓於一九〇九年脫離與暹邏的藩屬關係，而柔佛也終於在一九一四年同意像其他蘇丹國一樣，接受英國官員進駐。這五個蘇丹國無意加入馬來聯邦，而英國態度比較謹慎，也無意迫使它們加入。這五個蘇丹國於是集體合稱「馬來屬邦」（Unfederated Malay States，UFMS）。就這樣，「英屬馬來亞」境內的現代經濟公用事業雖說都在同一基礎上運作，但它有十個主權國家，有至少七個獨特的官僚系統。

　　英國一步步取得整個半島南部的管理權，造就一個多元社會。英國人鼓勵生活在這裡的歐洲人與華人開發當地資源，製造出口以增加稅收，終於使半島南部成為一九二〇年代亞洲最富庶的經濟體之一。在一九三一年，華人除了在人口上壟斷海峽殖民地以外，在馬來聯邦的人口比例也占有百分之四十二，印度人占百分之二十二。馬來統治者也提供合法性保障，鼓勵這股帶來滾滾財源的開發流向半島本土。出現在半島上的中國民族主義與共產主義，以及海峽對岸的印尼民族

主義，開始讓許多官員警覺，讓他們更認真地謀求英國「保護」。不過他們大體上在英國管理的經濟與法律系統之外。

在十九世紀，「馬來亞」（Malayan）是用來形容含意模稜兩可的「馬來」（Malay）的形容詞，早在一八二〇到一八二二年間已經在英屬蘇門答臘明古魯屯墾區發行的《馬來亞彙編》（*Malayan Miscellanies*）就是明證。但進入二十世紀以後，「馬來亞」逐漸意指一個地方——英國管理的半島南部。至少對有些人來說，現在這個形容詞的英文名詞，不是「Malay」（馬來）而是一個新的詞彙「Malaya」（馬來亞）。在一八九七年召開第一屆馬來統治者會議的馬來聯邦高級專員法蘭克・史威坦漢（Frank Swettenham）爵士，就是採用這種用法最力的人士之一。他在那次自我肯定的會議紀錄中，不斷使用「Malaya」這個字眼。史威坦漢一九〇六所著的《英屬馬來亞》（*British Malaya*），是第一本將「馬來亞」視為國家名並使用的書，這個用法為許多人蜂擁跟進。[35]

那些了解馬來傳統的人態度要謹慎得多，因為他們知道這個新政體的根基過於膚淺。無論如何，身為馬來學校教育總監的溫斯泰德（R・O・Winstedt），還是將他為英國民眾寫的一本書命名為《馬來亞》（*Malaya*）。他為這個名字作了一番解釋：「『Malaya』是一個英文混合字，只適用於英國屬地與保護國，或許特別適用於半島地區，所以說英屬馬來亞（British Malaya）是個贅述。」[36] 溫斯泰德還說，「馬來亞」應該順理成章地適用於婆羅洲，甚至包括科科斯群島（Cocos）與聖誕群島（Christmas islands）。無論怎麼說，為因應需求，「馬來亞」在一九二〇年代逐漸確立了自己的地位。在溫斯泰德一九二三年發表這本書的同一年，著名的《皇家亞洲學會海峽分會期刊》（*Journal of the Straits Branch of the Royal Asiatic Society*）

將名稱上的「海峽」改為「馬來亞」，設在英國的「英屬馬來亞協會」（Association of British Malaya）也自一九二六年起發表它的刊物《英屬馬來亞》（*British Malaya*）。

對於來自各地、在英語學校受過多元族裔教育的人而言，「馬來亞」指的似乎確實是他們生活的地方。「馬來」作為一種族裔名稱的用法越普遍，為這塊族裔雜處的土地另找一個名稱的需求也越迫切。一些運動隊伍與國際代表團開始自稱「馬來亞」。在華人社會，國民黨馬來亞支部以及它的分支馬來亞共產黨的出現，將「馬來亞」概念帶入政治。一九三〇年，一家阿拉伯人擁有的馬來報紙在新加坡創辦，取名《馬來亞新聞》（*Warta Malaya*），總編輯為在英國受教育的柔佛人翁·賓·賈法（Onn bin Jaafar）。[37]

不過在馬來用語中，這個混合字可以說沒有一個固定的用法，而這顯然是主管馬來教育的殖民當局無意處理之故。要了解「馬來亞」在馬來用語中的位置，就得跳到一個與「英屬馬來亞」一詞對立的名詞「Tanah Melayu」——意即「馬來的土地」。隨著英國利益逐漸擴散，英語的使用更加普及，「馬來的土地」一詞與半島的關係也更密切。《漢都亞傳》（*Hikayat Hang Tuah*）是唯一使用「馬來土地」的近代馬來文獻。在《漢都亞傳》中，「馬來的土地」有時指的僅僅是麻六甲，有時指的是有馬來王統治的比較廣大的地方。[38]在十九世紀以前的馬來，唯一提及半島的方式，就是說柔佛如何位於半島的尾端——「Ujung Tanah」，即「土地之尾」。但馬斯丹與克勞福都表示，到了十九世紀初期，「土地之尾」已經成為公認半島南部的標籤。[39]兩人都發現這個稱呼讓人費解，因為他們想找的是「馬來人種」的一處單一的發源地，而且兩人同樣相信，這處發源地應該在米南佳保，而不在半島。克勞福達成結論說，馬來只有在麻六甲才成為自我意

識，所以「是因為殖民地，而不是因為母體，才讓馬來亞這個名稱與民族散播得如此廣泛」。[40]

面對族裔雜處的「英屬馬來亞」與「馬來的土地」兩者之間的衝突，教育主管官員的處理方式也不斷轉變，英國統治期間馬來語教科書的演化很能說明這種轉變。英國駐馬來亞官員鼓勵建構一套個別的、可以在半島在地化的「馬來人」歷史與認同，這與越南、緬甸或印尼那些緊張兮兮，生怕核心族裔搞民族主義的殖民官員大不相同。海峽殖民地最早的馬來小學，在第一本馬來語教科書裡已經對「馬來的土地」作了注解，不過它在一開始指的是多個地方，而不僅只是半島一地而已。這本政府印刷廠在一八七五年發行的書名，可以逐字翻譯成「有關馬來土地與蘇門答臘等地舊事的故事書」。[41]它就用這個累贅的書名發行了好幾版，到一八九二年才改了一個比較簡單的書名，叫做《馬來土地記事》（An account〔or history〕of the land of the Malays）。直到史學家溫斯泰德在一九一八年發表《馬來史書》（A book of Malay history），對既是種族—文化也是地理的「馬來認同」提出一種更現代的定義之後，《馬來土地記事》才不再發行。[42]而繼《馬來史書》之後，更具規模、分為三冊的《馬來世界的歷史》（History of the Malay World）也問世了。[43]

這些教科書充分反映了溫斯泰德與其前任韋爾金森（R・J・Wilkinson）所主張的馬來教育模式。韋爾金森於一九〇〇年在麻六甲創辦馬來書院（Malay College），為地方政府小學訓練教師，鼓勵學生研讀他當年協助發掘的馬來古典文學。[44]韋爾金森說，「來自印尼的現代化都市文學，除了充滿英國崇拜者狂用的那些雜七雜八的句子，就是泛伊斯蘭專家愛用的那些冗長的阿拉伯文字」，而遭人遺忘的馬來古典文學，可以從這些現代化都市文學中拯救馬來語。[45]英屬

馬來亞雖說比鄰國富庶，投入教育的公共資金卻不如鄰國，這使得當地華人與印度人資助興辦自己的學校或教會學校。政府辦的地方性馬來學校只為「被保護的」馬來人提供基本識字教育，不過在一九二〇年，只有百分之十二的馬來人受惠於這種學校。韋爾金森與溫斯泰德的作法，反映英國政府的一種偏見——將馬來人基本上視為一種效忠蘇丹的傳統農民，讓這些「被保護的」馬來人繼續需要保護。誠如一名馬來聯邦的英國高級專員在一九一九年所指，「如果我們鄉土教育的結果，就是讓年輕人全部離開農村、湧進城市，那不僅是一場災難，也違背了馬來種族的整個精神與傳統。」[46]

這種馬來教育模式大量從萊佛士推廣的《馬來史話》取材，鼓吹麻六甲諸王傳承遺下的那種馬來古老傳統。[47]儘管許多就讀的學生來自各式移民家庭與背景，但學校告訴他們，馬來人有一種古典傳統，是忠於蘇丹的民族。漢克・麥爾（Henk Maier）說，這些充滿田園浪漫情懷的英國教育官員仍然堅持「東方與西方之間的差距應該確保，而不是拉近。馬來人必須再生，而再生的種子基本上只能求之於那段一切都比現在美好得多的過去」。[48]

最有影響力的馬來亞官員都表示，他們很喜歡這種有紳士風度、但沒有競爭力的馬來式風格。相對而言，為了賺錢而不擇手段「中國」式風格，代表一種為他們所不齒的資本主義秩序。馬來亞文官大體認為，它的角色在於保護這種刻板的馬來認同，而不在改變這種認同。直到英國完全控有馬來亞的一九二七年，英國總督休・克里夫（Hugh Clifford）爵士還堅持說，英國根據誓言必須保護馬來的伊斯蘭蘇丹，這種作法絕不能改變。「沒有一個蘇丹王、首領或人民曾經授權我們，讓我們改變這種遠古以來已經存在於這塊土地上的政府系統。」[49]基於這種觀點，馬來人教育的目標應該是「培養積極而自尊的農民，以

便在每一個蘇丹國內形成骨幹」。[50] 馬來保留區於一九一三年建立，不論出生地，只有馬來族族人才能在區內取得農地。為了不讓馬來人放棄自給自足式農耕，轉而投入更賺錢的橡膠養殖，殖民當局還於一九一七到一九一八年間通過法規，規定稻田只能繼續作為稻田使用。[51]

　　一直到一九三○年代，這種族裔概念始終有一種值得強調的不確定性。它不僅必須與特定外來族裔——包括曼代靈（Mandailing）、武吉士、亞齊、班加爾、拉瓦斯（Rawas）、爪夷等等——競爭，在同樣都說馬來語的人群間，效忠的統治者也各有不同，在同樣都說英語的人群間，也一直存在一種所有說南島語系語言的人都是馬來人的觀念。

作為種族的「馬來」

　　如前文所述，歐洲人的「馬來」概念與十八世紀末土著馬來概念不同。比較人種學先驅、德國學者約翰・弗里德里希・布盧門巴赫提出的理論，尤其堪稱這種歐洲人「馬來」概念的代表。布盧門巴赫在一七七五年發表的〈有關人類的自然多樣性〉（*De generis humani varietate nativa*），為人類學研究帶來一些林奈（Linnaeus）與達爾文（Darwin）所倡導的科學分類原則。布盧門巴赫將人類分為高加索種（Caucasians）白人、蒙古種（Mongoloids）黃人、馬來種（Malays）棕色人、衣索匹亞種（Ethiopians）黑人與美利堅種（Americans）紅人等五大人種，對後世造成深遠影響。儘管在一開始，布盧門巴赫根據頭顱、毛髮與膚色類型做成這項分類，但馬來─玻里尼西亞語（Malayo-Polynesian）的比較語言研究，以及有關五大人種的進一步

了解，對之後他在哥廷根大學（University of Göttingen）的研究都有相當影響。

　　布盧門巴赫在哥廷根任教時的學生亞歷山大・馮・洪堡（Alexander von Humboldt），是一位結合學術研究與直接觀察的天才。他的知識學問，因他足跡踏遍拉丁美洲與中亞地區而更加博大精深。他那位有語言天賦的哥哥威廉（Wilhelm）投入東南亞語言研究，開啟梵語對爪哇語影響的研究先驅。此外，「馬來—玻里尼西亞語」一詞，也因亞歷山大透過廣泛地比較從馬達加斯加到大溪地的語言而大為普及。[52] 亞歷山大認為，比較語言是「過去六、七十年來現代研究的最了不起的研究成果」，更能幫我們了解「不同部分人種之間的關係」。[53] 在這方面的研究，馬來語系的龐大幅員同樣也是亞歷山大立論的重要範例之一。但亞歷山大在他描述自然界的論文、前後五卷的《宇宙論》（Kosmos）中，與他的老師意見相左。他堅持「在維護人類種族一體的同時，我們也能趕走那些某些人種優越、某些人種低劣的陰暗說法」。[54] 他在《宇宙論》第一卷的結論中引用已故兄長威廉的話說：「如果這世上有一個比所有其他⋯⋯更能促成全體人種盡善盡美的構想——這構想就是我們共同的人性。」[55]

　　第一代東南亞反殖民民族主義者、十九世紀末受過西班牙教育的菲律賓「開明派」，在留學歐洲時接觸了洪堡等德國學者的這些自由派思想。這些菲律賓知識分子主要透過奧地利人費迪南・武敏直（Ferdinand Blumentritt）而與自由派德國學者的思想搭上線。武敏直秉持比較人種學傳統，對菲律賓人做了一項詳盡的研究。這項研究根據年代遠近，將菲律賓社會分為四個種族團體：尼格利陀（Negritos）、馬來人、華人與「白人」。其中馬來人透過對菲律賓群島的三次「入侵」，在菲律賓形成五十一個當代馬來族裔群體，在

這四大族群中占有壓倒性多數。[56]

在武敏直這項研究報告發表後不久，菲律賓一八八〇年代「開明派」著名領導人荷西・黎剎立刻發現武敏直能幫他反駁殖民當局的種族歧視偏見，維護他的同胞的尊嚴，是他的得力盟友。當時有一名女作者，宣稱菲律賓群島土著「無論在生理與心理上都比歐洲人低劣，永遠不能擁有任何文化」。武敏直本著洪堡兄弟的精神，指出馬來語系的偉大成就，以及憑生理特徵評斷種族優劣的荒誕，將這名作者的論述徹底駁斥，讓黎剎特別感激。透過與武敏直不斷的信件往返，黎剎相信他的同胞是「六百萬被壓迫的馬來人」，而他本人是一名「他加祿馬來人」。[57] 經過武敏直的指點，黎剎找到西班牙作家安東尼奧・德・摩加（Antonio de Morga）早就遭人遺忘的著作，將它重新發行，做為一扇窺探前殖民時代菲律賓馬來人文化的窗口。[58] 黎剎開始學馬來文，與最頂尖的馬來—玻里尼西亞語系學者、萊頓大學的亨利・柯恩（Hendrik Kern）交往。[59]

黎剎之後在西班牙發表的著作中堅稱，「像所有馬來人一樣，菲律賓人也不在外國人面前屈服」，菲律賓、爪哇與摩鹿加（Moluccas）儘管遭到殖民統治，人口仍然增長就是證明。[60] 他總部設在巴黎的一個組織「菲律賓勇士」（Indios Bravos）還商定一項秘密議程，計劃首先解放菲律賓，然後解放婆羅洲、印尼與馬來亞。[61] 在黎剎遭到處決以後，武敏直認為黎剎是「這世上最偉大的馬來人」，之後兩名菲律賓傳記作者也根據武敏直這句名言，稱黎剎是「最偉大的馬來亞人」[62] 與「馬來族的驕傲」。[63]

甚至到後來，雖然菲律賓人同意自稱菲律賓人，讓「馬來」標籤的意義遜色不少，但由於受到黎剎的影響，之後又經阿波里納里奧・馬比尼（Apolinario Mabini）的鼓吹，在美國占領菲律賓期間，菲律

賓人是馬來人種一支的意識依然持續。一九三〇年代，在菲律賓大學法律系學生溫策斯勞‧文宗（Wenceslao Vinzons）的宣揚下，泛馬來理念的願景達到頂峰。一九三二年，作為學生會主席，文宗在來自印尼、馬來亞、玻里尼西亞以及菲律賓的馬尼拉學生的支持下，成立一個「馬來協會」（Malay Association），還取了一個受荷蘭影響的馬來名字，叫做「Perhempoenan Orang Melayoe」。這個號稱「馬來亞兄弟會迷你聯盟」的組織用馬來文舉行秘密儀式，以「鼓吹馬來人種的歷史、文明與文化之研究」。[64] 馬來協會於一九三四年發展成一個叫做「菲律賓青年」（Young Philippines）的全國性組織，吸引曼努埃爾‧羅哈斯（Manuel Roxas）、小荷西‧勞瑞爾（Jose Laurel Jr）、迪奧達多‧馬嘉柏皋（Diosdado Macapagal）與卡洛斯‧羅慕洛（Carlos P. Romulo）等著名民族主義分子入會。「菲律賓青年」以「馬來族的開發」為宗旨，謀求在東南亞「建立一個自由馬來亞共和國邦聯」。[65]

文宗在一九四二年遭日本人處決，他本人的政治前程雖然嘎然而止，但他倡導的這些理念在戰後的菲律賓依然重要。這段期間出了一個古怪的極端派，阿麥德‧伊本‧帕法恩（Ahmed Ibn Parfahn）。帕法恩宣稱馬來人是從亞歷山大大帝到耶穌、穆罕默德以來，世上最偉大的種族，他堅持新的泛馬來亞運動必須以「血的純淨為目標。無論什麼種族若是摻入了半吊子混血，一定強不起來」。[66] 不過主流政治思想沒有這種怪念頭，仍然認為菲律賓人是大馬來「種族」的一支，主張菲律賓與馬來西亞、印尼改善關係，以促進馬來團結。特別值得一提的是文宗在戰前領導泛馬來亞運動的重要門生之一的馬嘉柏皋。馬嘉柏皋在菲律賓總統（1961-1965 年）任內促成一九六三年的馬尼拉協定。根據這項協定，馬來亞、印尼與菲律賓同意「採取初步步驟」

建立一個叫做「馬菲印」（Maphilindo）的公約。對馬嘉柏皋來說，這是一個「兄弟團圓」之夢，設計目的在於剷除「造成馬來各族人民分裂」的殖民時期的障礙。[67] 馬嘉柏皋隨即回憶當年師從文宗時期的往事指出，一九三〇年代的泛馬來亞運動活躍分子「在馬來西亞復國運動（Malaysia Irredenta）口號下，也曾夢想馬菲印」。[68] 不過「馬菲印」這個夢在其他地方共鳴不多，沒隔多久就無疾而終。

在馬來亞，馬來種族的概念發展得更加轟轟烈烈，不過方向大不相同。對於二十世紀之初派赴馬來亞、種族意識濃厚的英國官員來說，保護「馬來統治者」雖是殖民統治的原始藉口，但保護「馬來種族」現在已經成為殖民統治的更堂皇的理由。查爾斯‧赫西曼（Charles Hirschman）指出，一八七一到一八八一年間，早期殖民政府的人口普查，雖將馬來人、巴韋安島人、亞齊人、爪哇人、武吉士人、馬尼拉人、暹邏人等列為各別群體，一八九一年人口普查已經將現代馬來西亞人劃定為三大類——華人、「塔米爾人與其他印度土著」以及「馬來人與其他來自群島地區的土著」——每一大類再細分為許多次類型。

一九〇一年的人口普查首次與出生地或國籍區隔，實施一種「科學的」種族劃分。那一年的人口普查報告建議，在出現「國籍」字樣時，應將之改為「種族」。[69] 與之前的「國籍」作法相比，這種表述方法更廣泛、更徹底，對人的分類也更加斬釘截鐵。事實證明這項作法在任何持續一貫的生物學意義上都站不住腳。崛起於半島地區、勢力漸長的族裔民族主義避開生物因素，轉而強調宗教、文化與政治。但名為種族的「精靈」已經掙脫了瓶子。在受過英文教育的馬來亞人之間，歐洲人這種生物類型相互競爭的假科學觀念已經與土著認同概念匯合，讓原本已經模糊的類型變得涇渭分明。人口普查以及官方登

記系統堅持將「種族」三分為馬來人、華人與印度人的作法，是造成這種族群區隔的最大因素。

但對負責實作的人來說，這個過程的矛盾很明顯。一九三一年人口普查負責人詳細說明了這類矛盾。

　　為了進行馬來亞人口普查，基於一種需要解釋的特定意義，使用了「種族」（Race）這個字眼……之所以使用「種族」這個字眼，是因為找不到一個更適當的名詞來涵蓋一套複雜的理念。在這套理念中，就嚴格或科學意義而言，種族只是一個小小的因素而已。對行政管理人或對商人而言，就人種學意義將人口根據種族進行分類，並無任何意義。撇開任何這類試探性分類都有高度爭議性的事實不談……事實是，想界定人口普查中所用的「種族」的意義根本辦不到；「種族」其實是一種基於實作目的，而將地緣與人種起源理念、政治忠誠以及種族與社會親和感，明智而審慎地混合而成的名詞……大多數東方民族本身沒有對種族的明確概念，他們一般認為，宗教就算不是決定性因素，也是最重要的因素。以馬來人為例，習慣上，他們對是否尊奉伊斯蘭教的態度，就像歐洲人對種族區分的態度一樣。例如他們會區分印度穆斯林與印度教徒（就算這兩人都來自同一族裔），彷彿兩人一是德國人、一是法國人一樣。[70]

從現代省思角度而言，我們可以說，歐洲人關於種族區隔重要性的信念在當年正值頂峰，雖還沒有危害到，但確實已經開始影響馬來人的想像。

過去的人口普查以兩種不同的意義使用「馬來」一詞——既用它

意指我們今天所謂「南島語系」的大類，也以一種較狹窄的意義，意指來自半島與蘇門答臘說馬來語的穆斯林，認為「就語言、族裔與人種而言，英屬馬來亞的馬來人，與占碑、金寶（Kampar）、錫亞（Siak）、米南佳保與蘇門答臘其他地區的馬來人屬於同一種族」。[71]一九三一年，應荷蘭殖民當局的要求，為了區隔移入半島地區的印度臣民，馬來亞人口普查當局用「Malaysian」（馬來西亞人）泛指「所有馬來半島與群島的土著民族」，並將「Malay（馬來人）限制為那些屬於英屬馬來亞的馬來西亞人（不包括原住民）」。這裡所謂「屬於」不僅不包括生在印尼的人，就連這些人出生在馬來亞、未經特別指證為「馬來人」的孩子也不包括。在這種定義標準下，住在新加坡、柔佛與雪蘭莪的「馬來西亞人」僅有約半數是「馬來人」，不過在其他地區，「馬來人」仍占大多數。[72]

　　儘管族裔主義主張將宗教視為更重要的認同標誌，但在獨立後的馬來亞／馬來西亞與新加坡，「種族」仍是辨別人們身分的手段，而且如下文所說，馬來文「bangsa」（民族）的意義也逐漸朝這個方向重新詮釋。在大部分情況下，「馬來民族」（bangsa Melayu）的定義遵照一九三一年人口普查的解釋方式，侷限於馬來亞／馬來西亞的居民。但一九三〇年代不斷高漲的族裔主義，導致種族區隔問題相關的辨論更加激烈。阿拉伯或印度人後裔的權貴顯要贊成比較偏重宗教角度的定義，許多年輕一代的活躍分子則鼓吹更真實的種族定義，認為可以將來自蘇門答臘的移民視為馬來人，但應該將土生土長的印度與阿拉伯人排斥在外。[73]

　　菲律賓人大體上支持更具歐洲導向的各種民族、語言與宗教共容的種族意識，但不時也會響應馬來西亞的「大馬來」熱潮。「大馬來」理念主要倡導人伊斯麥爾·胡笙教授指出，各式各樣的「馬來」民族

在半島融合，形成一種以兼容並蓄著稱的自我定義的馬來人。「他們的地位也受到其他種族團體的威脅。因此，身為『馬來人』的感覺與良知在那裡發展得非常好」。[74] 自一九八二年起，一系列有關「馬來世界」的專題會議因馬哈地對這類泛馬來理念的支持而得以舉行，第一次專題會議在麻六甲舉行，之後又在斯里蘭卡、越南的占城地區、南非、雲南、棉蘭老島與馬達加斯加等地舉行，還於一九九六年在政府支持下設立一個「國際馬來」（Melayu Antarabangsa）秘書處。[75] 但身為南島語系文化最大核心的印尼，卻因為在這個議題上抱持非常不同的意識形態立場，而沒有出席這些會議。

作為族裔民族主義的馬來民族

不過，一連兩代人享有高人一等的待遇，受的教育也與眾不同，自然造成一種衝擊。以「馬來民族」（bangsa Melayu）為核心的認同逐漸成形。「bangsa Melayu」一詞可以至少回溯到文西·阿都拉，但從一九二〇年代起成為英文「Malay race」的同義詞，使用得比過去更加普及。像「race」一樣，「bangsa」也源自共同血統，不過它的梵文字源有「世系」、甚至「種姓」之意。在古老的文獻中，所謂沒有「bangsa」的人指的是出生低賤的人。一九三〇年代，對那些畢業於馬來教師書院，並在新開辦的馬來報紙投稿的青年而言，「馬來民族」成為政治熱情的根本。他們認為，所謂「馬來民族」有兩項壓倒性事實——他們是對馬來這塊土地擁有基本主張權的「土著」；而且他們是馬來這塊土地上最弱的族群。他們達成結論說，馬來民族需要統一、團結，才能向英國提出更有力的要求。

不過，在十九世紀海峽殖民地的都市世界，忠於蘇丹、「受保護」

的馬來農民的模式一點意義也沒有。在這些競爭激烈、種族雜處的城市，國籍先、種族後的概念更切合實際。觀察文西・阿都拉──那位曾經在海峽地區收過一連幾個歐洲人學生的馬來大文豪──或許就能見到一種新的與歐洲人和華人很接近的馬來認同意識的演化。儘管像海峽地區許多居民一樣，阿都拉也並非單一族裔之後，但他自認為是馬來人。馬來語是他最喜歡的語言，而他也是公認的馬來文化與語言的權威。但在他那個年代，馬來蘇丹世系仍是「馬來」定義的要件，而他對此完全不能容忍。在新加坡其他群體的進步意識與社群意識的影響下，阿都拉認為，馬來的蘇丹是他所謂「bangsa Melayu」──馬來人種或馬來民族──的最大威脅。根據米爾納（Milner）的說法，揚名一八四〇年代文壇的阿都拉，或許是第一位「將種族視為最主要社群的馬來作家」。不過在日後許多馬來民族主義分子眼中，阿都拉並不是真正的馬來的一分子。[76]

根據逐漸在海峽地區成形的這個理念，所謂「馬來」基本上是一種「種族」類型，有它自己的族裔根源、世系和語言，相對其他族裔，也有它自己的相對廣泛的邊界。這是十九世紀三種馬來理念版本中最新的一種。毫無疑問，在海港邦國林立的海峽殖民地，有許多阿都拉的信徒。對他們而言，在這個族裔競爭激烈的世界，「馬來」是他們需要的新認同。在這個港埠世界，南島語系的穆斯林，無論在人數與競爭力方面似乎都不是華人、歐洲人與印度人的對手。他們來自四面八方，若以武吉士、亞齊、爪哇或以曼代靈的身分單打獨鬥，勢力都過於單薄，無法形成氣候，但無論如何他們也早已在這裡彼此通婚。海峽地區的英國統治者用「馬來」作為對他們的集體統稱，就相當程度而言，這個稱呼已經內化。當第一家馬來文報紙於一九〇七年在海峽殖民地問世時，它的命名根據不是一個地方，而是一種語言與潛在

的族裔——它叫做《馬來前鋒報》（*Utusan Melayu*）。*

馬來族裔主義於一九三〇與一九四〇年代不斷發展，呼應早先英國人與華人的僑民族裔主義。伊布拉欣・雅可布（Ibrahim Yaacob）在一九四一年抱怨說，自認為是米南佳保人、巴韋安島人或某一特定蘇丹的臣民，而不認為自己是單純馬來人的人仍然太多。[77] 在回應馬來亞出生的華人要求在馬來亞擁有參政權一事時，一家新發行的馬來文報紙說，「馬來人之所以擁有權利，不是因為他們生在這裡，而是因為他們屬於馬來民族，是擁有這塊土地的第一個民族。」[78] 當然，像所有這類定義一樣，如何評估種族認同成為最惱人的難題。像早先的英國主事官員一樣，馬來激進分子也要尋找「真正的馬來人」（Melayu jati）——將親英的貴族以及新加坡與檳城那些半印度或半阿拉伯的穆斯林都排斥在外。[79]

在一九四五到一九四六年間的馬來亞同盟（Malayan Union）爭議中，原本屬於少數派的一個觀點，因成為「馬來民族統一機構」（一個以族裔主義為核心打造的政黨）的喉舌，逆勢取得政治壟斷地位。這個觀點認為，馬來人應該向馬來民族而不該向個別的馬來蘇丹或英國人效忠，「馬來萬歲」（Hidup Melayu）應該取代畢恭畢敬的「蘇丹萬歲」（Daulat Tuanku），成為馬來民族的口號。[80]

馬來亞同盟是英國人直到一九四五年過後才開始推廣的一項「馬來亞」公民民族主義計劃，之後英國人迫於情勢，不得不放棄這項計劃，轉而支持「馬來亞聯邦」（Federation of Malaya）方案，明確表達馬來核心的重要性。這項新方案就是族裔主義，與之前的公民民族

---

* 作者注：就這個意義而言，它走的是半個世紀以前《三寶壟馬來號角報》（Selompret Melajoe of Semarang）創下的模式。這家報紙鼓吹的，就是我在下文中為十九世紀「馬來」一詞所下的第三類型定義（Adam, 1995: 23-57）。

主義計劃同樣問世不久。在整個馬來亞同盟爭議期間，馬來報界一直譴責「bangsa Malayan」（馬來亞民族）一詞，認為這是外來的東西。英文的「Federation of Malaya」（馬來亞聯邦）一詞勉強可以接受，但之所以能接受，是因為它是真正馬來國家名「Persekutuan Tanah Melayu」（馬來土地聯邦）的譯名。提出這項「馬來亞聯邦」國名建議的盎格魯—馬來委員會（The Anglo-Malay committee）在報告中指出，「馬來人極度厭惡被冠上馬來亞這個名稱。」[81] 英國於是規定，將馬來亞視為真正的家園，而且在馬來亞住滿十五年的人都能獲得公民權，但公民權與國籍完全不同。報告中堅持：

> 公民權不是國籍，也不能經過發展而成為一種國籍……它是一種附加於國籍、而不是一種從國籍減下來的東西，它可以作為一種選舉權……以及進入政府當公務員的資格……但不必效忠宣誓。[82]

馬來亞聯邦的國家建構構想，顯然不是以一個核心文化，而是以一個核心族裔為中心。馬來亞聯邦以身為馬來亞人、取得國籍為最重要的界定性認同。在馬來亞一九五七年獨立前夕，族裔與公民民族主義之間的衝突必須迴避。經過一番辛苦的討價還價，有關各造終於找出賦予單一馬來亞國籍的辦法，承認馬來人在主要象徵性形式上的核心地位，以及在教育與政府公職方面的「馬來特權」。

馬來西亞在一九六三年立國的最大成就之一就是，它終於為這個國家造了一個中立、人為而且與任何族裔名不同的國名。原則上，它因此可以像印尼與菲律賓一樣，但與泰國、緬甸以及越南不一樣地強調民族認同，而不必因此邊緣化少數民族。但核心族裔概念與中立公

民概念之間的衝突情勢依然緊張。李光耀領導的新加坡，由於積極鼓吹公民或領土民族主義運動，主張「馬來西亞人的馬來西亞」，「我們住在這裡，因為我們有權住在這裡」，不到兩年就被趕出這個新國家。馬來西亞領導人認為，李光耀的這些主張必將導致與馬來族裔主義的暴力衝突。[83]

在馬來西亞鼓吹核心族裔最力的，是馬來西亞任期最久（1981-2003年）的首相馬哈地。馬哈地在一九六九年暴亂過後發表的〈馬來困境〉（*The Malay Dilemma*）中，從保護的需要以及土地的「優先權利」（prior rights）兩方面，為族裔主義分子辯解。馬哈地在這本書裡主要以澳洲與美國為例，強調每一個國家都有一個最先來到當地並建立國家的「天命民族」。由於原住民沒有立國，首先在馬來亞立國的馬來人、在澳洲立國的講英語的基督徒遂成為「界定性民族」，界定核心文化，為後來的移民設定需要信守的條件。[84]

馬哈地博士由於深獲族裔主義分子擁戴，坐穩首相寶座，而能透過長遠之道逐步緩解族裔與公民民族主義兩者之間的緊張。他於一九九四年將馬來民族統一機構對馬來西亞原住民開放（對住在婆羅洲的民族而言，這是一個重要議題），還提出「二〇二〇年遠見」，訂定建立「bangsa Malaysia」（馬來西亞人）的目標，表示要領導馬來西亞邁向印尼式的公民國家主義。不過，馬來西亞在他之後的首相任內並無任何這方面的進展，馬來人與其他族裔之間的宗教鴻溝逐漸加深，新經濟政策不但沒有達到經濟平等的初衷，反而成為「馬來至上」（ketuanan Melayu）的基石。

進入二十一世紀以後，馬來民族統一機構樹敵愈多，「馬來至上」也成為一個重大政治議題。馬哈地的前副手安華‧伊布拉欣（Anwar Ibrahim），遭到馬哈地猛烈抨擊，被逐出馬來民族統一機構，還因

貪汙與雞姦罪遭到檢控，之後他另組多種族新黨（在馬哈地於二〇〇三年退休，將首相位子讓給阿卜杜拉・巴達維〔Abdullah Badawi〕之後，伊布拉欣推翻了這項雞姦罪控罪）。由於安華領導有方，他的新黨在二〇〇八年選舉中在所有族裔群體中都取得巨大勝利。他一方面與主要是華人為主的民主行動黨（Democratic Action Party，DAP）聯手，另一方面又與絕大多數是穆斯林的泛馬來西亞伊斯蘭黨（Pan Malaysian Islam Party，PAS）合作，保證要在他們控制的各州終止對非馬來公民的歧視。安華的選戰策略雖說與人民行動黨在一九六三至一九六五年間的作法並無不同，也不斷批判當權派藉由特權掩護，用人唯親、貪贓枉法，但根據一名前民族統一組織領導人的說法，由於裙帶關係與貪污在馬來西亞氾濫成災，安華的選戰策略影響力更大得多。因應當權建制派提出的「馬來至上遭到威脅」的口號，[85]安華在二〇〇八年四月十四日一項選後群眾大會中提出「人民至上」（ketuanan rakyat）的新口號，從而取得重大宣傳勝利。

　　本書第二章分析的「保護」型馬來族裔主義，在馬來西亞經歷了一段漫漫長路。在「馬來民族統一機構」形式下的它，無力擴大議程，成為一種兼容並蓄、公民類型的國家主義。到二〇〇八年，已經有人說這是一種「失敗的民族」。[86]另一方面，對新一代人而言，馬來族裔主義在一九四〇年代製造的威脅意識也已不再令人信服。在一九四〇年代，參與現代經濟的馬來人人數很少，但如今馬來人口已經增加到總人口的約百分之六十（根據二〇〇〇年人口普查，馬來土著人口占百分之六十五點一），而且馬來人還壟斷國營企業等政府保護性經濟、司法體系與大學。印度工人、移民工與婆羅洲原住民遭到邊緣化的說法可信得多。在寫到這裡時，或許比較可信的發展是，一種新的、較為兼容並蓄的民族主義可能出現。

表現在革命國家主義的「馬來意識」──印尼民族

在荷屬東印度的城市中，講馬來語的混血城市人口在十九世紀逐漸紮根，對他們來說，馬來主要是一種通用語，一種主要用於書信表達的文字。它與族裔沒有關係，與之前一個世紀相比，也不再是一種用來描述特定商業僑民的標籤。事實上，首先用羅馬字母將現代馬來文轉化成印刷新聞工具的人，大多是華人與印尼人混血的後裔，而且一般都稱為「華人」。荷蘭人從來不曾效法英國的作法，將所有說馬來語的人都稱為「馬來人」。自十七世紀中葉起，馬來語就是東印度群島荷蘭帝國的通用語，也是新近在安汶（Ambon）與米納哈薩皈依基督教的少數族裔的主要語言。作為東印度群島居民的一種模糊的泛稱，「馬來人」沒有向荷蘭人自我推薦而使用。當年的荷蘭人在日常用語中談到今日所謂的印尼人時，則選用「土著」（native，內地人）一詞以示輕蔑，而海峽殖民地的英國人則不同，英國人以意義模糊、帶有貶意的「土著」一詞泛指其轄下所有亞洲人。荷蘭人在有意保持中性時，會稱他們那些非華人臣民為「印度人」（Indiers），西班牙在菲律賓也採取同樣作法。十九世紀之初，把自己視為一個統一整體的新觀念開始在荷屬東印度群島的居民間流傳時，他們一開始選用了「orang Hindia」一詞的馬來版本，自稱「印地民族」。

在印尼，國家與族裔之間的關係非常不一樣。在荷屬東印度群島殖民統治下的城市，就像馬來亞的情況一樣，也是一個種族大熔爐。在這個大熔爐裡，與歐洲人、華人以及與峇里人、巴塔克人等沒有國家也沒有宗教信仰的土著的最重要的區隔，就是信奉伊斯蘭教。除非透過婚姻（只有女性才有的選項）迅速融入華人或歐洲人社會，否則因販奴（1800 年以前）及貿易關係而來到巴達維亞、望加錫、

巨港或棉蘭的人，會迅速成為穆斯林，這意味著他們已經是文明的城市人。這種新認同大體上稱為「伊斯蘭」，但在若干城市與蘇門答臘、婆羅洲與半島沿海地區也稱為「馬來」，而在三寶壟與其他爪哇城市，儘管馬來是主要語言，與「伊斯蘭」並行的族裔標籤是「爪哇」。一七八〇年代一名華人作家因此抱怨說，在爪哇城市生活太久的華人忘了「古聖先賢的教誨」，「自稱伊斯蘭，毫不顧忌地當了爪哇人」。[87] 二十世紀初期，「爪哇」成為以爪哇語為母語的人的一種自覺性標籤，說馬來語的巴達維亞人、峇里人、華人、望加錫人與其他族裔的人取名「巴達維人」（Betawi），在殖民當局的人口普查也是這樣記錄的。

　　儘管伊斯蘭仍是共同認同的關鍵標記，在第一次現代群眾運動「伊斯蘭聯盟」中也發揮了這樣的功能，就核心族裔邊界定義的意義而言，這種宗教忠誠本身並不是一種民族主義。首先以馬來語在「印地」各地煽動反殖民世俗民族主義的，是被歸類為土生華人與印—歐混血、出生在印尼的非穆斯林。到一九二〇年代，民族主義思潮更加普及，這些先驅人物逐漸邊緣化，但受過教育、信奉基督教的安汶人、米納哈薩人與巴塔克人繼續將這種思潮發揚光大。在一九一四年馬克思主義崛起之後，強調種族與宗教似乎已經老舊過時。

　　最初幾家以殖民地各大城市大多數人口為對象的報紙，是歐亞人與歐洲人在十九世紀創辦的馬來文刊物。這些馬來文報紙多少受到荷蘭人與華人影響，採用羅馬字母，表達方式直截了當，也就在這段期間，一種新的都市化族裔的基礎因此逐漸成形。[88] 到一九二〇年代，它已經成為宣揚反殖民民族主義唯一真正可能的用語，荷蘭語與爪哇語都有致命瑕疵，不能扮演這個角色。

　　這種民族語言與文化認同的名稱比較有問題。馬來與爪哇都是具

有古早意義與包容性的土著標籤，都沒能成為反殖民民族主義者真正考慮的對象。根據殖民當局人口普查有關「鄉下人」（landaarden）的英文譯本，「馬來」與「爪哇」兩種標籤顯然都建立在荷蘭統治時代，在之後的印尼知識分子論述中都代表特定族裔，代表各別的「種族與部落」。直到一九二○年代，唯一能描述泛殖民地認同的標籤是「印地人」（Indians，荷蘭人稱為 Indier、馬來人稱為 orang Hindia）。自十九世紀以來使用於歐洲語言與人類學界、在《荷蘭—印地百科全書》（*Encyclopaedia van Nederlandsch-Indië*）中不斷出現、代表馬來—玻里尼西亞語系的「印度尼西亞」，於是自然而然為留學荷蘭的學生採用，作為一種具有全面包容性的新認同標籤。這些學生於一九二四年將他們的學生會改名為「印尼協會」（Perhimpunan Indonesia），將他們的雜誌改名為聳動的《印尼獨立》（*Indonesia Merdeka*）。原本宣揚蘇門答臘認同的米南佳保青年知識分子，包括穆罕默德・雅明（Muhammad Yamin）與莫哈麥德・阿米爾（Dr Mohammad Amir）博士等人，迅速成為較廣泛的印尼認同的鬥士。雅明曾於一九二○年發表一首詩，歌頌他的蘇門答臘認同，但在一九二八年，他在印尼青年代表大會（Indonesian Youth Congress）上擔任主講人，強調馬來語已經成為民族語言（Bahasa Indonesia）。[89] 在從荷蘭退出後不到四年，有關一個印尼民族與語言的概念已經擴散到殖民地各處政治組織。

在主要殖民地城市，擁有特權能進大學與高中唸書的學生，在與出生地、母語大幅脫節的情況下，於一九二○年代起開始組織源出於他們的族裔或他們的島嶼的學生會——爪哇學生會（Jong Java）、米納哈薩學生會（Jong Minahassa）、蘇門達臘學生會（Jong Sumatra，主要是米南佳保人，因此遭到巴塔克學生會挑戰）。一九二八年，有

感於團結號召，大多數這些學生團體結合在一起成立一個印尼青年代表大會，還為假想中的團結，作了「一個祖國，印度尼西亞；一個民族，印度尼西亞民族；一個語言，印度尼西亞語」的團結宣誓。幾個較大的語言團體，這時開始重新想像自己為被動員的族裔——成為爪哇民族、武吉士民族等等——而展開了進程。但與馬來西亞相比，一種較廣泛的民族認同在印尼出現得較早，一方面由於人種競爭的社會達爾文理念，再方面也因為同在荷蘭受教育的邏輯使然。它的核心是達成一致的妥協，一種超脫任何特定群體的通用語。這裡有一種核心文化，米南佳保人與沿海地區的蘇門達臘人以馬來語為母語，而且會在今後幾十年成為現代印尼新文學的主流。但由於許多世紀以來，安汶人、米納哈薩人與古邦（Kupang）基督徒、土生華人以及其他各式各樣的都市少數族裔也說同樣語言，這裡的人不認為馬來屬於任何族裔。民族主義分子計劃建立的，事實上是一個沒有核心族裔的、但有固定疆界的國家，這是一條激進、艱難的建國之路。

一九四六至一九四八年間的印尼聯邦主義分子曾向荷蘭尋求協助，在印尼建立各種族裔與區域自治區，但最終在不斷高漲的印尼民族情緒浪潮衝擊下敗陣。他們成立了幾個自治邦——在東蘇門達臘成立的自治邦還納入幾名最富有的馬來蘇丹——計劃營造馬來民族或甚至蘇門達臘與帝汶混合民族的聲勢。但當蘇卡諾於一九四九年經過這個自治邦首都，在機場向歡呼群眾發表演說時，他說：「這裡沒有加里曼丹人、沒有米南佳保人、沒有爪哇人、沒有峇里人、沒有龍目人、沒有蘇拉威西人。我們都是印尼人。這裡沒有蘇門達臘帝汶人。我們同屬一個民族，共享同一命運。」[90] 在這個前殖民地中，每一個族裔的命運都不過像一個部落一樣，只有狹隘的意義。

也因此，印尼的反殖民民族主義一直就是地域色彩濃於族裔色

彩。就這一點來說，或許它會像西歐與新世界一樣，擁有比較有力的、朝向公民社會發展的基礎。在一九四五到一九五四年間，以及在一九九八到二〇〇〇年間，把印尼推向公民社會的強大力量確曾出現。就正面意義而言，民族主義界定的核心文化似乎像印度那樣——即使與西歐不同調——天生具有宗教、文化與族裔的多樣性。但對進行比較研究的學者而言，找出第三類比較類型——或許我們可以稱為「革命或後革命民族主義」——不用印度，而用蘇聯、南斯拉夫以及中國進行比較，似乎已經無法避免。像蘇聯、南斯拉夫與中國的革命一樣，印尼在一九四五到一九五〇年間的革命，也透過不同力量——包括以英雄式革命神話否定革命前的族裔與區域史，以及實施中央指導色彩濃厚的教育——以強化它的全國性計劃。

在蘇卡諾時代，唯一可以接受的認同政治形式是一種強調新印尼認同的革命論調，「馬來」作為印尼境內少數族裔類型的舊理念（在一九三〇年荷屬印地的人口普查中，馬來人僅占總人口百分之一點六）已經凋零。而作為新的印尼認同的混合族裔沿海文化，注定前景比較好。這種革命進程對馬來人而言，具體表現為東蘇門達臘與西加里曼丹的蘇丹國淪為「封建」文化而遭到批判、承受磨難。但在蘇哈托鼓吹的去政治化（本書第六章會就這個議題作更詳盡探討）氛圍中，一種新形式的經過淨化的文化在族裔競爭中出現。特別是在族裔觀念較重的北蘇門達臘，就算只是為了平衡根深柢固的巴塔克族裔文化，每個人都得尋找屬於自己的族裔（部落）。在政治目的的角逐過程中，作為歷來對新來者開放的混合語，馬來語在一開始比較不露鋒芒。[91]

無論怎麼說，到一九八〇年代，馬來已經穩居北蘇門達臘公認的六種文化之一，成為必須展示在公用建築的文字。一度遭到詆毀的

馬來皇室成為這波平反運動的領導人。他們利用日里蘇丹那座富麗堂皇的邁蒙宮（Maimun Palace）推廣觀光，並憑藉皇家身分之便，在傳統遺產的基礎上爭取執政黨「專業集團黨」（Golkar party）的支持。一個囊括許多團體的馬來協會於一九七一年成立，一座卡洛（Karo）式宅邸於一九七四年在邁蒙宮園區建立，以拉攏卡洛巴塔克人（Karo Bataks），對付更危險的「異族」塔巴努里巴塔克人（Tapanuli Bataks）。之後，當局舉辦精心策劃的棉蘭市建市紀念活動，紀念一五九〇年來到沿海地區、皈依伊斯蘭教、締造多元族裔馬來社群的一位卡洛族首領。

在北蘇門達臘無休無止的官員指派與相關權益的競爭中，曼代靈（或昂科拉，Angkola）巴塔克人大體上在北蘇門達臘州長與棉蘭市長的層級都比較成功。[92] 但在一九八〇年代末期，馬來人的遊說團體透過巴赫蒂亞・賈法爾（Bachtiar Djafar）獲得市長職位，又在一九九八年透過東姑・里薩・努丁（Tengku Rizal Nurdin）少將（東姑是馬來貴族名銜）取得州長職位。經過這幾場勝利，儘管自稱馬來人的人口在棉蘭總人口中占比不到一成，馬來文化自革命以來，首次奪回棉蘭首要的族裔標籤。棉蘭還在市區中央廣場舉辦一年一度的「馬來文化節」（Pekan Kebudayaan Melayu），並且於一九九〇年代在市內各處公共建築樹立一個代表馬來的象徵，以強調馬來文化是棉蘭地區的原始文化。這個代表馬來的象徵是矗立於邁蒙宮的黃色柱頂盤座。而邁蒙宮是荷蘭工程師在一八九〇年代所修建，這棟宮殿折射出他們眼中的本地與摩爾人（Moor）元素。

作為意識形態的「馬來」

　　自汶萊於一九八四年宣布獨立，「永遠當一個馬來伊斯蘭君主國」，儘管根基不深，但馬來似乎已經在汶萊成為比它的鄰國更為突出的特徵。在十六世紀文獻中，汶萊人或以他們的祖居地為名，或因為他們在馬尼拉灣與呂宋人交易甚密而稱為呂宋人。在伊斯蘭世界，汶萊無疑已經成為馬來文高雅文化的一部分，不過扮演的角色沒有亞齊、巨港、柔佛、北大年或望加錫那麼重要罷了。雖說汶萊統治者傳統上很早就與柔佛接觸，還曾與柔佛王子通婚，但汶萊沒有捲入各地蘇丹的麻六甲後裔稱號之爭。它擁有各式各樣婆羅洲族裔，擁有獨特而古老的馬來口語形式，再加上與中國、菲律賓以及馬來世界的聯繫，汶萊不需要爭，已經足夠獨樹一幟，自成一個天地。

　　汶萊的伊斯蘭精英自什麼時候起開始自稱「馬來人」不得而知，但十九世紀流行的根據種族或民族、不根據地方進行人口分類的歐洲時尚，似乎對這件事有一些影響。休・勞伊（Hugh Low）、亨利・基培爾（Henry Keppel）與詹姆斯・布魯克（James Brooke）這類英國作家使用「汶萊馬來」（Brunei Malays）一詞特指首都與朝廷的穆斯林，以別於住在內地的其他民族。自「英國專員公署」（British Residency）於一九〇六年建立以後，英式的計數與分類影響力漸大。在一九二一年的人口普查中，「馬來人」占總人口的百分之五十四，在一九三一年占百分之四十九，在一九四七年占百分之四十一，在一九六〇年占百分之五十四，在一九七一年占百分之六十六。[93] 出現這種變化的部分原因，是一九二一到一九六〇年間來自中國移民人口的迅速增加，以及之後馬來人口的移民變化，但最大的因素似乎是分類方式的改變。

就嚴格意義而言，在英國控制下進行的早期人口普查，雖說已經發現與馬來不一樣的族裔群體越來越多，但一九五九年通過將自治權交還蘇丹的憲法卻堅持，認定為土著的主要族群——馬來、卡達央（Kedayans）、宿霧（Bisayah）、杜順等等——就法律意義而言都是「馬來」。之後進行的人口普查遵照辦理。一九七一年人口普查報告的英文版與馬來文版似乎有不同的作者，至少在有關族裔分類的部分作者不一樣。英文版報告說，這項人口普查的馬來族群「包括馬來人、卡達央人、宿霧人、杜順人與毛律人（Murut）。自稱汶萊人、白拉奕人（Belait）、都東人（Tutong）的族裔也包括在內」。報告中提出解釋說，這樣的分類「目的在將這裡使用的『馬來』（Malay），與一九六一年汶萊國籍法中使用的『屬於馬來種族』（of the Malay race）一詞標準化」。報告中指出，過去人口普查根據祖籍分類的作法因都市化、人口遷徙與通婚而不再有效，所以「現在這許多族群之間並無多少差異」。[94] 馬來文版報告針對這類問題作的說明雖較簡短，但有一段加注：

> 馬來族意指馬來族土著群體。它包括馬來人、汶萊人、都東人、白拉奕人、卡達央人、杜順人、宿霧人與毛律人。這種社群分類的用意，為的是避免一九六〇年人口普查犯下的錯誤，因為許多土著社群只因為信了伊斯蘭教就自認為他們是馬來人。[95]

　　一九八四年的一道蘇丹令，已經談到「馬來伊斯蘭君主制」（Melayu Islam Beraja，MIB）概念，而且自一九九〇年起還特別強調這個概念。汶萊大學於一九九〇年成立汶萊研究院（Academy of Brunei Studies），教授必修的 MIB 課程。之後汶萊將 MIB 納入官方

理念，反覆闡述，以 MIB 為核心，打造安德森所謂的「官方民族主義」。

在「馬來伊斯蘭君主制」中，最讓人感到有趣的是「馬來」，因為它強調的不是汶萊的民族特質或它的婆羅洲遺產，而是它身為一種核心似乎不在汶萊境內的超民族文化的一員。實際上，有關「馬來」的有限表述顯示，「馬來」的意義在於加強既有傳統，而不在於追求外來標準。「馬來伊斯蘭君主制中的『馬來』意思，是指強化馬來價值、習俗與文化遺產，作為民族文化最主要的文化傳承。[96]」不過，它確實不惜以在地傳統為代價，在汶萊建立一種像在馬來西亞一樣的標準馬來語規範，與若干層面的馬來高雅文化。更值得注意的是，它要邊緣化或併入少數族裔。「顯然，這個國家不是一個多元種族或多元宗教的國家。這項事實不是源自什麼反對非馬來文化或反對非穆斯林的精神，但必須強調的是，這個國家是馬來穆斯林的國度。」[97]

在本文討論的三個例子中，汶萊以馬來作為核心認同的實驗是最年輕的，這項行動對汶萊的民眾自覺與認同意識可能造成什麼長期效應，目前時猶過早，無法評估。儘管為 MIB 辯解的人有許多說詞，MIB 的目的似乎不在於為未來的族裔主義建立基礎。就這個目的而言，汶萊的作法與它的鄰國並無顯著差異。只要王權仍是汶萊的核心政治事實，除了「官方民族主義」以外，任何類型的民族主義都會讓人以懷疑的眼光審視。

在結論中，我們需要記住一點：馬來語一直就是一種非常巧妙的、兼容並蓄的「混合語」，讓來自海上的移民與高地人共同打造一個充滿商機的海岸居住區。然而一旦伊斯蘭認同在馬來文化中確立，所謂馬來人也附上一種它「不是什麼」的鮮明標籤：它不是高地那些吃豬肉的人、不是結黨糾派的華人、也不是傲慢的歐洲人。當這個泛群島

地區、說馬來語的社群取了一個世俗名字自稱印尼時，它獲得有現代觀念的都市居民的熱情擁抱。二〇〇〇年人口普查是當局自一九三〇年以來進行的第一次族裔評估，「印尼」不是這次人口普查的選項，但如果列入選項，它毫無疑問將成為各族裔都市居民的最愛。由於不能說自己是「印尼」人，許多都市居民自稱「馬來」人或與馬來密切相關的「巴達維」人。馬來與巴達維是最具有包容性的「混合語」，自一九三〇年以來，使用這兩種混合語的人口都迅速增加。[98] 在「馬來」代表政治利益的沙巴，馬來人的人口占比在一九二〇到二〇〇〇年間增加了五倍。

不過，在保護色彩濃厚的馬來亞殖民地環境中，馬來類型的負面效應變得特別重要。儘管與它的源頭幾乎背道而馳，馬來人在英國勢力影響下成為種族，成為一種防禦類型族裔主義的基礎。

第五章

亞齊人

——王朝的記憶

我在第一章曾經談到，大多數前殖民時代的東南亞社會都相對「厭惡國家」（state-averse）。在東南亞社會，人們的歸屬感往往來自於國家官僚系統以外的力量，比如：親屬關係網路、市場周期、灌溉系統水源共享、聖地、宗教儀式與民俗表演，都有助於形成凝聚力。而且，在大多數狀況下，這些凝聚力都比國家官僚系統更耐久、更具體。在十九世紀以前，印尼群島上大多數人口居住在遠離危險的海岸地區的高地，群島上的國家並不屬於他們；他們是依賴國際商業和思想的沿海轉口港。[01] 三佛齊、滿者伯夷、麻六甲以及總部設在巴達維亞的荷蘭東印度公司，都憑藉著自身作為國際商務與內地人群仲介者的角色，發展出一些經濟勢力與政治魅力。但他們並沒有真正「統治」那些偏遠的山區腹地，從而在當地建立固定的「臣民」身分。這些勢力的政治魅力，為之後的歷代王朝所繼承並且持續宣揚，但是這並非有意識的塑造單一的「族裔國家」（ethnie-state）。

不過在這種模式下，緬甸與暹邏（儘管程度較弱）都走上一條將「族裔認同」等同於「國家認同」的道路。在東南亞的「海商時代」，當地數個群島的海港邦國實力大增，展現「火藥強權」的全新面貌，這個過程推動了一些新族裔認同的形成。比如十七世紀國力鼎盛時期

的望加錫、萬丹與亞齊，雖然歷史根基甚淺，但是他們都依靠軍事動員力、王朝威望與伊斯蘭信仰，建立自身的國家主義認同。[02] 今天望加錫、萬丹與亞齊的認同與語言，都來自「海商時代」的遺產傳承。但荷蘭於一六六九年征服望加錫、於一六八四年征服萬丹，這些成為歐洲強權藩屬的君主國，淪為不起眼的地方王朝或政權，並且在武吉士、爪哇或巽他等新興強鄰威脅下，這些君主國的自身認同似乎也不斷面臨被吞噬的危機。

然而，直到一八七四年以前，亞齊蘇丹國仍能維持自身的權威與認同。因可此可以說，亞齊蘇丹國已經踏入李伯曼為描述十九世紀初期的暹邏國而提出的「穩健的海洋發展」（stable maritime consolidation）理論。[03] 在群島地區，就這方面而言，唯一能在權勢上超越它的是巴達維亞的荷蘭東印度公司，它在一八一五年後蛻變為「荷蘭印度國」（Netherlands Indian State）。將現代主權國概念引進大多數印尼人心中的，正是這種「海洋發展」的結果。因此，亞齊如同一些半島上的君主國，能以完整主權國家形式，從「海商時代」邁入競爭更加激烈的現代。事實上，儘管接班爭議不斷，官僚也軟弱無力，但是作為城市國家的亞齊實行主權統治的連續性，比河內以外的任何一個東南亞主要城市都來得更加長久。

亞齊蘇丹的抵抗

亞齊編年史的開場白是一段足以讓現代讀者信服的紀錄：「統治亞齊王國的第一人是阿里・穆哈亞・斯雅蘇丹（Sultan Ali Mughayat Syah）。」[04] 很顯然，寫下這段紀錄的伊斯蘭教正統派作者蘭尼里（Nuruddin ar-Raniri，死於 1658 年）是相當謹慎的，他對於出現在

其他編年史中所謂亞歷山大大帝後裔、天神干預或與中國皇帝有關係之類的傳說興趣缺缺。事實上，位於班達亞齊（Banda Aceh）地區東方僅僅五十公里處的拉姆里（Lamri），有幾處顯然屬於伊斯蘭皇室的古墓；拉姆里同時也是一個歷史悠久的貿易中心。而且馬來編年史將亞齊王朝的起源追溯到一四七一年遭大越征服的占城。但蘭尼里更正了這種說法，他考證了阿里·穆哈亞於一五二〇年代，統一整個蘇門答臘北海岸，並且建立穆斯林蘇丹國以抗拒葡萄牙的干預。

當馬可波羅（Marco Polo，1292 年）、伊本·巴圖塔（Ibn Battuta，1353 年）與最早先的葡萄牙人（從 1509 年起）提出有關蘇門答臘北海岸的報告時，此地被數個擁有自己語言、相互競爭的港口國所割據統治，其中最重要的是八昔（Pasai）與皮迪（Pidië）。葡萄牙的入侵在當地引起廣泛民怨，首當其衝的穆斯林商人於是領導民眾起而抗爭。阿里·穆哈亞·斯亞趁勢崛起，透過伊斯蘭教的共同信仰為號召，聯合統治者與商人對抗外來的葡萄牙基督徒，同時也對付內部敵人。一直到十六世紀結束，亞齊始終是葡萄牙人最難纏的對手，葡萄牙人只能被迫在其他地方尋找胡椒。從一五三七到一六二九年間，亞齊人曾十次發動攻擊，想將葡萄牙人趕出麻六甲的大本營，葡萄牙人在這段期間一般而言都採取守勢。這十次攻擊都是「聖戰」式行動，在葡萄牙與馬來文獻中都有詳細報導。亞齊人的攻擊隨後深入蘇門答臘內陸地區，與許多信仰印度教—佛教的族群爆發無數次戰鬥，在戰鬥中，這些族群展現了抵制伊斯蘭教和捍衛他們虔信印度教—佛教的精神崇拜形式。

這段期間的亞齊，成為奧斯曼土耳其帝國領導的全球遜尼伊斯蘭教抗爭運動的東方支柱。在一五三〇年代與一五六〇年代（兩次出兵），奧斯曼帝國都曾為亞齊提供軍援，協助亞齊對抗異教徒葡萄牙。

奧斯曼蘇丹塞利姆二世（Selim II）在一五六八年的蘇丹令中解釋他為亞齊提供軍援的原因是：「亞齊蘇丹說，面對不信伊斯蘭的異教徒，他孤立無援。這些異教徒強占了一些島嶼，俘虜了穆斯林。從這些島嶼前往麥加（Mecca）朝聖的商船與朝聖船在一天晚上被（葡萄牙人）擄走，沒有被擄走的船隻被砲轟擊沉，許多穆斯林因此溺死。」[05]

國際關係

　　亞齊人與土耳其的關係讓他們自視甚高，自認為不同於爪哇海的其他蘇丹國。爪哇海的其他國家如巨港與馬辰免不了涉入海岸地區的爪哇政治，但是他們就算與特定的爪哇國家衝突時，也仍對爪哇文化心生嚮往。對這些國家來說，與繼爪哇之後成為海上霸主的荷蘭互動在所難免。相形之下，亞齊從未與爪哇有過重大接觸。與亞齊互動的，大都是半島以及蘇門答臘的馬來國家——直到十七世紀中葉，亞齊在這個地區一直是大國——還有中東、南印度以及孟加拉灣周邊國家。*由於貿易關係，亞齊人以及它的朝廷，包括王室本身，相較於其他印尼族群都有較多的南印度與阿拉伯元素。

　　在十六世紀，亞齊的開放性不僅體現於與土耳其的關係，也因為定居於亞齊的大量阿拉伯與古吉拉特（Gujarati）學者而聲名大噪。根據最早期的英文與荷蘭文報告，我們發現亞齊在十七世紀的前五十年間已經是孟加拉灣重要的港口，不只有來自紅海與勃固（Pegu，南緬甸）的商旅，還有來自暹邏以及歐洲的使節。從十七世紀中葉一直

---

* 作者注：這與比較古老的北蘇門答臘蘇丹國八昔很不一樣，八昔在一三五〇年代遭滿者伯夷的艦隊征服，這是爪哇海洋勢力的展現。顯然在爪哇寫下的八昔編年史大肆宣揚了這場海戰（Hill, 1961: 93-101），但不關心爪哇或八昔事務的亞齊編年史，則沒有記載此事。

到十九世紀中葉，它既是民間商旅對抗歐洲公司壟斷性需求的避風港，也是英—法在印度洋競爭中的一項影響要素。[06]

從亞齊的觀點來說，土耳其在這些對外關係中最為重要。雖然亞齊與土耳其的外交與商貿關係，因為荷蘭與英國公司改由海路繞道非洲進行香料與胡椒貿易而中斷，但在民俗傳說中，亞齊與伊斯坦堡的奧斯曼哈里發的特別關係始終為人津津樂道。這些古早的記憶有實物為證，包括亞齊船上的土耳其旗幟，還有幾門巨型土耳其砲，其中最大的砲名為「胡椒小子」（lada secupak）。據說亞齊有一次派了幾艘滿載胡椒的船前往伊斯坦堡，勸哈里發軍派兵支援亞齊，而這些旗幟與巨砲是這次行動唯一殘存至今的東西。在一八四○到一八七四年間，在荷蘭軍隊沿蘇門答臘海岸兩岸並進之下，亞齊與土耳其重新訴求這種「保護」關係，強調任何歐洲的強權不得染指亞齊。

回顧十六世紀的亞齊，得面臨在穆斯林網絡與葡萄牙之間選擇的兩難，但到了十七世紀，亞齊則有更多選項。在一五九八到一六○四年間，荷蘭、英國與法國都向亞齊保證，他們的船一旦進了印度洋，都會以亞齊為胡椒與香料主要採購來源，因為亞齊位於葡萄牙勢力範圍以外。來自熱蘭省（Zeeland）的第一支荷蘭艦隊，或許因為遭到地方反對派描繪成共和派，與亞齊蘇丹發生激烈口角。第二支荷蘭艦隊為了化解誤會，帶來威廉王子一封措辭懇切的信，還在一六○二將一批亞齊使館官員帶回荷蘭面見威廉。同時期的英國也不落人後，詹姆斯·蘭凱斯特（James Lancaster）帶著一封伊麗莎白女王致蘇丹的私函，不過當他的船於一六○二年抵達亞齊時，女王已經去世。由於這次親切的交流，加上一六一二年的又一次交流，日後支持亞齊獨立的英國人得以宣稱亞齊是英國在亞洲最老牌的盟友。最後法國人也於一六○四年趕到，一六二一年，法國的海軍將領博利（Beaulieu）在

亞齊停了幾個月，忙著採購胡椒。博利的記述，是十七世紀亞齊最生動的寫照。[07]

但對歐洲列強來說，亞齊終究不是非常具有吸引力。在十七世紀，一連幾位亞齊蘇丹鐵了心腸反對任何富有商人（無論是本地人或外國人）建立石砌堡壘，「以免他們守在要塞裡反對他」。[08] 此外，歷代亞齊君主中最有權勢、最專制的伊斯坎達・穆達蘇丹（Iskandar Muda，1607-1636 年在位），像那些歐洲公司一樣，也是一位執著於商業壟斷的角色，總是想盡辦法控制亞齊的胡椒，以強制手段高價賣出。荷蘭與英國公司於是分別遷往巴達維亞（1619 年）與明古魯（1688 年），在當地建立足以自保的永久性基地。

亞齊因為趕走胡椒的主要買家而付出代價，但就長遠而言，亞齊這種嚴厲的商業政策確實維持了自身的獨立。在一六四一到一六九九年間，亞齊一連出現四位女王，政策漸趨緩和，開始傾向對商業利益的保護。但即使在這段期間，以及在進入十八世紀許多年以後，亞齊仍不時出現叛亂，反對那些似乎對外國人過於讓步的統治者。馬穆德・斯雅（Mahmud Syah，1760-1781 年在位）蘇丹就是這樣的例子。他在一七七二年准許英國東印度公司在亞齊建立工廠，結果遭到「烏勒巴朗」（ulèëbalang，指世襲的地方領主）反抗，揚言如果斯雅蘇丹不撤銷建廠許可，就要將他推翻。[09] 在十八世紀，法國與英國都曾反覆考慮亞齊不受限制的獨立性，以及極度重要的戰略位置，但最後英法的結論都是軍事成本過高。因此，英國公司在一七八六年選擇以檳城代替亞齊，因為「要在那裡（亞齊）建一個安全而有利的屯墾區，就必須建立一支足以壓制所有地方領主的武力」。[10] 一個軟弱、象徵性的中央集權國家，因遭到外國勢力進犯而激起的民怨，是許多亞洲民族主義——即本書第一章所述「國恥恨」（OSH）民族主義——的

重要元素。而這種「國恥恨」類型的民族主義常在亞齊氾濫。

一六六〇年代，荷蘭公司奪走亞齊最富裕的屬地，包括半島上富產錫礦的霹靂與蘇門答臘西海岸的胡椒種殖中心。亞齊剩餘的出口品還有檳榔果、黃金、安息香，以及避開荷蘭控制繼續運到亞齊的錫與胡椒，這些買賣基本上都是印度（主要是塔米爾穆斯林）與印度境內歐洲國家貿易商的生意。不過，到了十八世紀尾聲，胡椒種植仍在亞齊控制下西海岸北部地區欣欣向榮，比起以往吸引更多的遠程貿易商，單是北美新英格蘭地區如賽勒姆（Salem）與波士頓（Boston）的貿易商，在貿易巔峰時每年就會派二十艘船前往亞齊。直到一八四〇年代，歐美與亞齊的貿易自由通暢，美國、法國與英國的貿易商直接與控制胡椒出口港的烏勒巴朗打交道，亞齊蘇丹則透過烏勒巴朗的進貢分得一小份油水。

不過，胡椒買賣也讓雙方不時傳出暴力事件。歐美的海軍艦艇曾經三次奉召「懲罰」滋事的亞齊嫌犯。在未接觸蘇丹官方的情況下，美國人曾先後於一八二六與一八三八年焚燒沿海的村落。但當法國一艘砲艇也於一八三九年效仿時，引起了巴黎當局的短暫關注，希望在蘇門答臘建一個亞洲的基地。一八四〇年代，為了抵禦步步進逼的荷蘭人，亞齊的易卜拉辛・滿速沙蘇丹（Sultan Ibrahim Mansur Shah，1838-1870 年在位）開始尋求結盟，十六世紀時的盟友土耳其便是他的選擇；而法國的路易—菲利普一世（Louis-Philippe，1830-1848 年在位）在一八四三年寫了一封感人的信給易卜拉辛，易卜拉辛便決定派遣使者前往巴黎與伊斯坦堡。亞齊的外交使團於一八四九年出發，然而這時的法國已經決定不應冒險觸怒荷蘭盟友，而將注意力轉到印度支那半島。事實上，亞齊使團到達開羅後，使團領袖認為土耳其是最佳的結盟選項，便親自前往土耳其，僅僅指派一名副手前往巴黎。

那名亞齊使團的代表在一八五二年十月獲得路易斯‧拿破崙（Louis Napoleon）接見，不過這時雙方都認為這種關係沒有實質效果。[11]

由於富有的亞齊人持續往訪麥加朝聖，也因為亞齊是東南亞地區阿拉伯移民——多數來自位於阿拉伯半島南部哈德拉毛（Hadhramaut）的「塞伊德」（sayyid）——人數最多的聚集區，亞齊與奧斯曼一直維持著緊密的關係。在蒸氣與電報時代，雙方交往再次熱絡，或許使得亞齊想像可以藉由這種關係有效抗衡荷蘭的挑戰。一八四九到一八五〇年的亞齊使節獲得奧斯曼哈里發的積極回應，正式確認奧斯曼帝國對亞齊的宗主與保護國地位，以及易卜拉辛為亞齊的合法統治者。當克里米亞戰爭（Crimean War）爆發時，易卜拉辛向土耳其進貢一萬西班牙元，供土耳其作為戰費開銷，並因此獲得奧斯曼帝國最高榮譽的「美吉地勳章」（Mejidie）。亞齊於一八六八年再一次請求奧斯曼帝國保護，並且在一八七三年荷蘭發動攻擊過後，這類請求更加迫切。但就像法國一樣，土耳其也不願為了一個遙遠的「附庸」而攪亂它與荷蘭的關係。之後土耳其當局出面斡旋，促成亞齊與荷蘭簽下和平協議，不過荷蘭隨即撕毀協議。[12]

此時的亞齊如果想成為另一個暹羅，就只能引進英國勢力以抗衡荷蘭人。英國雖說願意為維護暹羅獨立而對抗法國，卻基於幾個理由不願為了維護亞齊獨立而與荷蘭對抗。首先，在英國眼中，荷蘭主要是一個客戶而不是競爭對手，也因此由荷蘭出兵占領具有潛在戰略價值、未經殖民化的亞齊，對英國極為安全。其次，暹羅的泰王可以全權掌控臣民與對外世界的關係；但亞齊境內有太多與外國通商的河港，有太多希望維護這種開放的外國貿易商，亞齊蘇丹的掌控力因而大打折扣。在暹羅，鞏固泰王王權符合英國利益，但在亞齊，許多在檳城與新加坡做胡椒與檳榔果貿易的英國商人反對強化亞齊蘇丹的統

治。最後，蒙固（Mongkut）與朱拉隆功兩位泰王持續向英國等歐洲列強尋求現代化建議，他們的策略運用技巧也功不可沒。在一八五〇年以前，亞齊的首都就像暹邏首都一樣，有住在亞洲的歐洲人，有阿拉伯人與類似華人角色的塔米爾穆斯林。但亞齊統治者得不斷處理臣民之間的伊斯蘭與仇外情緒——就是我歸類為仇恨外國的那種民族主義情緒。在關鍵性的一八六〇年代與一八七〇年代，前述的種種因素迫使蘇丹們放棄看似困難重重、但有望成真的英國之夢，積極追求渺茫的土耳其幻想。再加上無力掌控臣民，這一切讓亞齊在歐洲諸國眼裡形成一種不守規矩、甚至類似「海盜」般的形象。

反對英國放棄亞齊政策最有力、最重要的異議人士是斯坦福・萊佛士。他相信荷蘭的壟斷將造成腐蝕效應，而英國應該扮演一種馬來王保護者的長期角色，以對抗這種效應。早在一八一〇年，萊佛士已經主張英國與亞齊簽定條約，「以維護這個國家的平靜，防止它淪為海盜的溫床，切斷龐大的不法貿易根源。」[13] 為了達成這項目標，萊佛士於一八一九年與他認定在亞齊內戰中比較合法的一方，簽訂一項《安格魯—亞齊條約》；在這場內戰中，當時大多數檳城商人支持另一方。這項條約是一種防禦聯盟，條約規定英國將派代表進駐班達亞齊。不過英方一直沒有指派這名代表，檳城政府也沒有遵照行事。僅僅五年以後，英國於一八二四年簽署與前一條約矛盾的《倫敦條約》，將整個蘇門答臘讓給荷蘭。在《倫敦條約》的機密換文中，英國保證將「調整」與亞齊的條約，並且表示英方相信荷蘭「不會對亞齊王採取敵意措施」。荷蘭也保證會確保亞齊的「獨立將秋毫無損」，為了商務之利，亞齊必將接受「溫和的……歐洲影響力」。[14]

由於英國根本沒有根據這項安排採取行動，荷蘭在一八六〇年代以前也一直忙著其他事務，亞齊始終不知道它在歐洲人眼中的地

位已經改變。荷蘭在一八三九到一八四〇年間占領西海岸辛吉爾（Singkil）與巴魯斯（Barus）邊界地區，亞齊開始對荷蘭的野心惴惴不安。之後荷蘭於一八六二年將它在東海岸的控制區延伸到冷吉（Langkat）與塔米昂（Tamiang），更令亞齊感到威脅。而在同時，亞齊向土耳其施壓，要土耳其兌現其「保護」承諾，並且設法遊說法國、英國、義大利或美國與亞齊簽約，用邊界地區交換保護。一八六二年，易卜拉辛蘇丹派遣義大利冒險家西瑟・莫雷諾（Cesar Moreno）前往歐洲遊說歐洲列強簽訂這樣的條約。後來成為夏威夷總理的莫雷諾，先後前往羅馬與華府進行遊說，但是都以失敗收場。一八六八年，亞齊一個由阿拉伯人領導的有力派系（顯然不是亞齊蘇丹本人）派遣使節到伊斯坦堡，要求奧斯曼哈里發「通知所有外國人，我們受到『最高當局』（Sublime Porte，指奧斯曼帝國）保護，是最高當局的臣民，因此其他任何政府不得干預我們的事務」。[15]

易卜拉辛蘇丹於一八七〇年去世後，由他十六歲的姪子馬穆德沙蘇丹（Sultan Mahmud Shah，1870-1874 年在位）繼任。馬穆德沙沒有易卜拉辛幹練，無力處理荷蘭威脅造成的亞齊內部分裂：一派人主張與土耳其結盟，一派人主張加強與英國以及海峽屯墾區華人的關係，一派人主張尋找國際盟友，特別是與美國結盟，還有一派人主張運用談判手段抵擋荷蘭。在英國於一八七一年簽訂《蘇門答臘條約》，讓荷蘭得以肆無忌憚地攻擊亞齊之後，這些亞齊內部的分裂變得極為關鍵。荷蘭主戰派就以這種分裂為藉口，於一八七三年展開入侵。[16]但儘管內部分裂，亞齊的蘇丹、朝臣、學者與烏勒巴朗卻始終堅守抵抗外侮的傳統。

一八七三年，荷蘭發動的攻擊因過於草率、準備不足而失敗，但是荷蘭非但沒有尋求妥協，反而設法「復仇」；一八七四年時，馬

穆德沙蘇丹去世，荷蘭廢除蘇丹的作法，這些都是促成亞齊人團結一致抵抗荷蘭的原因。與群島地區其他面對荷蘭進逼的國家情況不同的是，亞齊有普遍的仇外「國恥恨」情緒。這類型的民族主義與亞齊王室的地位和獨立直接相關，但幾百年來以伊斯蘭為名發動的亞齊戰爭，特別是抵抗歐洲威脅的歷史記憶，也是造成這種民族情緒的重要因素。它與本書第四章論及的馬來王室的情緒截然不同。馬來王室重視歷代法統的超自然魅力，但一直以來也能不斷調適，與各式各樣外來者共享權力。

一八七三到一九四五年的抵抗主題

一八七三年三月，荷蘭人發動第一次攻擊，雖然亞齊在數天前才獲知這項情報，但仍能集結約三千武裝人員保衛王宮與已經要塞化的清真寺。在荷蘭人意外敗北之後，亞齊有時間進行動員，以對抗同年十二月來犯、兵力八千五百人的第二支荷蘭遠征軍。皮迪地區幾名有影響力的烏勒巴朗，每人帶領五百名戰士馳援首都，據說西海岸胡椒種植區的半數居民也啟程，前來首都助戰。根據荷蘭人的情報，主要據點的守軍兵力約在一萬人至十萬人之間。[17]

但荷蘭還是用六周時間攻占了清真寺與堡壘。荷蘭人隨即掘壕固守，希望亞齊能夠放棄抵抗，以減輕荷蘭因戰亂與疾病而遭致的損失。但到四月，荷蘭方面的人員損失已經達到一千四百七十人，到一八七四年年底達到兩千三百七十三人，到一八七六年年底達到五千三百七十四人。事實證明，帝國主義者最初潛在的恐懼沒錯，想征服亞齊只能一步一步慢慢來。在年輕的馬穆德沙蘇丹死於霍亂之後，以談判達成和平的可能性更加渺茫。抵抗荷蘭成為領導的試金

石。就連抵抗運動重要領導人、德高望重的阿拉伯長老阿布杜―拉曼・阿扎西（Abdur-rahman az-Zahir），也因為在一八七八年想通過談判達成光榮的和平而遭到唾棄。荷蘭人在皮迪後方山區省會丘馬拉（Keumala）附近建了一個所謂作戰隊，準備打持久戰。在相當長的時段，荷蘭採取守勢以減少傷亡，處於實質上的圍城狀態。亞齊軍還首次成功運用了游擊戰略，當荷蘭人發動攻擊時，立即撤退，躲進荷蘭人鞭長莫及之處。[18]

馬穆德沙蘇丹死後，一名年僅十歲的王子宣布就位為莫哈麥德・達烏德（Mohammad Daud，1874-1903 年在位）蘇丹。不過他對亞齊抵抗運動的影響不大，抵抗運動的精神領導權逐漸落入立場最強硬的伊斯蘭學者「烏里瑪」（ulama）手中。對這些學者而言，面對敵眾我寡的頹勢，亞齊人必須發揮伊斯蘭烈士精神才能取勝。一八八五年，當時最著名的烏里瑪――提安古・斯耶・沙曼・迪提洛（Teungku Syech Saman di Tiro）寫了一封公開信，呼籲他那些畏首畏尾的同胞：

> 不要怕那些異教徒的力量，不要怕他們的精美的東西，他們的裝備，還有他們的善戰的士兵……因為沒有人能比偉大的上帝（讚美主）更強大，更富有，沒有人能像上帝一樣擁有最精銳的千軍萬馬……除了上帝……宇宙之主（讚美主）以外，沒有人能操控勝利或失敗。[19]

儘管亞齊人英勇反抗，但是自荷蘭於一八九八年起採取在全國各地追殺亞齊戰士的政策之後五年，大多數烏勒巴朗認為繼續戰鬥下去已經沒有意義。到一九〇三年蘇丹退位時，亞齊已經有一個以烏勒巴朗合作共事為基礎的政府。但仍有許多烏里瑪繼續抗拒，山區的暴亂

也仍未平息。直到又有總計一萬四千名亞齊人與加約人（Gayo，山區部族）在山區堡壘裡戰死，包括抵抗運動領導人提安古·迪提洛的七個兒子之後，抵抗運動才在一九一四年告終。

向優勢武力屈服不能讓人接受。在戰爭期間出生的新一代亞齊人認為自己是被征服的民族，他們痛恨每年二十四天的強迫勞役，認為這是一種屈辱。數以千計的亞齊人遷往半島上的英國控制區，少數穆斯林游擊隊繼續在山區頑抗，直到荷蘭統治結束為止。每隔幾年總會發生一些暴亂，為游擊隊注入新血，最後一場暴亂出現在一九三七年。在一九二〇年代，一場全民暴亂在共產黨煽動下鬧得沸沸騰騰，西岸地區情勢尤其緊張。數百人被殺，數百人因宣誓抵抗而被捕。此外，每年總有幾名亞齊人對荷蘭人發動瘋狂的自殺式攻擊。

為了建立比較穩定的殖民地社會，荷蘭政權賦予烏勒巴朗比其他地方統治者更多的自治權，以爭取烏勒巴朗的合作。但即使在這一塊，荷蘭人也不得不隨時提心吊膽，既要防範傳統派統治者因嫉妒烏勒巴朗特權而發動攻擊（一名荷蘭官員就因惹怒一名這樣的統治者，於一九一三年遭後者當眾殺害），還要防範他們精心栽培的這些接受荷蘭教育的年輕特權階級反撲。這些年輕的特權階級組織了全印尼性的政治運動，特別是一九一六到一九二二年間的「伊斯蘭聯盟」，與一九二八年出現的穆斯林修正主義運動「穆罕瑪迪亞」（Muhammadiah），目的都在重振亞齊昔日榮光。[20] 不過這類亞齊境內民族組織的贊助人，幾乎清一色都是非亞齊居民，外加一些受過西方教育的烏勒巴朗。因為烏勒巴朗與爪哇有淵源且多數前往荷蘭受教育，大多數亞齊人與烏勒巴朗漸行漸遠。

殖民政府為亞齊平民提供羅馬拼音馬來文的基本識字教育。一開始，亞齊人對此恨之不已，認為這是又一項異教徒征服者的脅迫，

父母寧願將子女送到烏里瑪學堂學習古蘭經，並像荷蘭總督所說的，「吸收對異教徒的仇恨與不屑」。[21] 但自一九二〇年代起，坊間越來越多伊斯蘭學校開始借鑑政府學校的一些現代教學。到一九三〇年代，這些改革派穆斯林學校的畢業生終於也像二十年前其他印尼年輕學子一樣，開始醉心於進步了。

改革派學校與烏里瑪在一九三九年成立了一個純亞齊人的組織——「全亞齊烏里瑪聯合會」（PUSA，全名為 Persatuan Ulama Seluruh Aceh），堪稱這波新思潮的代表。PUSA 的主席是一位魅力十足的烏里瑪——提安古・達烏德・比尤魯（Teungku Daud Beureu'eh，1899-1987 年）。比尤魯受的完全是亞齊宗教學校傳統教育，卻在皮迪創辦了一所現代學校。PUSA 讓亞齊青年首次體驗現代組織帶來的那種強烈使命感，鼓舞他們建立自己的現代師範學院、創辦自己的月刊《火炬》（Penjoeloeh）。《火炬》在一九四一年宣稱 PUSA 代表「亞齊人民之聲」——這是一種受印尼民族主義影響、但在認知上與它截然不同的新概念。[*]

儘管與過去的類似組織相比，PUSA 的反動色彩濃厚得驚人，但由於荷蘭當局當年全力對付的是印尼民族主義運動，而 PUSA 不是這項運動的一部分，所以荷蘭官員在一九三九年對 PUSA 的活動採取放任態度。荷蘭當局的另一算盤，是讓 PUSA 坐大，以反制往往比較蠻橫的烏勒巴朗。果不其然，PUSA 的月刊與集會很快就成為批判烏勒巴朗的宣洩管道，而烏勒巴朗也藉由「穆罕瑪迪亞」運動奮力反擊。[22]

亞齊反抗荷蘭最後、也是最成功的一次起義，主要是 PUSA 的成

---

[*] 筆名「小提洛」的這位作者，可能就是後來自稱哈桑・提洛（Hasan Tiro）的亞齊反抗運動領導人。Tiro Tjoet, in *Penjoeloeh* 5/6 (March/April 1941).

果。日本雖於一九四一年十二月中旬占領檳城與北馬來亞，但日軍在隔了三個月之後才入侵北蘇門答臘。PUSA 的活躍分子——烏里瑪塞德·阿布·巴卡（Said Abu Bakar）找上日軍情報專家藤原岩市上校，表示願意提供積極支援，卻不提任何特定交換條件，讓藤原感到意外。巴卡告訴藤原，「亞齊人極端仇視荷蘭政府，但也痛恨烏勒巴朗，因為烏勒巴朗也欺壓百姓，甚至比荷蘭人猶有過之……他們不惜為伊斯蘭而死。」[23]

藤原將巴卡連同他在馬來亞抓到的另幾名蘇門答臘青年一併釋放，但沒有為巴卡提供任何具體支援。藤原認為，亞齊人充其量只能幫日本人搞一些破壞而已。但儘管一九三〇年代的情勢變化萬千，事實證明亞齊人反抗的決心始終如常。一九四二年二月二十三日，亞齊人在瑟利門（Seulimeum）地區起事，殺了當地的荷蘭官員，並在日軍抵達之前五天的三月七日起同步展開破壞與擾亂運動。三天以後，眼看最信任的烏里瑪也反叛了，荷蘭人決定撤離，讓亞齊人自己應付即將抵達的日軍。

由於沒有向日本提出獨立的要求，我們很難將這波暴亂的動機歸類為亞齊或印尼的民族主義。巴卡提出的最強烈的要求是取消強迫勞役與稅，以及懲罰 PUSA 最痛恨的烏勒巴朗。在 PUSA 的現代化動員，以及一些參加動員的烏勒巴朗的反帝國民族主義理念推波助瀾下，仇外與伊斯蘭情緒仍然極度普遍。

成為印尼新統治者的日本人，很快就像荷蘭人一樣，也在亞齊抵抗運動上學到同樣的痛苦教訓。一名與 PUSA 沒有關係、年輕但傳統的烏里瑪開始譴責 PUSA「趕走了狗，卻把豬帶了進來」。這名烏里瑪要他的學生透過沉思與誦經的方式殉教。一九四二年十一月，他帶領學生用刀與矛殺了十八名日本人，他本人連同他的一百多名信徒也

被日軍屠殺。又一代的烈士崛起了。[24]

印尼境內的亞齊

一九四五年八月日本投降時的亞齊，與一九四二年的亞齊大不相同。荷蘭人與日本人都認為，有鑒於它的仇外態度如此惡名昭彰，荷蘭當局應該無意重建在當地的殖民政權。基於這個理由，在一九四五到一九五○年的衝突中，亞齊是唯一一個荷蘭人與盟軍沒有真正控制意圖的地區。一些荷蘭官員曾希望亞齊能快一點與爪哇一起淪陷，以便順勢納入荷蘭聯邦，不過事與願違。在一些頑抗的日本兵心目中，亞齊是繼續對盟軍作戰的最安全的堡壘，因為亞齊人已經證明他們為了獨立而不惜死戰到底。倒向印尼一方的日本人人數特別多，包括一百五十名駐地在新加坡的日軍，他們在日本投降三天後乘兩艘船前往亞齊，企圖在亞齊繼續戰鬥。[25]

但亞齊人本身似乎被日本的占領以及統治的驟然告終鬧得手足無措。由於日本人在伊斯蘭教與烏勒巴朗精英的動員工作上做得過於徹底，也由於這兩個群體之間的相互恐懼過於根深柢固，當戰爭結束時，這兩個群體首先想到的是新情勢帶來的勢力消長。大戰結束後，曾在日本主持下受訓、動員的青年首先採取行動，繼續在日軍占領期間已經展開的全印尼獨立準備行動。他們說服 PUSA 領導層與其他有影響力的烏里瑪，要他們相信保衛新的印尼共和國才能延續爭取亞齊獨立與尊嚴的歷史性抗爭。一九四五年十月十五日，亞齊青年發表一篇獲得四名亞齊首要烏里瑪——包括兩名 PUSA，兩名傳統派——支持的宣言，用的就是這樣的措辭：

全民每一分子都已經團結在偉大領導人蘇卡諾麾下，等候指示待命行動。我們堅信這是一場稱為「聖戰」（Perang Sabil）的神聖鬥爭。也因此，同胞們，要相信，這是已故提安古‧迪提洛與其他民族英雄領導的亞齊鬥爭的延續。*

　　先後經荷蘭、日本與共和國政權提拔，位居政府顯赫要職的烏勒巴朗階層，當然對這個由動員青年與激進烏里瑪組成的聯盟感到疑慮。一九四五年十二月，這個混雜著聖戰、馬克思主義與民族主義複雜情緒的聯盟出兵，擊潰皮迪地區的反印尼共和國以及與荷蘭接觸的烏勒巴朗軍。在這以後，聯盟當局將亞齊各地所有的烏勒巴朗——包括那些正式代表印尼共和國的烏勒巴朗——或殺戮、或下獄。PUSA 就這樣成為亞齊最強大的政治勢力，並且在這場鬥爭中為亞齊確保一個有效、而且以革命的標準來說出奇穩定的政府，直到荷蘭於一九四五年十二月將亞齊主權移交給印尼為止。[26]

　　與一九四二年叛亂期間相形之下，亞齊可能獨立的議題在一九四五年公開提到的案例並不較多。烏里瑪領導的 PUSA 民粹主義運動，既要剷除外來統治——包括荷蘭與日本人的統治——同時還要消滅他們的烏勒巴朗對手。對他們而言，支持印尼共和國似乎是完成這些目標的天賜良機。在一九四八年年底，位於爪哇腹地的共和國政府在軍事上陷於守勢，把它所有的城市都讓給荷蘭占領，因此迫切需

---

* 作者注：一九四五年十月十五日發表的〈亞齊烏里瑪聯盟宣言〉（*Makloemat Oelama Seloeroeh Atjeh*），刊於一九四五年十一月二十九日的《精神獨立報》（*Semangat Merdeka*）。由受過荷蘭教育的烏勒巴朗官員發表的這篇宣言，延後六周才經由報紙刊出，說明這篇聲明的爭議性。《精神獨立報》指出，這篇宣言由東姑‧馬穆德（Tuanku Mahmud）「批准」，但只經過最資深的共和國官員與亞齊烏勒巴朗提尤古‧恩賈‧阿里夫（Teuku Njak Arif）「閱讀」。馬穆德為蘇丹後裔，過去一直與烏勒巴朗利益保持距離。

要亞齊支持。共和國政府非但沒有代亞齊決策,還不得不接受「社會革命」,讓自己的代理人淪為犧牲品。它還明智地選派一名律師——只因為這名律師是亞齊人——擔任駐棉蘭的蘇門答臘總督。亞齊最有權力的人其實是甚得民心的達烏德‧比尤魯。共和國承認他的地位,在一九四七年任命他為擁有生殺大權的亞齊軍事總督。共和國中央政府在亞齊扮演的角色就是將亞齊人的動亂合法化,為反抗荷蘭人的運動提供說詞與來自國際社會的支持。

頗具反諷意味的是,最能說明這種亞齊歷史性鬥爭與新印尼共和國之間認同的人,是亞齊獨立的末世先知哈桑‧莫哈麥德‧提洛(Hasan Mohammad Tiro)。哈桑於一九二五年生在皮迪的拉米洛(Lammeulo),是提安古‧斯耶‧沙曼‧迪提洛的曾外孫。[**]他曾就讀提安古‧達烏德‧比尤魯的伊斯蘭學校,以及 PUSA 在美倫(Bireuen)創辦的師範學院。他後來說,在他唸小學的時候,一天一位老人找上他,對他說「永遠不要忘了你的傳承,效法你的祖先,做好準備帶導我們的民族和我們的國家再次偉大」。[27]毫無疑問,早在年輕時代的他,對於亞齊抵抗運動,以及將這項運動與時事議題掛鉤的需要,已經有了不同凡響的認知。已故的伊沙‧蘇雷曼(Isa Sulaiman)相信,前文提到的那篇十月十五日的宣言,以及其他與迪提洛有關的共和國鬥爭聲明,都出自他的手筆。

就在拉米洛青年運動與當地烏里瑪準備攤牌之際,哈桑成為青年運動主席。他日後為這場鬥爭撰寫亞齊官方報告,向共和國當局陳述

** 作者注:哈桑‧提洛的年齡問題有些爭議。據他本人在他的〈自由的代價〉(*The Price of Freedom*)聲明中說,他在一九七六年十二月四日宣布亞齊獨立那天,正好是他四十歲生日。但他的親密戰友們都說他生於一九二五年,我採用一九二五年這個說法。但伊沙‧蘇雷曼(2006:126)認為,他的生日在一九二三年。

它的法統。[28] 他是第一批前往日惹（Yogyakarta）新成立的伊斯蘭大學（Islamic University）繼續深造的亞齊青年之一。他在這段期間寫成他的第一部歷史作品，詳細說明一種概念：「就像在過去一樣，今天的亞齊也是印度尼西亞共和國不可分割的一部分。它的歷史也是印尼歷史不可分割的一部分，而我們的標語就是一個民族、一個語言、一個祖國。」歷史學者，包括他自己，有責任重寫每一個地區的歷史，「塑造一個印尼民族的歷史，以鼓吹這種印尼團結。」[29] 他在這本書中，引用了詹格拉夫與杜克魯（du Croo）有關亞齊戰爭後期的荷蘭史著作。在這些流行著作中，荷蘭人一方面歌頌他們自己的英雄事蹟，也終於承認提洛等亞齊戰士的英勇。

哈桑‧提洛很有資格向共和國領導層表達他對亞齊的過去與今天的觀點。當共和國副總理沙弗魯丁‧普拉維拉內加拉（Sjafruddin Prawinegara）於一九四八年八月遷往亞齊首都，以確保一旦談判不成、共和國還有一處安全基地時，哈桑‧提洛隨行擔任他的助理。普拉維拉內加拉能在烏勒巴朗囚犯與亞齊自治問題上同情 PUSA 的觀點，哈桑‧提洛的努力是一大原因。普拉維拉內加拉在一九四九年十二月十七日下令，賦予亞齊一種共和國自治省的地位，改變了過去文件中將蘇門答臘一分為三的規定。戰事結束後，哈桑‧提洛在普拉維拉內加拉的協助下前往紐約深造，並且在印尼聯合國代表處工作。[30]

哈桑‧提洛強調，亞齊的抵抗外國勢力鬥爭史是新印尼民族史的一部分，這個觀點獲得許多人熱烈響應。每一個讀過荷蘭教材的印尼學童，都知道提尤古‧烏瑪（Teuku Umar）與提安古‧齊克‧迪提洛（Teungku Chik di Tiro）是叛軍的兩大領導者，叛軍的挫敗昭示荷蘭殖民整個群島計劃的完成。也因此，兩人在印尼早期的教材中占有重要地位。一九五九年，當蘇卡諾的「指導民主」政權開始冊封「民

族英雄」作為國人學習榜樣時，烏瑪、迪提洛等亞齊戰士也名列英雄榜上。[31] 亞齊在一九四六至一九四九年間孤軍奮戰，讓荷蘭無法再次征服的勝利戰果，也使亞齊成為印尼革命的典範。

當蘇卡諾在一九五八到一九六五年間成為矚目焦點時，他的革命與反殖民論點也特別強調亞齊。在一九六六年取代蘇卡諾的蘇哈托軍事政權不再需要革命辭藻，但仍然認定反荷蘭鬥爭是印尼歷史的主軸。這場鬥爭不僅為印尼帶來現成的團結主題，還使「印尼國民軍」（Indonesian National Army，TNI）成為抗荷鬥士的合法繼承人，確認了軍方的中心角色。諾托・蘇桑托（Nugroho Notosusanto）博士成為蘇哈托政權首席軍史學者，自一九六四年起負責研擬一套前後一貫的歷史教材，建立一系列博物館與紀念碑，以確保武裝鬥爭成為國族歷史的中心主題。自一九八三年起擔任教育部長之後，蘇桑托推出新的必修課「民族奮鬥史」，將這些觀點深深植入每一所學校。[32] 對於那一代在這種教育方式下成長的印尼人來說，亞齊不僅僅只是印尼的一部分那麼單純，它是完美的典範，是印尼史上軍事抵抗的唯一聖地。

哈桑・提洛的事跡證明，我們同樣可以將亞齊的軍事鬥爭視為一場置身荷蘭／印尼之外的鬥爭。但就另一種更深層的意義而言，亞齊在印尼認同與歷史的任何建構中都據有真正核心地位。對大多數穆斯林來說，亞齊是伊斯蘭在群島的第一座堡壘，是許多馬來文伊斯蘭學術古典作品的泉源。事實上，馬來文學的古典時代主要屬於十六與十七世紀的亞齊。亞齊是印尼唯一一個兩所主要大學都以知識分子（不是軍事英雄）之名命名的省分——亞齊有一所著名的公立大學，名叫斯雅・克烏拉（Syiah Kuala，阿布杜拉夫・阿辛基里〔Abdurra'uf as-Singkili〕的俗名）；還有一所以諾魯丁・阿拉尼里（Nuruddin ar-Raniri）命名的伊斯蘭大學（指阿加瑪伊斯蘭教研究所，IAIN）。這

種核心地位在亞齊史的建構過程中或許著墨不多，但在印尼語言中始終據有重要地位——而對亞齊人來說，無論讀、寫，使用得最流利的不是自己的亞齊語，而是印尼語。

　　亞齊在完全沒有傳統精英的情況下進入印尼，也有關鍵性意義。港口—首都的蘇丹，還有沿岸地區那群人稱「烏勒巴朗」的地方領主，都曾扮演與外部世界打交道的角色。其中許多人極具國際觀，比當年大多數印尼人更熟悉多元環境。穆罕默德・沙（Muhammad Shah，1781-1795年在位）年輕時曾在法蘭西島（Ile de France，今模里西斯）的一處法國船塢學習槍砲鑄造，能說法語、葡萄牙語與阿拉伯語；他的兒子賈哈・奧—阿拉（Jauhar al-Alam）蘇丹聘用歐洲人擔任他的軍事指揮官與政治顧問，也能說一口流利英語。一八六〇與一八七〇年代在亞齊東部做胡椒買賣的那些統治階級，都在英屬檳城置有龐大資產，成為亞齊了解世界的窗口。在荷蘭統治期間，蘇丹統治走入歷史，但荷蘭人特別培植烏勒巴朗階層，讓他們接受現代教育，要他們在相當程度上疏離他們的人民。像之前那些統治階級一樣，他們與外國與異教徒的妥協，往往使他們深遭民眾唾棄，造成民眾濃厚的「國恥恨」情緒。由於革命期間，烏勒巴朗階層遭權力結構完全剷除，加以一九四〇年代兩極化環境造成的民怨，這意味著印尼各省中，只有亞齊缺乏受過荷蘭訓練、習慣與西方世界調解的精英。統治亞齊的，是伊斯蘭教育出身、不熟悉西方事務的精英，他們獲得亞齊民眾的愛戴，但在文化上他們與獨立後的雅加達權貴們非常疏遠。

亞齊的獨特命運——達烏德・比尤魯與哈桑・提洛

　　印尼—荷蘭衝突的結束，以及雅加達政府自一九五〇年起獲得全

球承認的事實，立即將亞齊的地位從共和國的堡壘轉變成動盪多事的邊陲。在印尼諸省中，只有亞齊能不靠中央政府的外交，或政府軍的游擊戰支援而生存。政府軍的勝利，意味亞齊短暫的有效獨立劃下句點。一九五一年一月，亞齊被併入印尼共和國的省級結構，成為北蘇門答臘省的一部分，省會為棉蘭。自一九四五年起一直在北蘇門答臘服役的亞齊士兵被調往其他地區，而由外地士兵進駐。為了將貿易活動集中在棉蘭的烏拉灣（Belawan）港，在革命期間與半島地區一度興旺的以物易物交易，現在被查禁了。達烏德・比尤魯與他任命的大多數同情 PUSA 的官員，都被受過西方教育的官員取代，其中許多人或與烏勒巴朗有淵源，或者不是亞齊人。

一九五三年九月，在經過幾個月的準備以後，達烏德・比尤魯譴責雅加達政府，宣布亞齊是叛亂的印尼伊斯蘭國（Indonesian Islamic State，NII）的一部分。印尼伊斯蘭國是加多威（Kartosuwirjo）於一九四九年在西爪哇宣布成立的組織。像加多威一樣，達烏德・比尤魯也發現今天的印尼不再需要他的協助，而他的思考也與現在主政印尼、那些受過西方教育的精英格格不入。受過古蘭經訓練的他，只能以伊斯蘭的說法辯解自己何以改變對共和國的態度，但明眼人不難看出他對亞齊歷史鬥爭遭到背叛的憤怒。

現在的印尼共和國政府已經不是我們在一九四五年為之奮戰的那個政府……今天的它，其實是一個披著民族主義外衣、像極了共產主義的印度政府（Hindu Government）。它顯然反伊斯蘭、反上帝，而且大體上被荷蘭的走狗們操控……他們將印尼穆斯林、特別是亞齊人視為敵人，因為亞齊人保衛印尼土地，不讓荷蘭政府殖民。[33]

最讓人動容的，是達烏德・比尤魯談到對印尼政府希望幻滅的一段聲明：

> 我們曾經衷心期待共和國，將它視為一座能幫我們實現我們一直以來懷抱的初衷的黃金橋樑。但現在我們認為，這座橋樑不再是一種聯繫：它已經成為一個障礙。[34]

雅加達出兵猛烈反擊，不出兩個月就占領幾處重要城市，將亞齊叛軍規模削減成鄉間游擊戰。叛軍雖擁有足夠支持，可以動員數以千計的兵力攻擊政府軍事據點，但由於缺乏重裝備，又不是專業軍人，傷亡很慘重。在東帝汶事件與蘇哈托垮台之後，印尼軍鎮壓亞齊的殘暴手段公諸於世，但事實上，印尼軍早在一開始就以軍餉低、紀律差著稱，加上百姓一般而言同情叛軍，印尼軍的行徑也更加殘暴。在這不對等的初階段戰事結束後，亞齊的鬥爭轉為游擊戰。

為了辯解改變立場、反對一個不久以前還全力支持的政府，亞齊當局不得不以宗教理由為訴求。但在這場初階段戰事結束後，「族裔主義」逐漸成為反抗鬥爭的主要訴求。到一九五五年，達烏德・比尤魯已經明白表示，無論中央政府的伊斯蘭色彩如何，他要將亞齊打造成一個聯邦國。亞齊鬥爭的辭藻也越來越傾向民族主義，開始強調亞齊人是「保衛伊斯蘭教與伊斯蘭人民的亞齊英雄與烈士的後裔……讓我們一起保衛這個阿拉的宗教與這片亞齊的土地」。[35] 一九五五年的這篇宣言任命達烏德・比尤魯為「國家元首」（Wali Negara），哈桑・阿里（Hasan Ali）為總理。愛德華・阿斯平諾（Edward Aspinall）在支持這場叛亂的論述中，覺察到「一種真正的民族主義情緒」。[36] 這些支持叛軍的論述已經將印尼軍比擬為荷蘭殖民者，之後的「亞齊獨

立運動」（Aceh Independence Movement，GAM）發言人也一再用這個名詞指稱印尼軍。

雅加達想透過談判方式作一連串讓步，以緩和亞齊人的恨意，於是重建亞齊省，而且任命著名蘇卡諾派烏里瑪阿里‧哈斯吉米（Ali Hasjmy）為省長。雅加達透過一九五九年的一項協議，有效分裂了亞齊叛亂當局。根據這項協議，共和國政府願意作出讓步，保證視亞齊為「特區」，讓亞齊在宗教、風俗、傳統與教育事務上享有自治權。荷蘭人當年在班達亞齊沿岸一個島上開發的深水港沙璜（Sabang），於一九六〇年宣布為自由港。一所省立大學也在班達亞齊創辦，即斯雅‧克烏拉大學。在哈桑‧提洛的支持下，達烏德‧比尤魯繼續堅持印尼至少必須讓亞齊成為一個聯邦國，但他的許多支持者現在接受政府這些程度上略遜一籌的讓步。眼見獨立運動分裂得如此嚴重，達烏德‧比尤魯於一九六二年宣布下野，承認這場鬥爭已成過去。[37]

但事情很快明朗，印尼對亞齊的軍事管控並不因所謂「特區」而稍有節制。一九六五至一九六六年間取代了蘇卡諾的蘇哈托政權，在對左派的大屠殺中，軍隊也自我塑造成為守護印尼中央集權的鋼骨。亞齊的動盪為軍事介入帶來更多藉口，作為「特區」的亞齊享有的自治實際上比其他省分更少，軍方各式各樣的巧取豪奪在這裡比在其他省分更加肆無忌憚。由於欠缺岸基的基礎設施，沙璜自由港開發案徹底失敗，於一九八五年關閉，轉而開發巴淡（Batam）。成效較佳的大學建校案培養了一批經濟專家，在一九六五年之後，這批專家成為軍方的技術官僚夥伴，為亞齊帶來一些發展。[38]

一九六五至一九六六年間，穆斯林青年學生與軍方合夥，摧毀亞齊境內原本是雅加達主要支持者的左派政黨。在這場恐怖動亂結束後，亞齊享有了一個世紀以來最長的相對和平時期。基礎設施修復

了，礦資源的探勘在洛克西馬威（Lhokseumawe）附近的阿倫（Arun）發現天然氣。美孚石油（Mobil Oil）在一九七三年簽約開採這些資源，亞齊因此在一九八〇年代成為印尼最大的外匯賺取來源。從一九六八年起，省長辦公室裡那些實用派亞齊經濟專家的政策，不是謀求更大自治，而是將亞齊在更大程度上，整合進入蓬勃發展的印尼經濟。隨著印尼整體經濟發展，亞齊人生活水準也提高了，但與天然氣田流出的財富不成比例。[39]

就像一九二〇與一九三〇年代的相對和平一樣，一九七〇與一九八〇年代的相對和平也基於一個負面因素與一個正面因素。這個負面因素是老一代人的失敗經驗，而這個正面因素是教育與開發為年輕一代人帶來的希望。但無論是正面或是負面因素，其間平衡都相當脆弱，都得仰仗外來因素。希望重振抵抗運動的人，逐漸將他們的指望從垂垂老矣的達烏德・比尤魯（他在承認失敗時已經六十三歲）轉移到他的門徒哈桑・提洛身上。提洛一直透過他的哥哥柴納・阿比丁（Zainal Abidin）保持與比尤魯的聯絡。阿比丁是一九五三年革命的主要人物。他以紐約為根據地，公開支持亞齊叛軍，要求雅加達停止對叛軍的「種族滅絕」。在印尼撤銷他的護照以後，阿比丁繼續留在美國，還在當地一些反共友人支持下投入國際商務，發了一筆小財。在他的前贊助人、共和國副總理沙弗魯丁・普拉維拉內加拉領導的「印尼共和國革命政府」（PRRI）一九五八至一九五九年叛變期間，他在比尤魯的叛軍、革命政府以及美國與南越境內願意為反共大業提供秘密援助的同情者之間扮演一種調解角色。可能在美國中央情報局支持下，阿比丁於一九五八年在海外用印尼文發表一篇論文，主張印尼應採取聯邦與民主政體，並為亞齊提供必要自治。[40] 他在一九五九年由紐約秘密返回印尼參加有關和談的辯論時，也提出同樣主張。像

比尤魯一樣，阿比丁也要求印尼給予亞齊全面自治，說這是許多印尼境內與海外人士的共同願望。[41]

在打輸這場戰役後，提洛在之後十年放下干戈，知道屢遭敗績的亞齊人已經無心戀戰。他無疑也很清楚有關阿倫油氣田的交易，並且可能希望在交易中能扮演一些角色。不過印尼伊斯蘭國資深人士繼續討論著重啟鬥爭的適當時機與條件。在一九四五年，提洛本著對歷史的執著而支持印尼的反帝國主義，現在他憑著同樣這股執著，轉而支持亞齊族裔主義。他說，曾於一九七三年在紐約發表演說，慶祝亞齊在一八七三年擊敗荷蘭第一次遠征行動的百年紀念。他說，「我的這篇演說……目的是要像號角一樣，喚醒亞齊人，要他們再次奮起，榮耀他們死難的英雄，讓他們再一次躋身世界自由主權民族之林。」[42]一九七四年，提洛獲得許可以準商人的身分，在新加坡的印尼伊斯蘭國支持者馬里克・馬穆德（Malik Mahmud）的陪伴下重訪亞齊。這次訪問讓他下定決心，要在更明確的亞齊獨立的基礎上重啟這項鬥爭。在印尼伊斯蘭國看來，一九五九年的努力換來的空洞成果這時已經很明顯。[43]

這群年輕訪客在一九七〇年代會見的人中，自然包括老邁的達烏德・比尤魯，據說比尤魯在這時將抵抗運動領導全交給哈桑・提洛，[44]兩人都同意「獨立」現在是主張繼續抵抗的人討論的唯一選項。一九七六年十月，哈桑・提洛認為，實踐他的「命運」的時刻已至。他祕密返回亞齊，發動獨立運動。不過他給人的感覺，主要像是亞齊知識分子以歷史為名來號召行動，而不像是要推動什麼游擊戰略。但久經戰陣的印尼伊斯蘭國老兵團結在他麾下，重新展開游擊運動。一九七六年十二月四日，哈桑・提洛在叢林裡一處空地發表一篇強調歷史主張的聲明，宣布亞齊獨立。

我們的祖國，蘇門答臘的亞齊，自開天闢地以來就一直是個自由而且主權獨立的國家……但在第二次世界大戰之後，荷蘭東印度理當消滅……我們的祖國亞齊，卻沒有還給我們，經由殖民強權匆匆頒布的命令，我們的祖國被荷蘭人交給過去替他們當傭兵的爪哇人。對我們亞齊蘇門答臘人來說，爪哇人是異族……「印尼」是一場騙局：是用來掩飾爪哇殖民主義的幌子。[45]

　　除了強調「千年歷史的（亞齊）旗幟」以外，提洛還頒布新曆法，訂定每年十個假日提醒亞齊人緬懷他們的歷史英雄。[46] 提洛在這篇叢林聲明中說，最重要的議題不是武器，而「是民族認同危機，是亞齊歷史研究問題……我們的真正歷史遭到顛覆。當一個民族忘記他們的歷史時，那……就像一個人失去他的記憶一樣」。[47] 這場獨立運動在一開始，軍情就不樂觀。提洛的副手說，提洛每天就在叢林裡以一八七三到一九七六年的亞齊鬥爭史為主題，用英文寫一齣劇本，搭配巴洛克風歐洲音樂。[48] 不出幾個月，獨立鬥爭的游擊活動敗象顯露，迫使提洛帶著他的主要部屬撤離亞齊。但無論如何，反抗運動的旗幟已經再次高舉，這一次的目標是獨立。

　　當提洛與穆阿瑪‧格達費（Muammar Ghaddafi）達成協議，由利比亞協助訓練游擊隊時，好幾百名亞齊青年迅速由亞齊啟程，前往利比亞。從一九八六到一九八九年間，約有兩百五十名亞齊青年接受了這種訓練，成為日後亞齊獨立運動（GAM）部隊的骨幹。面對這支比較有效的游擊武力，印尼在一九八九年宣布亞齊為軍事作業區（DOM），展開殘酷的軍事報復行動。在之後兩年的血腥鎮壓中，據信有約兩千名亞齊人遇害。兩年過後，印尼軍方又一次感覺它已經

占得上風。但儘管如此，軍方繼續在亞齊運用暴力鎮壓手段，直到蘇哈托於一九九八年垮台。[49]

亞齊族裔主義根深蒂固，主要根據一種在印尼絕無僅有的國家記憶，與抵抗外侮、遭外人侵害的、特別強烈的「國恥恨」個人記憶。許多這類因素也是第四章討論的印尼民族主義的導因。就像在其他領域一樣，中央化的國家教育系統在這裡也取得若干成功，將亞齊人改造成印尼人，亞齊獨立運動激進分子因此焚燒學校，視學校為獨立運動大敵。[50] 蘇哈托治下的印尼開發政策，為若干都市精英帶來正面成果，但一直沒能帶動亞齊人大舉移入印尼大城、找尋好工作（與下一章討論的巴塔克人不同）。亞齊本身——沒有大城市、不能吸引外來移民、氣候條件也很嚴苛，讓非亞齊人難以忍受——同質性仍然高，與殖民前人文薈萃的狀況大不相同。那些老一代、有國際觀的精英在若干程度上被技術官僚取代，但這些技術官僚身為動盪省分的領導人，也免不了「法統欠缺症」（legitimacy deficit）之苦。[51]

民主化與衝突

直到蘇哈托一九九八年垮台，面對要求民主的廣大民眾，相互角逐的各種民族主義的實力才遭到真正考驗。印尼過去唯一的自由選舉經驗，是一九五五年在亞齊動盪的氛圍中舉行的全國性選舉，以及之後在最不受族裔分離主義干擾的爪哇的區域性選舉。在這些選舉舉行時，印尼共和國的反帝國民族主義正高奏凱歌，特定族裔或區域性情緒表達都被貼上叛亂標籤。甚至在亞齊境內，在結合對印尼伊斯蘭國叛軍的實質鎮壓之後，這種反帝國民族主義情緒也甚囂塵上，讓任何其他特定族裔或區域性政黨無法發揮。唯一在這段期間取得相當斬獲

的政黨是華裔印尼人的國籍協商會（Baperki），與加里曼丹的人民聯合黨（United Dayak Party，PPD）。[52]

　　無論怎麼說，這些選舉突顯了隨著獨立而來的沮喪，一九五八年「印尼共和國革命政府」（PRRI）的叛亂對爪哇以外許多地區的影響就是明證。印尼當局雖曾採取一連串軍事行動鎮壓這些不滿，但從未設法解決問題。一九六五到一九六六年的大屠殺，揭開蘇哈托政權中央集權統治的序幕——在這種統治下，質疑軍事統治意識型態極可能惹禍上身。再者，根據新秩序（New Order）選舉極端苛刻的條件，只有三個政黨可以角逐，它們提出的民族主義綱領幾乎沒有不同。在特別仇視族裔、宗教或區域性政治活動的官方氛圍下，就連國籍協商會與人民聯合黨取得的成果也遭到逆轉。只有在婚禮華服、文化舞蹈表演等某些必要的文化禮俗，與特別是屋頂形式等建築傳統上，族裔情緒才獲准表達。亞齊人在一九七二與一九八八年舉行亞齊文化節，還在一九八〇年代以省立博物館為開端，在政府建築物上修建亞齊式屋頂，表達族裔情緒。

　　與過去相比，蘇哈托在一九九八年五月垮台後，在全國層面展開的開放式民主經驗是一項重大改變。在蘇哈托的接班人，前副總統哈比比（1998-1999 年）治下，新聞管制解禁、人權機構加強了、國會自由選舉於一九九九年舉行、東帝汶也因獲許進行公民投票而與印尼分離。從選後暗盤交易中脫穎而出的總統阿布杜拉赫曼·瓦希德（Abdurrahman Wahid，1999-2001 年在任），原是印尼最著名的民主與人權鬥士。他設法剷除軍隊在政界扮演的核心角色，結果好壞參半。瓦希德隨後遭到國會罷黜，由副總統梅佳瓦蒂·蘇卡諾普里（Megawati Sukarnoputri，2001-2003 年在任）繼任。在蘇卡諾普里主持下，印尼於二〇〇三年舉行極其和平的國會與總統直選。

在這次直選中高票勝出的蘇西洛・班邦・尤多約諾（Susilo Bambang Yudhoyono），隨後在國會贏得過半數支持，在他的第一任總統任期（2003-2009年）成功完成了一次民主轉型。

　　這類轉型一般都會攪亂族裔平衡，引發政治社群的性質與疆界等深奧的問題。就像一八四八年與一九一七到一九一八年間的歐洲一樣，亞洲的民主化也帶來疆界重劃與新國家建立的結果。在一九七四與一九九七年間加入聯合國的四十七個新國家中，有二十六國是在民主化進程展開三年內，從原來的國家分出來的新國家。由於印尼原有的是一種集權系統，不是蘇聯與南斯拉夫那種聯邦系統，轉型帶來的動盪未必遵循既定內部疆界模式。族裔、宗教與區域性緊張重疊，新疆界的劃定很難達成協議。在南亞走向全面民主獨立的轉型過程中，數以十萬計的人因新的宗教社群疆界分割而淪為犧牲品，它帶來一項預警：亞洲的轉型不比歐洲的簡單。東帝汶脫離印尼是這個民主狂潮初階段的唯一成果，但這是一項血淚艱辛換來的成果，而且若不是聯合國干預，它會更加艱辛、血腥。

　　以印尼整體而言，民主化進程的最初三到四年充斥著暴力與兇殺事件。其中以東部的馬魯古群島最為血腥，一九九九到二〇〇〇年穆斯林與基督徒之間的主要戰鬥，約有五千人死亡。穆斯林與基督徒村落交織錯綜，要進行分割根本不可能。但民主化無疑強調了焦慮感，讓人們一方面害怕既有妥協將因新選舉系統而顛覆，害怕當選的在地多數派沒有中央指派的「中立」當局那麼包容，一方面又對選舉結果充滿希望。[53]甚至早在蘇哈托垮台以前，隨著軍隊—官僚共識的解體，這種希望與恐懼已經在加里曼丹引發暴力。在加里曼丹，因去森林化與內陸移民湧入而逐漸遭到邊緣化的土著達雅人，發現他們可以用暴力扭轉這種邊緣化頹勢。達雅人於是先後在一九九六至一九九七年間

與一九九九年，對移入加里曼丹的馬都拉（Madurese）穆斯林發動血腥攻擊。在一九九八年蘇哈托垮台時，達雅人發動又一起反華暴力事件（見第三章）。在一九九七與二〇〇一年間，總計有約一萬名印尼人在族裔與宗教暴力事件中遇害。

在亞齊，這場看來有無限可能性的民主化進程同樣讓人又愁又喜。對報紙的檢查在一九九八年解除，直到總統的各級政治領導人譴責蘇哈托統治期間軍方的暴行。在無數推動人權與民主的非政府組織領導下，亞齊人開始壯起膽子，對軍人發動口頭甚至是身體攻擊。在一九九九年八月東帝汶公民投票前那段時間，以類似手段解決亞齊問題的壓力也不斷升高。一九九九年二月，學生運動「亞齊公民投票新聞中心」（SIRA）成立，鼓吹亞齊獨立公民投票。同年九月，自稱「亞齊（傳統）宗教學校聯合會」（HUDA）的重要烏里瑪組織倒向SIRA，譴責軍方犯下的謀殺與其他破壞人權罪行，呼籲舉行亞齊獨立公民投票。在HUDA的援助下，獲得亞齊獨立運動（GAM）祕密支持的SIRA，於一九九九年十一月八日在班達亞齊舉行了一次幾十萬人赴會的群眾大會。面對如此浩大聲勢，地方宗教與政治領導人認為他們必須支持這項公民投票。

從這一刻起，亞齊獨立運動開始看起來像是一個蓄勢待發即將成立的政府。它的軍事指揮官直到此刻一直是通緝犯、藏身山區的提安古·阿布杜拉·斯雅費（Teungku Abdullah Syafiie），開始定期出現在地方報紙首頁。儘管亞齊獨立運動游擊隊只在半數亞齊地區（主要沿北海岸）活動，更加廣大的地區的種植場、商店與辦公室，甚至包括位於省會的一些政府辦公室，都向它捐款。在亞齊境內的幾千個村落中，許多村落會將每年得到的中央政府開發資金一千萬盾（rupiah）的百分之二十付給亞齊獨立運動。[54]

但印尼軍繼續採取行動，報復它認定的敵人，包括焚燒印尼軍士兵遭到攻擊的村落。儘管各方都宣稱不會再有暴力鎮壓，但在一九九八年八月軍事緊急狀況結束後的十七個月內，仍有五百三十四人在亞齊被殺，其中八十七人是軍隊和警察。[55]

二〇〇〇年，甚至在與亞齊獨立運動的謀和談判已經展開的情況下，殺戮頻率仍然倍增。這段期間的暴力往往匿名，過去一般認為不會淪為犧牲品的權貴名流現在人人自危。國會議員、政黨領袖、駐紐約的活躍分子賈法・西迪格・哈姆薩（Jafar Siddiq Hamzah）等著名非政府組織人士以及兩所重要國立大學的校長或遭綁架，或遭冷血屠殺。二〇〇一年一月，就在亞齊省長邀請游擊隊司令斯雅費舉行和談之後，印尼國民軍突襲亞齊獨立運動總部，殺了斯雅費。雙方都有眾多相互衝突的政策，軍方一般比較喜歡以不會導致檢控的秘密暴力行動達成目標。[56]

在暴力不斷升溫的同時，多項政治運作也同時進行，其中包括解決亞齊爭議的立法手段，以及結束戰端的談判。在這兩方面，阿布杜拉赫曼・瓦希德政府的作法雖說有些雜亂，但都頗具創意。瓦希德響應日內瓦亨利・杜南中心（Henry Dunant Centre）的謀和倡議，促成哈桑・提洛的亞齊獨立運動領導層、瑞典的馬里克・馬穆德以及瓦希德政府在五月十二日達成的第一次協議。他們同意戰鬥「人道暫停」，自二〇〇〇年六月二日起生效。這項協議雖說實際上沒能制止殺戮，但它組織各種由獨立運動與印尼共和國聯合組成的監督委員會，由外國調停人擔任召集人，建立一項早先幾屆印尼政府因標榜國家主義都辦不到的重要先例。儘管遭遇許多挫折，雙方於二〇〇二年簽署《敵意停止協定》（*Cessation of Hostilities Agreement*，COHA），終於扼止了暴力。東南亞國家協會（Association of Southeast Asian

Nations，ASEAN）的兩個會員國——菲律賓與泰國——派軍加入獨立運動與印尼國民軍的停火監督組，調查雙方犯下的破壞和平事件（見圖 5-1）。[57]

印尼國會於一九九九年七月通過亞齊自治法，展開了在印尼架構內達成自治協議的嘗試。這項嘗試在亞齊到處碰壁，因為亞齊人認為印尼此舉不過意圖重建一九五九年的亞齊特區而已。在瓦希德政府治下，雙方經協議，於二〇〇一年七月達成 NAD 法案。稱為 NAD 的原因是它將亞齊省重新定名為 Nanggroe Aceh Darussalam（NAD），

圖 5-1　二〇〇二年亞齊政府標語，慶祝印尼共和國（Indonesian Republic，RI）與「亞齊獨立運動」（GAM）之間敵對狀態的結束

198

使用比較含糊的亞齊名詞「Nanggroe」（行政區），而沒有使用印尼名詞「negeri」（城市、公國或社區）或「negara」（主權國）。由於法案將七成的石油與天然氣收益讓給亞齊，為期八年，之後將比例降至五成，條件相當豐厚，許多亞齊政界人士支持這項法案。但在二〇〇三年重建軍事統治以前，它幾乎完全沒有有效實施。[58]

梅嘉娃蒂（Megawati）帶著承襲自父親蘇卡諾的一套國家主義主張，在軍方大力的擁戴下，於二〇〇一年七月主政。她繼續前任總統的作法，與亞齊談判、推動亞齊自治，不過她這麼做的原因固然是力量過於薄弱，不這麼做不行；也因為她的安全部部長、前將領蘇西洛・班邦・尤多約諾在對亞齊政策上扮演的重要角色。尤多約諾（人們通常以其名 SBY 縮寫稱呼他）很清楚印尼軍方的軟肋，也知道要求解決這場宿怨的國際壓力很大。他似乎也曾努力維護敵意停止協定，但最後在軍方鷹派的壓力下終告不支。[59]在與印尼國民軍有淵源的民兵趕走停火監督組、阻礙和平進程之後，雅加達決定採取軍事解決辦法。二〇〇三年五月十九日，印尼宣布戒嚴，國民軍進駐亞齊城，空降部隊跳傘降落機場，在媒體攝影機前演出一場伊拉克戰爭式的「入侵」。在接下來兩年間，四萬到六萬名軍警部隊進駐亞齊，創下亞齊一百三十年間歇軍事占領史上最大規模的兵力進駐。所有參與和平進程的獨立運動談判代表全數被捕，許多非政府組織活躍分子與謀和人士也在劫難逃，地方報界遭到嚴控，當局還對獨立運動游擊隊展開自一九九〇年以來最凶狠的軍事行動。[60]原本鼓勵和談的美國，由於自己入侵伊拉克，不便要求一個穆斯林國家自制。

二〇〇四年十二月二十六日，亞齊遭到最毀滅性的海嘯與現代史上最嚴重的地震侵襲（見圖 5-2）。在這時，印尼國民軍已經把獨立運動的實力削弱到一九九〇年以來只能打游擊戰的水準，但由於公民

圖 5-2　二〇〇四年十二月，海嘯造成的殘骸堆滿亞齊首都大清真寺四周，大清真寺卻奇
　　　　蹟的安然無恙

社會覺醒，它面對的壓力比過去大得多。所幸與之前幾位總統相形之
下，尤多約諾總統在民意支持下，權勢也比過去強得多。他採取有效
應變措施，讓美國、澳洲、新加坡、馬來西亞與其他國家的軍隊迅速
運補救災物資，並且表示願意與位於瑞典境內的亞齊獨立運動領導層
重開談判。在大規模國際救援作業結束後，他授權部長級談判與實質
性讓步。雙方都了解，在發生這樣一場前所未有的人道悲劇，以及同
樣前所未有的國際反應之後，他們得以用全新的思維重新構築亞齊和
平。在總部設在赫爾辛基的「危機管理倡議」（Crisis Management
Initiative）組織調停下，雙方於二〇〇五年七月達成和平協議，隨即
於八月十五日簽字生效。

與一九四五年以來不斷強調統一的印尼國家主義相形之下，這項和平協議是個大逆轉。它給予亞齊除了國防、外交事務、金融與財政、司法與宗教自由以外「一切公共事務領域的權限」。亞齊可以有自己的旗幟，自己的徽章與歌，可以有一位像當年亞齊獨立運動領袖哈桑・提洛擔任的「wali nanggroe」名譽國家元首。在經濟上，亞齊可以籌措自己的外債與國際投資，可以管理自己的港口與機場，可以享有百分之七十來自石油與天然氣「以及其他天然資源」的營收。亞齊獨立運動願意接受亞齊在印尼之內的地位，印尼為有所回報，要為獨立運動的戰士提供土地或養老金，並且准許他們參與地區官員選舉。根據一九五九年的命令，只有全國性政黨才能參與印尼選舉，而二〇〇五年和平協議針對這項命令定了例外，讓獨立運動成員第一次有機會創建或支持一個專屬亞齊的政黨。

　　由於必須經由印尼國會的頒布才能成為法律，這些慷慨的讓步有一部分遭到稀釋。不過亞齊於二〇〇六年十一月舉行省長與副省長選舉，較預定計劃僅僅推遲六個月。令關注這次選舉有關的媒體報導的人稱奇的是，與亞齊獨立運動走得最近的兩個團隊在這次選舉脫穎而出。在一次競選大會中提出的一首亞齊史詩，頗能掌握亞齊族裔主義精神：

　　　不管怎麼說，這是一個永遠支持我們民族的領導團隊。
　　　不要讓我們民族遭受壓迫，就算我們因此必須生活在叢林裡也在所不惜。
　　　兄弟姊妹們，請了解我們的奮鬥還沒有結束。
　　　我們還沒有達成我們的命運；我們不能半途而廢。[61]

前亞齊獨立運動政治談判代表與政治犯——伊爾旺迪·尤蘇夫（Irwandi Yusuf），贏得相當驚人的多數選票，於二○○七年二月就職。

亞齊的族裔主義——因緬懷故國與抵禦外族入侵的強有力記憶而源遠流長——就這樣與印尼國家主義，這個以反帝國主義詞藻為基礎打造的後革命中央集權主義——達成妥協。誠如麥克·基亭（Michael Keating）所說，當社群以不同的民族期待及經歷聚在一起時，提供有關國家的不同主張，是最能與正義及民主共容的策略。[62] 與大多數印尼人相比，亞齊有著非常不同的國家記憶與民族主義傳統，它與印尼國家主義有著明確的連結，但又能保持自身的獨特性。

儘管亞齊省境內沒有大型城市與教育中心，生活條件也很艱苦，然而生活在亞齊境外的亞齊人人數，與境內亞齊人人數相比始終只是極少數。亞齊大學企劃管理人員認定，就像過去一樣，前往海外留學的幾百名畢業生，有百分之九十五會在海嘯災難過後返回亞齊。比起其他印尼人，亞齊人常常會突如其來地以母語交談，而不是政府與學院承認的正是印尼語，並且亞齊人對這種象徵團結的有趣作法相當樂此不疲。但亞齊語的著作幾乎付之闕如，就連獨立運動出身的現任省長，也沒有採取任何在學校推廣亞齊語的措施。亞齊人的亞齊一體意識，似乎主要基於「我們的」伊斯蘭認同（未必是外界人士的伊斯蘭認同），基於對蘇丹國歷史的自豪，基於他們為抵抗異族而付出的巨大犧牲，基於他們因受到不公待遇而對雅加達與其他印尼人的憤恨。亞齊人長久以來一直自認是一個民族，他們熱烈響應民族主義者喚醒民族團結意識的號召，但他們要的民族，不是一九二八年團結宣誓中那個印度尼西亞民族。

第六章

蘇門答臘的巴塔克人

——從無國家之人到印尼僑民

如本書第二章所說，相較於溫帶的大河系統，國家對東南亞熱帶雨林居民的直接控制相對較少。特別是對東南亞的許多高地居住者而言，「無國家」（statelessness）狀態不僅是欠缺開發或開發緩慢的負面指標，同時也是一種刻意的排斥——國家是沿海地區商貿族群的經驗，高地族群則認為這種經驗威脅到他們的生活方式，因此刻意排斥。幾世紀以來一直通稱為巴塔克人的北蘇門答臘高地居民，是我們為這一類型舉出的範例。

就像在這個地區的其他名詞，如托拉查（Toraja）、達雅（Dayak）、杜順（Dusun）、阿爾夫（Alfur）或克倫（Karen）一樣，巴塔克一詞最初可能也是沿海地區居民的用語，用來泛指沒有國家文明、沒有真正宗教信仰的高地居民。在一八七〇年以前，這些高地居民占蘇門答臘人口的絕大多數，而且本身也因語言與文化差異而分為好幾個團體。也因此，山區居民彼此之間也用部落位置、河谷、方言或家族關係相互區分。但在面對外人時，即使「巴塔克」一詞會讓人聯想到野蠻人，但由於這種聯想或許能嚇阻一些潛在入侵者，山區居民似乎都能接受巴塔克這個廣義標籤。對這些山區居民而言，歷史上的發展選項並不多：除了個別融入沿海國家以外，就得建立擁有足夠

廣度的新認同，與沿海以國家為基礎的認同分庭抗禮。本章以巴塔克為個案，說明這項認同的現代轉型過程。

　　許多世紀以來，巴塔克沒有集體認同，每一個家族、每一處河谷都有自己一套組織。他們說的方言種類龐雜，住在鄰近河谷的人還能互通聲息，再遠一些就彷彿雞同鴨講一樣，不知所云了。北部的巴塔克方言（今天的卡洛〔Karo〕及戴利〔Dairi〕與南部的巴塔克方言（今天的多峇〔Toba〕、曼代靈及昂科拉〔Angkola〕）屬於不同且相互不通的語系，而西馬隆貢（Simalungun）又是一種介於南、北之間的方言類型。與沿海國家認同最密切的巴塔克人——例如北方的亞齊人，或東方的日里人、冷吉人（Langkat）與阿薩漢人（Asahan）——在成為穆斯林後，便轉而排斥巴塔克標籤，認為巴塔克代表異教徒的過去。特別是亞齊高地地區的加約人，說的方言與卡洛人、戴利人很接近，與卡洛人以及戴利人有共同祖先，沿海港埠的鄰居也一度稱呼他們為巴塔克。但到了十七世紀，加約人皈依伊斯蘭教，遵奉亞齊蘇丹，於是排斥與巴塔克的任何關係。然而，由於人數最多的多峇人總愛強調自己是巴塔克，在民族主義當道的時代，這種作法本身就使其他族群不願自稱巴塔克。

　　長久以來憑藉著高地山區的保護，一直得以免遭瘧疾與攻擊的所有巴塔克人，在過去一個世紀間開始向外遷徙，走入較多產、不斷開發的低地區。巴塔克人在近距離接觸外界後，才發現自身在環境複雜的大城市中是少數族群。他們意識到，「族裔」（ethnicity）的現代定義本質上是屬於「城市」的——包括競爭激烈、世俗化、以及美化故鄉的現實生活。事實上，今天的「族群」代表的是一整套供人在國族及城市舞台上表演的象徵。本章將考察的便是「族群」如何現代化的發展進程。

高地歷史

　　儘管在二十世紀以前，蘇門答臘的高地人口相較於低地更為稠密，文化也更精緻，在艾立克・沃爾夫（Eric Wolf）的《歐洲與沒有歷史的人》（*Europe and the People Without History*）一書中，蘇門答臘高地仍是一項令人側目的個案。[01]艾胥司・南迪（Ashis Nandy）指出，這些人群之所以沒有歷史，主要原因是他們處於「無國家」狀態，而不是他們與世隔絕。根據南迪的觀點，當代學術界所從事的現代世俗歷史研究，其實與現代民族國家的崛起密不可分。歷史學在追蹤現代國家的血統與合法性的同時，往往在過程中也扭曲我們對過去的認識。[02]

　　對許多學界作者來說，「巴塔克歷史」本身幾乎就是一個矛盾的名詞。有關「巴塔克歷史」的學術論文不多，並且討論年代都集中於開始併入現代（殖民）國家後的十九世紀末；而且這些為數不多的論文，也沒有一篇是以英文發表的，不過丹尼爾・佩雷（Daniel Perret）以法文發表的一篇論文，對巴塔克歷史確實提供了有用、廣泛的敘述。

　　另一方面，民族主義時代的巴塔克人，用印尼文撰寫的各種通俗歷史作品，絕大多數聚焦於辛加曼賈拉加七世（Singamangaraja XII，1845-1907 年）。在巴塔克人武裝抵抗荷蘭的鬥爭，隨著辛加曼賈拉加七世戰死而落幕後，仍有一些千禧年教派持續傳承相關的歷史記憶，然而在基督教與現代性的影響下，這樣的歷史記憶最終被排擠到巴塔克意識的邊緣。不過，辛加曼賈拉加七世的一些後裔倡導的反西方（親日本）民族主義，似乎與這些教派的復甦頗有淵源。這些教派分子說服了蘇門答臘的日本軍政府首腦，在一九四四年十二月九日時

從武吉丁宜（Bukittinggi）出發，前往打鹿洞（Tarutung）的辛加曼賈拉加七世墓前舉行獻花儀式，並且慶祝「大東亞戰爭」的三周年紀念。根據《蘇門答臘民眾新聞》（*Kita Sumatora Sinbun*）一九四四年的報導，日軍首腦附和辛加曼賈拉加七世的兒子羅闍・塔里塔・辛那貝拉（Raja Tarita Sinambela）以及辛加曼賈拉加七世九十高齡的遺孀，同聲讚揚辛加曼賈拉加七世的戰鬥精神，是大東亞戰爭與印尼民族主義的精髓。此外，蘇卡諾為重振反西方革命精神，倡導所謂的「指導民主」（1959-1965 年），並且重寫地方歷史以符合當下的民族主義脈絡，這為此教派的支持者帶來更多機會，讓他們鼓吹將辛加曼賈拉加封為「民族英雄」。這項「封神」運動於一九六一年十一月大功告成，辛加曼賈拉加七世成為第一位當上印尼民族英雄的蘇門答臘人。[03]（圖 6-1）

圖 6-1　辛加曼賈拉加七世的雕像以民族英雄之姿矗立在一九六一年的棉蘭

從這以後，這位神話般的祭司王有了兩個角色：一方面是蘇卡諾與蘇哈托統治期間的民族神話與巴塔克的主要聯繫，另一方面又是多峇巴塔克在對抗外來威脅過程中的和事佬。儘管我們從正史上看不出

他的前輩祖先在這類角色上有什麼表現，但從巴塔克著作、口述傳統與歷史想像中，我們可以將辛加曼賈拉加七世的家族史推前十一代。[04] 這段家譜與國家的故事有異曲同工之妙，讓後代的巴塔克知識分子可以據此宣稱，他們的祖先與其他印尼民族一樣，也在印尼歷史上占有重要地位。[05] 第一本自稱《巴塔克史》的印尼著作發行人，在書中有以下一段表述：「在這以前，我們可以說，這世上沒有一種可以與北蘇門答臘，或者印尼各王國正史媲美的、全面而完整的《巴塔克史》。」[06]

歷史紀錄裡的「巴塔克」

由於欠缺來自古早過去的直接遺跡——包括來自內部的銘文與考古證據，與來自外界的旅者資訊——研究蘇門答臘這類高地民族的史學家面對極大的困境。就連十六世紀東南亞國家與社會史專家托梅‧皮雷斯（Tomé Pires）所留下的可靠文獻紀錄，在這個問題上也幫不了我們的忙。「蘇門答臘島上有許多異教徒國王，內陸偏遠地區還有許多領主，但是由於他們不從事商業貿易、沒有名氣，所以找不到有關他們的記載。」[07]

因此，可以說巴塔克史的研究與所有原始歷史的研究都面對相同的問題：我們應該追蹤的，是位於今天的北蘇門答臘省的某個地區，在該地區居住的六大巴塔克族裔—語言族群；還是一個叫做「巴塔克」的民族或認同的歷史。如果答案是後者，這種概念在民族覺醒時期的二十世紀之前又代表什麼意義？

以地方而論，根據目前已經取得的考古證據，在沿海港口伊斯蘭化以前，北蘇門答臘地區曾有三處重要的城區。對通往內陸高地（今

天的巴塔克區）貿易而言，這三處城區一定都是重要門戶。從年代最久遠的城區說起，它們是：

(1) 位於西海岸的巴魯斯（Barus），是樟腦與安息香的出口港，興盛於八到十三世紀之間，最近由一支法國團隊挖掘出土。[08]

(2) 位於東海岸棉蘭附近的支那城（Kota Cina），興盛於十二到十四世紀期間，一定曾在卡洛—巴塔克（Karo-Batak）的阿魯王國（kingdom of Aru）扮演重要角色。阿魯王國是十三到十六世紀期間重要的海權國家。[09]

(3) 巴東拉瓦斯（Padang Lawas）的佛寺建築群，特別是位於潘恩河（Pane）與巴魯曼河（Baruman）交會處附近、要塞化的西巴慕通（Si Pamutung）屯墾區。在這幾處遺址找到十帖銘文（其中兩個使用巴塔克文），以及與它們相關的中國瓷器與考古遺址，證明此處在十世紀與十四世紀初期之間擁有高度文明，興盛期可能於十一到十二世紀間。這幾處遺址或許與考拉（Cola）銘文（1025年）、《爪哇史頌》（1365年）以及之後記述中提到的潘恩王國（kingdom of Pane）有關。儘管潘恩王國地處今天的巴塔克區最南端，但它坐落在巴魯曼河北方兩百公里，在一條重要的東—西向貿易走廊附近，說明它是印度教與佛教思想傳到巴塔克的重要媒介。[10]

日後在這個地區的考古研究或許還會有更多新發現，但是以上三處遺址毫無疑問是過往印度、中國、爪哇與其他「國家」勢力進入巴

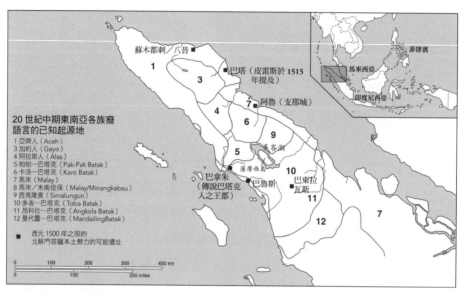

蘇門答臘北部地區圖

塔克地界的重要門戶，並且讓當地的巴塔克居民透過貿易而非戰爭的方式，理解何謂「國家」的概念。其中卡洛的支那城一直就是印度勢力進入的孔道，多峇巴塔克的巴魯斯則是另一組勢力的仲介。至於巴東拉瓦斯與南巴塔克族群的關係仍是未解之謎，想了解這些高地民族沒有走上建國之路的原因，現在正在當地進行的新挖掘工作可能是重要關鍵。

在最早的資料中，只有一件有關巴塔克的事跡因駭人聽聞而被記錄下來，那就是「食人習俗」。早在「巴塔克」或任何其他相關名詞出現以前很久，外國人已經發現蘇門答臘有食人族。古埃及的托勒密（Ptolemy）是第一人。公元前一百年，托勒密在他稱為「巴魯斯」（Barusae）的島上發現食人族，據推測巴魯斯就是蘇門答臘。在他以後，阿拉伯人、印度人與包括馬可波羅在內的歐洲人，也說島上——

包括交通比較便利的北海岸——有食人族。尼柯洛・達康提（Nicolo da Conti）在一四三〇年用「巴塔克」一詞指稱蘇門答臘的食人族，他是首位如此命名的歐洲人。[10]

「巴塔克」一詞在漢字文獻中使用的年代似乎更早，但該詞指的是一個政權而不是一個族群。宋代的趙汝适曾談到「巴塔」與三佛齊的關係，[11]而元（蒙古）的紀錄中也提到蘇門答臘旁邊的「馬大」（Ma-da）與蘇木刺都國（Samudra，即八昔），並且記載這兩個地區的王都在一二八五至一二八六年間向元廷納貢，而用當時的貿易用語閩南語發音，「馬大」就唸「巴塔」（Ba-ta）。*

十三世紀的「巴塔」，似乎一直存活到十六世紀初期——由於對抗伊斯蘭勢力，這段期間是巴塔克自我定義的第一個大分水嶺。大約在一五一五年亞齊崛起以前，皮雷斯談到在同一地區有一個大體上信奉伊斯蘭教的「巴塔」王國，還說王國境內的塔米昂─波拉克（Tamiang-Perlak）地區（後來成為亞齊的珍貴資源）富有石油資源。[12]根據皮雷斯的說法，此王國的君主是穆斯林，也是阿魯（Aru，可能是指卡洛〔Karo〕，但仍有疑義）王的女婿，而阿魯王就若干意義而言也是穆斯林，這些事實說明，當年的宗教情勢持續變化無常，促使島上居民以地點、而非族裔或宗教作為自我認同的標準，而且對這些內陸民族而言，類似國家的結構都位於他們與海上貿易的聯繫點。不過皮雷斯並沒有將這個王國列為食人族國度，根據他的說法，西海岸辛吉爾（Singkil）以北才是食人族盤據地區。[13]

曼德斯・平托在一五三九年的著作中談到的巴塔克國就在這個地區。到了這一年，亞齊已經沿著北海岸不斷擴張，併吞一切位於它

---

* 作者注：這是吉奧敷・韋德（Geoff Wade）告訴我的。

以及阿魯之間的王國，包括皮雷斯的「巴塔」，改變了北蘇門答臘的情勢。在亞齊的伊斯蘭勢力擴張影響下，「巴塔克」似乎已經成為一個抵禦這種擴張的民族代號。不過這個民族仍有一位國王：巴塔克的王以巴拿朱（Panaju）為都，巴拿朱在一條他稱為「瓜提金河」（Guateamgim）的上游約八里格（league）（約五十公里）處。西海岸有幾條河，流往辛吉爾南方、多峇湖西岸的樟腦與安息香產地，據推測，其中一條就是瓜提金河。[14]

平托述說了一個巴塔克的悲劇：巴塔克王在一開始拒絕皈依伊斯蘭教，決心與亞齊蘇丹一戰，之後又與亞齊蘇丹締結盟約並通婚，結果遭到亞齊蘇丹背叛，發兵攻擊殺了他的幾個兒子。巴塔克王隨後集結地方首領，集結大軍與亞齊人決戰，但因亞齊人獲得土耳其援軍而戰敗。巴塔克王戰敗撤軍，退到瓜提金河上游。[15]

這似乎是最後一個與巴塔克之名，或生活方式有關的海岸「王國」，自此以後，沿海港埠都是穆斯林的天下，而且在不同程度上都與高地民族關係緊張。他們稱這些高地民族為曾經抵抗亞齊聖戰的「巴塔克」。巴洛斯（Barros）在十六世紀中葉寫道：

> 蘇門答臘有兩種人，摩洛斯（Moros，穆斯林）與金提亞斯（gentios，異教徒）；後者是土著，前者是為了商務而來的外國人，他們開始定居，聚集在沿海地區，他們的勢力迅速擴張，不到一百五十年已經成為領主，開始自立為王。那些異教徒逐漸離開蘇門答臘島的海岸地區，躲進內陸，直到今天。其中生活在島上面對麻六甲的高地的人叫做巴塔。他們是這個世界上最野蠻、最好戰的人；他們吃人肉。[16]

之後，無數歐洲人反覆提到巴塔克人是生活在內陸、兇殘的食人族的這個觀念，還在啟蒙運動的各種聚會中討論這個議題。對那些在海岸地區伊斯蘭化之後繼續保有這種習慣的高地民族而言，「食人」是他們的一種自由象徵，也是對外人的一種警告，要外人不要擅自闖入他們的地界。生活在沿岸地區的馬來人比較沒有這方面的顧慮，但也認為巴塔克人是抗拒伊斯蘭教、吃豬肉的外族。十七世紀的亞齊文獻《亞齊傳》（*Hikayat Aceh*）兩次提到巴塔克人的族裔。書中指出，在一五九〇年代的亞齊王位繼承衝突中，挑戰王位的弟弟在前往首都、對抗他哥哥的半途中，在巴魯斯停了下來，聘請兩個來自上游、「精通巫術與魔法」的巴塔克治療師，在這兩個治療師作法後，國王便病倒了。[17] 第二次事件更驚人，說年輕的伊斯坎達‧穆達王子在狩獵野牛時碰到「一個老巴塔克」，這老頭耍花招，騙走了王子配戴的長劍與短刀，然後竄進森林裡，消逝無蹤。[18] 這些故事說明，當時仍有一些沒有融入亞齊的統治與宗教系統的村民，這些村民就叫做「巴塔克」。之後幾個世紀，許多巴塔克人也接受了這個名稱。到十九世紀，當米納哈薩（Minahassan）傳教士與華人商賈初次進入巴塔克地界時，由於吃豬肉，也被大家視為巴塔克。[19]

外界人士往往用政治屬性、而不用族裔屬性「區隔種類繁多的巴塔部落」。[20] 約翰‧安德森（John Anderson）在一八二三年的東海岸之行，便在東蘇門答臘內陸，今天稱為卡洛、西馬隆貢或多峇巴塔克的地區找到二十四個「食人國」。不過安德森確實也首開紀錄，根據不同的語言區分部落，他粗略區分了「卡洛─卡洛」（Karau-Karau〔Karo〕）與「多峇」（Tubba〔Toba〕）之間的族裔─語言差異。特別是卡洛人，由於重視產業與商貿，而且排斥食人習俗，與其他巴塔克人尤其不同。[21]

在現代，我們從巴塔克口耳相傳的傳統中可以看出這些語言族群的源起雖說不同，但相互有關，我們也發現它們與沿海地區穆斯林的敵對歷程各不相同。雖說巴塔克全境各處都受到印度教—佛教的影響，但據了解，其中以卡洛人受到的影響最深——卡洛人保有火葬習俗，還對鄰近部族的食人習性表示憎惡。五個卡洛部落之一的「黑人族」（Sembiring），包括其中一個叫做「貝拉馬納」（Berahmana）的聚落，就有特定的印度淵源。[22] 除了上述案例之外，還有各種口耳相傳的傳統，證明卡洛認同與十六至十七世紀準伊斯蘭政權阿魯之間確有關聯。

亞齊在一五三九與一六四〇年間數次發動對阿魯的攻擊，終於打垮了這個海岸地區的異教徒蘇丹國，並且建立名為日里（Deli）的馬來—穆斯林式港埠政治實體來取而代之。卡洛人曾在「綠公主」（Putri Ijo）的當地傳說中提到這些事跡。根據這個傳說，綠公主領導卡洛軍在一座城堡對亞齊進行孤注一擲的最後決戰，直到今天，我們仍能在棉蘭附近的日里圖阿（Deli Tua）找到這座城堡的遺址。亞齊的勢力雖說從未直接操控巴塔克腹地，但是卡洛人在口述歷史中，談到在十七世紀亞齊勢力的極盛時期，卡洛的四個象徵性統治者「西巴亞」（Sibayak，這個詞或許來自亞齊與馬來文翻譯，字面意義是「有錢人」）都是由亞齊冊封的。[23]

十八世紀的漫長「孤立」

伊斯蘭亞齊在一五二〇到一六三〇年間大舉擴張，吞併各式各樣沿海小國，不僅造成巴塔克與伊斯蘭，也造成巴塔克與沿海眾港口國之間的分離。在這段時期，對巴塔克而言，國家代表一種窮兵黷武的

「他者」，因此巴塔克的「無國家狀態」可以追溯到這段時期。不過這種「無國家狀態」是有特定因素的。東海岸的卡洛與西馬隆貢，以及西海岸的多峇巴塔克，都保有某些早期的國家記憶，這些記憶往往透過與亞齊的傳統而連在一起。一般認為，這四名在卡洛地區擁有某些祭祀儀式性重要地位的「西巴亞」，以及在西馬隆貢地區掌有大權的四名統治者，在亞齊稱霸海岸地區期間都曾接受亞齊的冊封。[24]

多數的多峇巴塔克傳統，也將一種「神聖血統傳承」與他們記憶中的海岸王國——亞齊與巴魯斯——結合在一起。亞齊與巴魯斯是多峇巴塔克樟腦出口的重要港埠，因此自然有一些祭祀貢納貢儀式。巴魯斯的傳統，與巴卡拉（Bakkara）以及西馬隆貢一線的傳統如此類似，頗令現代學者稱奇。[25] 現有最可考的這類記述，是珍·卓卡德編纂的巴魯斯城（Barus Hilir）編年史。這本書記述巴魯斯城的穆斯林王朝開國蘇丹易卜拉辛（Ibrahim），於建立王朝以前在巴塔克地界的旅行經歷。他首先來到西林東（Silindung），隨後造訪辛加曼賈拉加的聖地巴卡拉，最後進入帕沙里布（Pasaribu）地界，當地首領們求他留下來，當他們的王。易卜拉辛於是要求當地的巴塔克人皈依伊斯蘭教，因為這樣他們才能成為他的同胞，他才能留下來當他們的王。巴塔克人帶著歉意回覆說，「我們不願皈依伊斯蘭教，除此而外，我們會服從你的一切命令。」易卜拉辛於是離開帕沙里布，繼續他的旅程，不過這時的他已經讓帕沙里布的一名女子懷了他的孩子，這孩子後來長大，就是辛加曼賈拉加一世。易卜拉辛每到一個地方，都與地方當局宣誓立約，建立高地巴塔克生產人與沿海地區馬來商販之間的長久關係。這些約定包括在西林東建立四個「本古魯」（penghulu，馬來語的「頭領」），負責巴魯斯商貿事務。[26]

由於巴魯斯與西海岸其他港埠本身經常得受到亞齊的監控，亞齊

在巴塔克記憶中據有一席之地自也不足為奇。在史料較充分的十九世紀，辛加曼賈拉加家族在許多方面都顯示亞齊享有的儀式性優越地位，就連辛加曼賈拉加的印璽與旗幟都以亞齊蘇丹的圖像為本。據說，巴塔克的祖先羅闍·尤提（Raja Uti）沒有子嗣，最後隱居於亞齊。這個淵源或許可以回溯到十六世紀巴塔克王國與亞齊那段不快的關係。

對於曼代靈出身的巴塔克作家帕林鄧根（Parlindungan），以及他所謂資料來源的巴塔克文獻《巴卡拉檔案》（Arsip Bakkara）來說，巴塔克在十八世紀末期與亞齊還有另一項強有力的聯繫。帕林鄧根說，這些文獻顯示，辛加曼賈拉加九世與阿勞丁·穆罕默德·斯雅（Alauddin Muhammad Syah，1781-1795 年在位）蘇丹簽有一項友好條約。這項條約明文規定，辛吉爾是亞齊的，烏提·卡南（Uti Kanan）地區屬於巴塔克，而巴魯斯為中立區。只是亞齊在條約締定後鳴砲慶祝，卻因為砲聲太響，造成巴卡拉的象群騷動，辛加曼賈拉加九世不幸遭其中一頭大象踩死。[27]

在帕林鄧根這個傳說背後，似乎也隱藏著一些事實。在一七八〇年代，辛吉爾地區開發成為胡椒種植場，亞齊人控制力的極限成為一個緊要議題。亞齊人於一七八六年突襲英國在塔巴努里（Tapanuli）的哨站，英國人隨即反擊，攻擊幾處亞齊的堡壘。[28] 換言之，這段期間的亞齊強制巴塔克的供應商與貿易商到自己的貿易網，而不讓他們與英國人通商。

另有一個有趣的小故事，也說明巴塔克在十八世紀漫長的百年間未必真的「孤立」。一名叫德莫拉克（De Molac）的法國人（或歐亞人）在一八五八年告訴法國殖民地龐迪治里（Pondichery）的一家報社說，在十八世紀最後二十五年，「他的家族在蘇門答臘最野蠻的地區定居，建立了不起的農業設施，取得對土著的極大影響力，成功改

革了他們的習俗。」這個家族的家長「不久前被推選為巴塔克人邦聯的首腦，巴塔克人是馬來人的一支，領地與荷蘭殖民地及亞齊王國接壤」。[29] 雖說這個故事顯然過於誇大，但後來的歐洲人對巴塔克高地充滿了各種奇幻想像，也說明了當時人們相信早在十八世紀便已有深入巴塔克的歐洲冒險者。

十九世紀的伊斯蘭教與基督教

在一八〇〇年以前，抵抗沿海穆斯林國的事跡一直就是巴塔克認同的標竿，但穆斯林勢力在十九世紀上半葉的迅速推進，讓這個議題變得複雜。在十九世紀最初幾年，留學麥加的一些蘇門答臘學生結識了「瓦哈比」（Wahabbi）運動的好戰分子，然後在這些學生回到蘇門答臘後便開始改革伊斯蘭教。早自十六世紀起，位於巴塔克地界南方高地的米南佳保地區一直就是伊斯蘭教勢力範圍，但這些留洋回歸的改革派，堅持以武力剷除一切的地方傳統——包括鬥雞、崇拜鬼神、伊斯蘭教聖徒與帕加魯楊聖王崇拜等。之後二十年間，荷蘭人稱為「帕德里」（Padri）的這項改革運動，席捲了整個米南佳保高地，帕加魯楊王室與其他許多堅守傳統習俗的人都遭到屠殺。帕德里大軍同時也深入過去抵抗伊斯蘭的南巴塔克地界，其中一支部隊還進抵多峇湖，攻擊巴卡拉人，殺了辛加曼賈拉加十世。不過，由於多峇巴塔克要塞化村落的堅定反抗，加上疾病猖獗，接著在一八三〇年後又遭到荷蘭軍隊的干預，帕德里只得撤軍。他們對多峇的進擊徒然加強了多峇巴塔克對伊斯蘭的敵意，不過與此同時，同樣說巴塔克方言的南巴塔克皈依了伊斯蘭，與他們的非伊斯蘭弟兄們漸行漸遠。在那以後，南巴塔克人開始排斥「巴塔克」一詞，認為這個名詞代表的是北

方那些吃豬肉的異教徒。

除了曼賈拉加‧帕林鄧根那本資料來源可疑的著作以外，帕德里入侵巴塔克的相關史料非常貧乏。而透過巴塔克的口述歷史可得知，伊斯蘭入侵者中最窮兵黷武、將火藥與劍帶進多峇地區的人，本身就是新近皈依的巴塔克人。根據大多數權威來源，辛加曼賈拉加十世在一八三〇年左右被一名叫做「西波基」（Si Pokki）的帕德里好戰分子殺害。但帕林鄧根認為此事件發生在一八一九年，而且是辛加曼賈拉加家族內部鬥爭導致的禍事。根據帕林鄧根的說法，在巴塔克橫行霸道的「圖安庫勞」（Tuanku Rao）是一名皈依穆斯林的巴塔克人。[30] 無論怎麼說，這些事件說明住在南方、已經伊斯蘭化的巴塔克人，與其他巴塔克人之間的確有衝突。在接下來的一個世紀，非伊斯蘭化的巴塔克人多數受到基督教影響。帕德里以暴力掀起一個世紀的動亂，讓巴塔克高地民族的生活方式備受威脅。頗具反諷意味的是，辛加曼賈拉加十世死於帕德里分子之手的事件，讓辛加曼賈拉加王朝是巴塔克民族認同保護者的概念更加深植人心。

巴塔克民族認同面對的下一個嚴重挑戰是基督教。英國與美國新教徒曾於十九世紀初期嘗試進入巴塔克高地傳教，但都以失敗收場。之後，羅民森（Ludwig Nommensen，1834-1918年）與他的德國雷尼施教會（German Rhenisch）教友在一八六二年有系統地進入多峇巴塔克傳教。羅民森克服萬難，發表了第一本羅馬拼音的巴塔克語新約聖經。一般認為，因這本聖經的問世而得以創辦的巴塔克教會，是新教教會最偉大的成就之一。

人類學者瑪麗‧史提德里（Mary Steedly）指出，新教教會在十九世紀的復甦，與「一種浪漫的原生主義（語言）架構」有重要關連。[31] 德國浪漫主義，特別是赫爾德對每一種語言的獨特性與核心性

的強調，導致德國與荷蘭新教教會在十九世紀捲土重來，並且努力設法使用外人的語言以便與他們進行溝通。因此，進入巴塔克傳教的新教教會都竭盡全力，將聖經譯為方言並且以此推廣書寫。這些教會努力訂定一種高地人普遍接受的標準方言形式，堅持用這種標準方言印製聖經，事實證明這項努力具有決定性效應。相形之下，皈依穆斯林的高地民族一般都在導引下，接受馬來的「高端文化」（蓋爾納的用詞）或之後的印尼文化。伊斯蘭教有史以來便鼓勵信徒接受五大「高端文化」——阿拉伯、波斯、土耳其、烏爾都（Urdu）與馬來，而不鼓勵方言書寫與之後的方言印刷文化。十九世紀以前的基督教會也使用馬來通用語來制定傳道用語，這些用語之後成為安汶人與米納哈薩人的教會語言。也因此，對巴塔克認同的形成而言，高地人在德國浪漫派復甦「之後」擁抱基督教是一個關鍵事件。

雷尼施教會能在多峇巴塔克取得成功，部分原因在於它是一個與荷蘭殖民主義沒有連結的德國教會，而且實際上它在殖民勢力來到以前，便已經在多峇巴塔克腹地紮根。在一八六〇到一九〇〇年間，大多數多峇巴塔克人開始以「奧格斯堡信條」（Augsburg Confession）與聖經的巴塔克文版本為信仰核心，成了基督徒。儘管在一開始，有些地區也出現巴塔克人與基督徒之間的緊張情勢，但第二代基督徒一般都能接受雷尼施教會推動的禮拜風格、信念與教會治理，將它們視為巴塔克認同的一部分，將教會使用的語言視為巴塔克表達的一種「經典」形式。雷尼施教會在一九二七年重組，定名為「巴塔克新教基督教會」（Huria Kristen Batak Protestan，HKBP）。

儘管一些巴塔克方言互不相通，雷尼施教會傳教士們原本希望能用他們的印刷本聖經將巴塔克人結合在一起，就像路德當年結合德國人一樣。不過他們的計劃，僅在北塔巴努里的多峇湖以西與以南，也

就是今天所謂多峇巴塔克的地方獲得成功。但西馬隆貢與卡洛巴塔克的情況大不相同。對這兩個族群而言，決定認同的因素是另一種截然不同的語言（卡洛的案例就是如此），以及它們因與蘇門答臘東海岸密切接觸，而強大得多的商貿與國家構築傾向。西馬隆貢與卡洛都與馬來沿海的統治者往來頻繁，從一八六〇年起，他們與荷蘭行政官員以及種植場主人的關係也越來越密切。一旦基督教福音教派的多峇巴塔克語傳教工作取得相當進展，有了西馬隆貢的牧師與受過教育的信眾，他們開始堅持使用屬於自己的一套標準化羅馬年。因此，長遠而言，各有自己一套文字標準的族裔教會，逐漸成為各別族裔——巴塔克次群體——的區隔基礎。

我們現在稱為「卡洛」或「卡洛巴塔克」的族群，由於與穆斯林以及反荷蘭的亞齊人走得很近，也因為政治理由，而成為荷蘭傳教士的傳教目標。[32] 因此，殖民當局不鼓勵雷尼施教會朝卡洛巴塔克的方向擴展教務，而將傳教任務交給荷蘭傳教士協會（Dutch Missionary Society，NZG）。卡洛人在十九世紀似乎已經接受「巴塔克」這個外人取的泛稱，但荷蘭教會更喜歡他們維持「卡洛」的名稱，以反映他們宣教時使用的獨特語言，來迎合卡洛人對多峇的敏感，同時還要強調不讓德國雷尼施教會闖入它的勢力範圍。[33]

大約從一九一〇年起，荷蘭傳教士協會開始印製卡洛文祈禱書，從一九二二年起發行卡洛文教會雜誌《摩加·西利馬》（*Merga Si Lima*），雖說當時皈依基督教的卡洛人只占卡洛總人口的百分之二到三，但這本雜誌頗具影響力。到一九三〇年代，其他族裔主義色彩較濃的刊物開始在卡洛出現。儘管與德國雷尼施教會相比，荷蘭的卡洛教會只能算是一次失敗，但它讓卡洛人接受一種標準化、印刷形式的羅馬拼音卡洛文，因此促成卡洛人在殖民時期結束時的自覺——就

這一點而言，它有相當大的貢獻。在日本占領期間，荷蘭傳教士遭到拘禁，基督教在卡洛認同的重要地位也開始突顯。卡洛教會宣布自己是獨立教會（GBKP），皈依民眾成倍數增長。

族譜與認同

今天，大多數巴塔克人都熟知他們的族譜關係，並相信自己與其他巴塔克人的相互關聯。但在過去，這是極少數人才能一窺究竟的秘辛，是靠著部落長老們口述，才能代代相傳的東西，刻在舊竹板上的巴塔克銘文不會討論這類話題。

但在一九二〇年代，顯然是因為服務於巴塔克習慣法領域的荷蘭官員與受過教育的巴塔克官員聯手，一幅巨型圖表得以問世，將巴塔克眾家族族譜一直追溯到共同祖先「西羅閣‧巴塔克」（Si Raja Batak），並且將所有多峇、大多數昂科拉與曼代靈家族聯繫在一起。這張圖表似乎是出自巴塔克政府檢察官渥德馬‧郝伊塔‧加洛安（Waldemar Hoeta Galoeng）之手。他用巴塔克文發行了一本書，說明巴塔克的族裔源起，將所有多峇巴塔克家族與共同先祖西羅閣‧巴塔克聯在一起。[34] 一九二一到一九二五年間住在塔巴努里的義比斯（W.K.H. Ypes）為這本書寫了一篇推薦文，直到一九三二年，他也就同一主題發表了自己的巨著。義比斯說，自己退休後在巴塔克各地旅行，記錄老人提供的資訊，而於一九二六年編寫了巴塔克族譜。[35] 無論怎麼說，從郝伊塔‧加洛安的書發行的那天起，受過教育的巴塔克人就能接觸各種關於他們關係的資訊。共同的祖先起源對巴塔克認同的建立影響很大，特別是對多峇人而言尤其如此。

荷蘭官員在十九世紀指出，家族越擴散，越容易失去祖先源起

意識。舉例說，在伊斯蘭教傳播上取得一些進展的巴東拉瓦斯的哈西布安人（Hasibuan），在一八八〇年代告訴荷蘭傳教士紐曼（Neumann），說他們是「一個亞歷山大大帝隨從的顯赫家族的後裔」。但到一九二九年，在郝伊塔·加洛安的家族書發表以後，哈西布安人相信他們是郝伊塔·加洛安大家族的後裔，他們「歡天喜地……聚在家族發源地的西林東河谷，舉行有史以來整個郝伊塔·加洛安家族第一次聚會，羨煞了其他巴塔克人」。[36]

這種對多峇族譜的努力似乎激起了紐曼對卡洛父系起源的敵對建構。瑪麗·史提德里認為，傳教士們或許只是下意識地將卡洛源起的議題本質化，以便卡洛人放棄與特定鬼神教派綁在一起的舊認同，從而以卡洛基督徒的面貌進入現代世界。[37]教會這些努力顯然有效。儘管大多數證據顯示五大卡洛族裔各有不同源起，[38]共同祖先意識是現代卡洛自覺的一部分。

三個最有凝聚性的巴塔克族裔——多峇、卡洛與曼代靈——的民族自覺之形成可以回溯到一九二〇年代，在那個年代，高地人在城市的人數已經足以形成一定的影響力，而受過教會教育的新一代高地人也開始用羅馬拼音的方言發行馬來或荷蘭文的族裔刊物。直到大約一九二〇年，遷入城市的巴塔克人總是避談他們的認同。他們要不是皈依穆斯林、加入都市馬來—穆斯林文化，就是自稱米南佳保或曼代靈人，因為米南佳保與曼代靈穆斯林已經在城市建立「文明的」高地認同。但就在一九二〇年左右，巴達維亞與棉蘭開始出現巴塔克教會，俱樂部、報紙與足球球會也迅速地相繼建立。帕拉達·哈拉哈（Parada Harahap）曾說過第一個巴塔克足球球會一九二一年在巴達維亞成立的故事，它一開始把球會標誌印在火柴盒上，引來一陣嘲笑，但最後「他們發現，過去裝成是乾乾淨淨、受過教育的巴東馬來

人的那些人，其實是巴塔克人，還會說荷蘭語」。[39]一九二〇年代掀起一股巴塔克認同熱潮，巴塔克文以及討論風俗、傳統與家譜的馬來文刊物前所未有地大量出現。巴塔克文小說也在這期間問世，開啟族裔建構的新階段。[40]

在這個巴塔克組織風起雲湧的初期階段，由於較有地位的曼代靈巴塔克穆斯林，願意與其他方言及習俗和他們非常接近、但宗教信仰不同的巴塔克人交往。穆斯林與基督徒往往還能合作，但之後曼代靈人對巴塔克組織的主控權受到大量他們所謂「不文明人」的挑戰，曼代靈人於是重新思考自身的認同。就在一九二二年，轉捩點出現了。當時在棉蘭地區，兩個在外人眼中幾乎完全一樣的南塔巴努里巴塔克穆斯林族群爆發第一場族裔內部的大衝突。起因是一個由曼代靈信託基金擁有的一處穆斯林墳場，四十年來，出於大家都可以算是曼代靈人的原因，一直容許南塔巴努里巴塔克出身的穆斯林葬在當地；但墳場管理人突然不再接受昂科拉、西皮洛克（Sipirok）與帕丹格拉瓦（Padanglawas）等不同族群、但仍然自認為巴塔克人的死者。這些族群的死者必須在生前特別表明不是巴塔克人，才能葬在這處墳場。一個委員會於是成立，根據穆斯林法律解決這項爭議，不過事情反而因此越鬧越僵。曼代靈人由於在棉蘭人脈較廣，經濟資源也較豐富，贏了這一回合。但其他巴塔克族裔群體的教育水準與城市化程度也逐漸提高，他們認為「巴塔克」是一個更有包容性的名稱，開始挑戰曼代靈人的主控地位。棉蘭最大的馬來文報紙、前文提到的足球球會、一所私立學小與曼代靈巴塔克人建立的一家貿易公司，都分裂成兩個對立的組織，一方是曼代靈，一方是「巴塔克」——儘管檯面上雙方都是穆斯林。這場鬧劇的結果是，住在都會區的曼代靈人更加堅信他們不是巴塔克人，還成立了一個「曼代靈全國委員會」（Mandailing

National Committee），要求不要在一九三〇年人口普查中將他們列為巴塔克人。[41] 他們贏得局部勝利（見下文）。

由於這些爭議，蘇門答臘首善之城棉蘭「從一個移民都能融入馬來—穆斯林文化的『熔爐』，變成一個各式各樣族裔永遠爭執不休的地區」。[42] 但在殖民時代結束時，這些族裔的政治命運是否將會各不相同，目前情況不明。

一九三〇年的人口普查——這是二〇〇〇年之前，對印尼人口進行族裔統計的最後一次普查——採取「盡可能將不同族裔圈在一起」的程序，「使統計工作不致過於複雜，資料處理與發表成本不致過於巨大」。只有在涉及爭議的相關族群主要居住地，族群才會作進一步區分。「巴塔克」是一個族群，也因此，離開塔巴努里家鄉移居在外的巴塔克人，一律也被列為巴塔克人。只有在巴塔克人占絕大多數的塔巴努里，他們才進一步區分為七個次族群。在這七個次族群中，昂科拉、卡洛、帕丹格拉瓦、多峇、帝汶（西馬隆貢）與帕帕（Pak-Pak）〔戴利〕都列為巴塔克人，然而「曼代靈人」就是曼代靈人。不過一九三〇年人口普查也承認這些次族群的區分遠遠談不上定案。一方面有許多人簡簡單單自稱「巴塔克」，如此而已；另一方面許多人加注更特定的地緣名稱，例如巴塔克薩摩西（Batak Samosir）、巴塔克西皮洛克、巴塔克巴魯斯等等，這類人由普查人員總加起來，計入指定的次族群。[43]

這種化繁為簡的作業發揮巨大作用，讓七個次族群的概念深深植入在地精英腦中，讓外地人相信這七個次族群是經科學手段確認的族裔。荷蘭、日本與印尼當局為便於行政管理，除了若干例外，大體上也相繼強調這樣的分類。巴東拉瓦斯與昂科拉（程度略次）逐漸併入曼代靈認同，因為在當地占絕大多數的穆斯林巴塔克人，急著與同屬

南塔巴努里區的異教徒或巴塔克基督徒撇清。在二〇〇〇年，印尼再次將族裔分類納入人口統計，表明「接受調查的人自稱是什麼族裔，就是什麼族裔」，似乎准許民眾自我認同，不過這只限於大類型。這次普查的結果是，戴利與西馬隆貢因為太小，不能成為最大的八大族裔，相關細節可見於公開發表的人口普查報告。因此，昂科拉成為一個自我歸屬的主要高地族群，但在外地的昂科拉人，自我歸屬於一個較廣泛的類型——曼代靈人、曼代靈／昂科拉人、巴塔克人或塔巴努里人。令人稱奇的是，多峇巴塔克分裂成自稱多峇，與自稱巴塔克或塔巴努里的兩部分。自稱多峇的有一百一十五萬人，主要分布在多峇湖附近與其他巴塔克人占多數的居住區。自稱巴塔克或塔巴努里的人有三百二十萬，分布於打鹿洞與各地的主要僑居區。[44]

然而，在殖民統治結束時，政府提出將權力下放「巴塔克理事會」的建議，進一步加深了分裂。根據殖民當局有關這項建議的反應的總結報告，在北塔巴努里，大多數人堅持整個巴塔克民族應該納入一個理事會，他們認為曼代靈人也是他們的祖先西羅闍‧巴塔克的後裔。昂科拉與西皮洛克的領導人雖說也贊同這項建議，曼代靈人卻堅決表示他們「不屬於巴塔克族群，他們不能、也不會讓人稱他們是巴塔克」，還說身為穆斯林的他們，拒絕加入一個大多數人是基督徒與異教徒的社群，而且這是所有曼代靈人「不可改變的意見」。[45]

換言之，根據卡斯托的說法，在這段期間，曼代靈人不認同越來越高漲的多峇巴塔克族裔主義，他們認為「宗教是認同的決定性標準」，與昂科拉及西皮洛克的穆斯林不同的是，他們要「讓伊斯蘭奪走他們的祖先」。[46] 除了宗教因素以外，反帝國主義的情緒力量也在巴塔克認同過程中扮演一個角色。

一九一七到一九二〇年間，整個荷屬印尼地區的政治創新達到頂

峰，反帝國主義風潮也迅速崛起。一群受過教育、基於各種理由脫離德國教會的多峇巴塔克人在一九一七年九月組成「巴塔克基督教協會」（Batak Christian Association，HKB）。它的領導人是極富魅力的曼吉哈‧黑茲基爾‧馬努朗（Mangihut Hezekiel Manullang）。他對教會的專權表示深惡痛絕，並且前往新加坡，接受基督復臨安息日會（Seventh Day Adventists）的訓練。當時的荷蘭官員認為，可以利用他領導的 HKB 制衡穆斯林的首要組織「伊斯蘭聯盟」（Sarekat Islam），因此鼓勵 HKB。此外，反對歐洲人進入巴塔克地區經營種植場的部分教會人士，基於不同理由也對他表示支持。無論怎麼說，馬努朗的 HKB 由於既反對伊斯蘭聯盟，又反對歐洲人的種植場，最後聲名大噪。HKB 在其出版的雜誌《索拉巴塔克》（*Soara Batak*），以及在巴塔克地區的群眾大會中，成功打擊了獲得一些地方官員支持的種植場，反對強制勞工，要求更多學校，主張會眾在教會扮演更重要的角色。[47] 在反帝國民族主義情緒高漲的那個年代，所有這些議題都使 HKB 與這股民族主義情緒合流，而不是對抗。在一九二〇年代，巴塔克基督教協會不再是一種統一口徑的巴塔克之聲，馬努朗與他的關鍵支持者開始進一步深耕與蘇門答臘以及印尼民族主義組織的關係，當時這些組織的影響力仍侷限於城市地區。到了一九二七年，另創門戶的「巴塔克新基督教會」（Huria Kristen Batak，在一九四六年改名為印尼新教基督教會），也同樣旗幟鮮明地起而反抗德國傳教士與荷蘭官員。他們的作為也促成當地主流雷尼施教會自我改組，三年以後，建立了一個有自己主教的自治教會——也就是前面提到的巴塔克新教基督教會。

蘭斯‧卡斯托（Lance Castles）為殖民時期下了一個謹慎的結論：「塔巴努里人認為自己是印尼人的自覺意識逐漸高漲，但……族裔歸

屬意識成長得更快。」[48] 在過去，他們因「粗鄙不文」而自慚形穢，導致早期的移民融入馬來─穆斯林文化；但是現在他們越來越對多峇巴塔克的認同充滿自信，但也願意接受其他更窄、或更廣的認同，包括印尼認同。曾於一九二○年代在學生之間短暫形成風潮的蘇門答臘概念不再流行。巴塔克學生因不滿米南佳保人的壟斷，在一九二六年離開蘇門答臘青年聯合會（Young Sumatrans' Union，JSB），之後他們積極參與一九二八年成立的全印尼性的「青年代表大會」（Youth Congress）。他們根據青年代表大會的規定，宣布印尼是他們唯一的民族。[49] 巴塔克人一直保有強大的主體意識，與他們的穆斯林鄰居有所區隔，而他們身為基督徒少數族群的身分也鼓舞著他們，讓他們走出蘇門答臘，向位於東部的基督徒招手。由於這些青年都受過教育，他們政治與教育意識都是以「全印尼」為對象的結構，因此他們的視野也大同小異。就整體而言，巴塔克人並不反對全印尼的反帝國主義，也因此能在一九四○年代動盪的反帝國主義浪潮中扮演他們的角色。

一九四○年代與「印尼」的勝利

在一九四○這個充滿政治挑戰與機會的年代，這些「無國家」的族群能有什麼反應，往往取決於他們的所在位置。一九四二到一九四五年的日本統治當局，對他們能容忍的民族主義動員程度作了嚴格的地域性區分，當荷蘭當局於一九四五年企圖重返殖民地時，這種區分發揮了連帶效應。日本戰略規劃人員將婆羅洲與印尼東部群島視為「人口稀少的原始地區，今後應予保留，以謀帝國之福」。[50] 出於行政目的，它們被分配到日本海軍，直到戰爭最後幾個月才享受到

日本對民族主義的讓步，而在日本占領期間他們的總體經歷是負面的。峇里與南蘇拉威西是例外：這些地區的精英與荷蘭人合作，發展一種聯邦架構。而原本「無國家」的高地族群，例如西加里曼丹的達雅人（婆羅洲），與米納哈薩人與蘇拉威西的托拉查人，紛紛推出領導人進行族裔的政治動員，以便在聯邦架構取得一席之地。

其中最成功的特定族裔政治團體，是奧瓦昂‧奧雷（Oevaang Oeray）領導的西加里曼丹的「達雅協會」（Dayak Association，或稱 PD）。儘管西加里曼丹的語言極為龐雜，但達雅協會能將當地族群聯合起來，抗拒地位較優越的沿海地區與城市的穆斯林居民。這些穆斯林居民以坤甸與三發（Sambas）蘇丹為代表，認為自己比西加里曼丹人優越。奧雷以一種引起許多巴塔克人共鳴的民粹主義方式，攻擊「一層又一層的殖民主義」，批判馬來人與荷蘭人聯手壓迫達雅人，使達雅人成為「為統治者與政府工作與犧牲的水牛」。[51]

荷蘭於一九四七至一九四九年間建立的西加里曼丹理事會（West Kalimantan Council），達雅協會在其中擁有七名代表，並在之後一九五五年的全國選舉中贏得百分之三十一的選票。對於這樣的族裔運動，這種選舉程序顯然極有助益。在聯邦時期曾經與荷蘭人合作原本是一項致命的政治劣勢，但拜選民支持之賜，達雅協會得以重振聲勢。甚至當蘇卡諾於一九五九年為了廢止代議民主，而禁止所有這類區域或族裔政黨時，奧雷本人還能打出親蘇卡諾的民粹主義牌，於一九六〇年獲任命為西加里曼丹省省長。[52]

相形之下，蘇門答臘則完全暴露於一九四五至一九四六年間主張建立民主共和國的革命浪潮中。透過完全在地化過程組成的政黨，宣布自己是爪哇的全國性政黨的一部分，說自己支持共和國，反對荷蘭人重掌政權。這類活動有些是蘇卡諾初步構想的結果。蘇卡諾

原本計劃建立一個全國性的政黨，恢復他在戰前建立的「印尼民族黨」（PNI）。儘管這項計劃在爪哇胎死腹中，不到兩個星期就遭蘇卡諾撤銷，但拜加尼（A. K. Gani）博士（原本經蘇卡諾指定的全蘇門答臘領導人）之賜，它得以在蘇門答臘存活下來。日本人當年利用對荷蘭人支持的東蘇門答臘統治者的仇恨情緒，在巴塔克——尤其是西馬隆貢與卡洛——動員的一些最激進的運動，成為印尼民族黨的正式成員。地方性伊斯蘭組織也自行宣布成為衛星組織「馬斯尤米」（Masjumi，日本人在爪哇建立的組織）的一部分。各式各樣的馬克思組織紛紛出現，讓戰前的印尼共產黨（PKI）、統一陣線在全國基礎上死灰復燃。[53]

不過，巴塔克沒有像達雅人一樣，在荷蘭控制的婆羅洲建立族裔政黨——穆斯林巴塔克的作法是支持以爪哇為核心的穆斯林政黨，基督徒巴塔克則支持新教徒在爪哇建立、於一九四五年十二月擴展到北蘇門答臘的印尼基督教黨（Indonesian Christian Party）。主要是多峇巴塔克人的巴塔克新教基督教會支持印尼基督教黨，事實上它的許多分會與這個黨幾乎合而為一，成為蘇門答臘所有政黨中「毫無疑問最具族裔核心色彩的政黨」。[54] 在一九五五年的選舉中，印尼基督教黨在北塔巴努里的多峇腹地的許多選區仍然拿下多數選票。但西馬隆貢與卡洛基督徒，因為擔心多峇人勢力凌駕，一般傾向於支持印尼民族黨這類世俗色彩較濃的民族主義政黨。同樣的，在革命期間遷徙、占領種植區的多峇巴塔克人，一般傾向於支持世俗但革命色彩較濃的印尼共產黨及印尼民族黨，因為這兩黨主張讓他們保有這些土地，說這些土地是「革命（給他們）的禮物」。[55] 東海岸的前蘇丹經過兩番折騰，逐漸失勢。首先是一九四六年三月的暴力「社會革命」，巴塔克人在這場革命中扮演一種不成比例的角色；接著通過聯邦國家

的法律重新安排，荷蘭人在東蘇門答臘建立了「東印度尼西亞國」（NST）。無論怎麼說，東印度尼西亞國確實代表了前馬來建制派的利益，而反對它的勢力在一九四七至一九五〇年間，也確實讓所有巴塔克族群更加支持新共和國。[56]

　　在革命期間，多峇與卡洛巴塔克人都相當成功地運用革命武力「印尼國民軍」走上掌權之路。與婆羅洲以及印尼東部的對應族群不同，這些蘇門答臘人有機會加入日本訓練的「志願軍」，接受中尉軍銜訓練，對此巴塔克人也熱烈響應。在革命期間，受過日本人這種「志願軍」訓練的巴塔克人大多數成為印尼國民軍的軍官，後來成為中央政府用來鎮壓巴塔克地區軍閥的最佳武器。許多非巴塔克人、穆斯林政治人物與東印度尼西亞國軍方領導人都曾加入東印度尼西亞國，也因此在東印度尼西亞國於一九五〇年解體後，親印尼共和國浪潮崛起後失勢。許多亞齊的軍方人物因一九五三年的亞齊叛亂而改變了他們的信仰。令人感到驚奇的是，導致泛靈論的卡洛巴塔克人皈依基督教的，正是他們為印尼政府鎮壓各種伊斯蘭教叛亂的軍事經驗。一九五三年年初，有近一千名駐在亞齊的卡洛官兵透過一連串洗禮皈依成為基督徒。[57]

　　前文在討論亞齊時已經談過，印尼共和國原本計劃建立單一的蘇門答臘省，但之後經不住現實考驗，逐漸走回荷蘭統治期間設立「公署行政區」（Residencies）的老辦法。首先將蘇門答臘劃分為北、中、南三個省，北蘇門答臘省涵蓋三個前公署行政區——亞齊、東蘇門答臘與巴塔克腹地塔巴努里。亞齊在一九五九年重新恢復為省級建制，其他幾個前公署行政區，也因雅加達當局在一九五八年印尼共和國革命政府期間將它們與叛軍控制的省會分家而獲益。當明古魯於一九六七年重新建省時，蘇門答臘又一次分裂為八個直屬雅加達的

省。塔巴努里儘管規模不小（以各別省分而言，它的人口排名第五），就巴塔克習俗條件而言也較一致，在戰前以族裔為基礎劃定的公署行政區中，它卻是唯一沒能取得省級地位的行政區。曾歷經「無國家」的高地人族裔，顯然就連這種層面的政治要求也辦不到。

　　造成前述情況的原因有二。首先，巴塔克人有史以來一直難以接受較高政治權威——特別也因為穆斯林曼代靈人抵死反對北塔巴努里基督徒的壟斷——這樣的經驗使塔巴努里難以憑藉一己之力進行統治。其次，大多數巴塔克人，特別是多峇人，都對東印度尼西亞國的解體表示歡迎——這個聯邦的建立，部分目的就在於阻止巴塔克人進入肥沃的低地區與種植區，而聯邦的解體則為渴望耕地的多峇巴塔克移民打開了閘門。[58] 也因此，在許多共和派眼中，特別是在巴塔克人看來，這兩個前公署行政區的合併是革命的一項重要勝利。支持分離這兩個區的人，由於與東印度尼西亞國的牽扯而信譽掃地。就這樣，即使是最鐵了心的多峇巴塔克族裔主義分子，大體上也將東蘇門答臘與印尼其他地區視為走出家鄉、脫離貧窮的機會，而不會將它們視為對家園的威脅。

　　拜一名多峇巴塔克基督徒之賜，這項接受北蘇門答臘與印尼認同的進程變得容易得多。這人是馬魯定‧辛保隆（Maludin Simbolon）上校，自一九五〇年起擔任北蘇門答臘軍事指揮官，他的部下官兵大多（除了一些亞齊人之外）是巴塔克人。當時的蘇門答臘地區動盪不安，共產黨領導的罷工與強占種植場事件頻傳，身為當地訓練最有素部隊的辛保隆軍，越來越反對這些共產黨的行徑與雅加達政府的左傾。像蘇門答臘新一代精英一樣，辛保隆也對雅加達當局切斷與新加坡、檳城等英屬港口直接貿易的作法深惡痛絕。

　　在一九五六年十二月，辛保隆宣布戒嚴，並與雅加達政府斷絕關

係。就像一九五三年的亞齊叛亂一樣，這項叛亂也以若干基本族裔、區域與宗教考慮為基礎，但就大體而言，這是一項以改革印尼共和國為目標的行動。它的目的在於爭取多數不同的族裔支持，但很顯然沒有成功。中央軍事當局迅速宣布將辛保隆解職，任命一名卡洛巴塔克的中校軍官德賈明·金廷斯（Djamin Gintings）取而代之。這件事立即顯示辛保隆的支持主幹來自多峇巴塔克。在辛保隆撤職令發布五天之後，忠於他的、大多是多峇人的官兵放棄多族裔省會棉蘭，撤入多峇腹地北塔巴努里。叛軍盤據在塔巴努里數年，最後成為「印尼共和國革命政府」（PRRI，反共人士於一九五八年二月宣布成立的政權）的一員。PRRI 的成立為共和國政府帶來嚴重威脅，引起蘇卡諾與印尼國民軍指揮部（這時的指揮部司令是南塔巴努里穆斯林納蘇蒂安〔Nasution〕將軍）的強烈反應。共和國政府從爪哇調兵，立即平定了這場叛亂。[59] 這次事件當然導致多峇巴塔克與雅加達的對抗，但巴塔克分離立國的構想沒有獲得任何一方支持。由於許多蘇門答臘軍官因叛亂罪名被貶斥，蘇門答臘人在軍官團的聲勢大幅減小，但軍隊仍為多峇巴塔克取得全國性權力的主要途徑。

新秩序繁榮與巴塔克移民

在一九六六至一九九八年的蘇哈托「新秩序」（New Order）期間，政治情勢大幅改觀。在接連陷入一個又一個的危機前後持續二十年之後，印尼進入一種「似乎……什麼事都沒有的理想化失神狀態」。[60] 首先印尼經歷不景氣，但造成這種狀態的最主要原因是印尼人顯然渴望再次「史拉米」（slamet，要穩定，不要意外事件），因此國家政治力求例行化，以平安無事為上上策。隨之而來的都市化與人口流

動，促成一股前所未有的經濟擴展浪潮。國界與國家認同不再成為質疑對象，反帝國主義形式逐漸消聲匿跡，在統一的教育系統、一言堂式的民族主義敘述、紀念碑以及「將農民轉化為印尼人」的公共劇院的推波助瀾下，出奇有效的國家主義代之而興。

　　另一方面，蘇哈托的長期執政帶來的經濟成功，也為巴塔克人提供了許多攀援權勢地位的機會。許多世紀以來，他們在高地河谷的人口一直比東蘇門答臘肥沃的低地區稠密得多，他們相對較高的生育率也使取得土地的壓力不斷增加。前文已述，曼代靈首先透過皈依伊斯蘭教的方式外移。他們於一八六〇年代開始向東蘇門答臘與馬來亞移民。至少自一九三六年起，已經有文獻討論巴塔克人從多峇湖周遭較擁擠的高地，移往較富庶、機會也較多的低地區這件事。在一九三六年，移入東蘇門答臘西馬隆貢巴塔克地區定居當稻農的多峇巴塔克人，已有四萬兩千人。[61] 來自南塔巴努里的曼代靈巴塔克人，由於享有殖民地教育機會，而且身為穆斯林，比較容易融入東海岸的馬來體制，比多峇巴塔克人早二十年定居在棉蘭地區，投入職員與商務工作。在一九三〇年，東海岸地區有四萬五千名曼代靈巴塔克人，比留在本土的曼代靈人多了一半。[62]

　　在政府與殖民管控的「閘門」於一九五〇年崩潰之後，多峇巴塔克人開始大舉移入東蘇門答臘，克拉克‧康寧漢（Clark Cunningham）透過人口大量流出的村落樣本與巴塔克教會的統計數字追蹤了這股移民潮。我在一九九五年運用類似康寧漢的辦法，說明多峇人的外移規模仍在持續擴大，而且自大約一九七〇年起，卡洛人的外移規模也同樣壯觀。蘇哈托統治時期的繁榮改善了交通設施，將移民潮逐漸導向迅速成長的城市與印尼製造業地區。自大約一九八〇年起，多峇與卡洛人都喜歡離開家園尋找工作。他們發現家鄉的族

裔競爭過於激烈，在家鄉他們隨時隨地被貼上族裔標籤，但是不論是在爪哇人口較稀少的東海岸與婆羅洲，還是在新加坡附近的巴淡（Batam）新興工業區，教育、政府公職與商業機會都大得多。

棉蘭是印尼的第三大城，人口有兩百萬，巴塔克人口在一九八一的占比為百分之三十一，二〇〇〇年時的占比為百分之三十四（見表6-1）。

表6-1 棉蘭的巴塔克移民 *

族裔	1930 年人口普查	%	1981	%	2000 年人口普查	%
多峇	無	<1	187,686	14.1	365,758	19.2
卡洛	無	<1	51,651	4.0	78,129	4.1
曼代靈／昂科拉	無	<5	154,172	11.9	178,304	9.4
總數	76,584		1,294,132		1,904,104	

* 作者注：一九八一年的數字來自Pelly（1994：308）。一九三〇年的估算以日里雪冷（Deli-Serdang，棉蘭就是這個區的行政中心）的比例為根據。二〇〇〇年的人口普查數字可能誇大了多峇巴塔克人口，低估了曼代靈與昂科拉，因為我把最大宗的巴塔克類型——那些自稱「巴塔克」或「塔巴努里」的人——歸類為多峇，一些昂科拉巴塔克人或許也以這種方式歸類。

出生於北蘇門答臘其他省分的移民人數，從一九七一年的十八萬八千三百二十六人增加到二〇〇五年的一百三十一萬四千一百一十七人（中央統計局，2006），[63] 最多的移民人口聚集在廖內、西爪哇與雅加達。一九九〇年的人口普查顯示，在之前五年，近三十萬人離開北蘇門答臘省，說明在那段相對繁榮的年代，巴塔克成為印尼移民移出的第一大區。[64]

一直到一九九〇年代，持續有系統地進行移民報導的巴塔克新教基督教會提供的統計數字顯示，前往雅加達的移民潮在蘇哈托統治期

間蔚為風潮。在一九五九至一九九三年間，在雅加達登記的巴塔克新教基督教會成員人數增加了二十倍（見表 6-2）。

表 6-2　雅加達的巴塔克教會成員人數的增長 [*]

1939	725
1949	2,650
1959	8,750
1969	23,000
1982	91,645
1993	166,829

[*]　Bruner, 1972: 212.

這些數字顯示，直到一九八二年，巴塔克新教基督教會成員中至少有百分之二十三的人離鄉背井住在都市，到一九九三年這個數字增加到百分之三十（見表 6-3）。但這些統計數字嚴重低估了都市人口比例，因為這個教會不一定能吸引巴塔克青年。巴塔克的年輕人一般在結婚以前就已經遷往都市，而且往往在都市裡與非巴塔克人結婚。而都市人一般而言嚮往的，是那些顯然屬於印尼、不屬巴塔克的教會，例如衛理公會、天主教會、五旬節教派等等，以及原本屬於巴塔克教會，之後為了走向全國化而從巴塔克新教基督教會分出的印尼基督教會（HKI）與印尼新教基督教會（GKPI）。雖說這些非巴塔克新教基督教會的選項，或許能代表塔巴努里家鄉大約四分之一的多峇巴塔克人口，我相信在北蘇門答臘以外的城市，他們的代表率至少可以高達四成。在一九九二到一九九三年間，對北蘇門答臘第二大城先達（Pematang Siantar）的五大教會的多峇成員進行的民調顯示，撇開教眾人數迅速增加的五旬節教派不計，其他四大教會的多峇人總數

表 6-3　巴塔克新教基督教會會員人數 *

	1982	1993
雅加達 （包括茂物〔Bogor〕、德波〔Depok〕）	91,645（估計）	166,829
其他爪哇地區	19,985（估計）	35,063
婆羅洲與東海岸	5,000（估計）	14,946
棉蘭（包括烏拉灣）	155,427	193,957
實武牙（Sibolga）	18,436（估計）	23,356
先達（Siantar）、提吉（Tg）、 丁宜（Tinggi）、賓賈伊（Binjei）	17,074（估計）	39,866
大城市會員總數	307,567（估計）	474,017（30%）
巴塔克新教基督教會會員總數	1,326,260	1,596,025

* 根據HKBP1984年（1982年數字）與HKBP1995年（1993年數字）的附錄資料。Bruner, 1972: 212.

為巴塔克新教基督教會的百分之五十七。[65] 二〇〇〇年人口普查的族裔問卷顯示，雅加達境內有三十萬「巴塔克」人，這個數字包括許多卡洛人與曼代靈人，以及多峇巴塔克人，但另一方面，西爪哇的大雅加達市郊還住了二十七萬五千名巴塔克人。[66] 總計，在二十世紀結束以前很久，移往外地的多峇巴塔克人人數，已經超過仍然留在塔巴努里家鄉的七十萬多峇巴塔克人。

相形之下，直到一九五〇年，卡洛巴塔克人沒有什麼移民傳統，[67] 也因此他們在一九五〇年以後出現的轉型更加驚人。根據卡洛新教教會總部一九九二年的數字顯示，它只有百分之四十的教友仍然住在卡洛高地，但如果加上塞波蘭吉（Sibolangit，位於分水嶺東側的卡洛行政區外，但長久以來一直屬於卡洛地界），這個數字就只有百分之五。一般認為，就像多峇巴塔克教會的情況一樣，卡洛新教教

會在都市外來人口的吸引力也不強，因此一九九二年的卡洛人口已經大量外移。不過，相當大比例的卡洛人住在距家鄉村落幾小時車程的地方，也因此他們每年都會返鄉過節。

我本人於一九九五年在多峇與卡洛樣本村的研究證實，珍妮・羅登伯格（Janet Rodenburg）「每個人都離開」的印象沒錯。[68]留在高地村子裡的年輕人會被人視為「沒出息」，這類年輕人有些人沒有出門闖蕩的勇氣，有些（包括許多婦女）則是因為家務而脫不了身。我在一九九五年的樣本村調查顯示，年輕人外移的比率甚為驚人。在我的樣本中，一向以家庭成員眾多出名的多峇巴塔克人，家庭成員從過去幾代人的平均七個孩子減少到只有五個孩子。[69]以多峇湖人口稠密的薩摩西島上的一個多峇村為例，這個名叫魯班・巴圖（Lumban Batu）的村子，在一九七〇年代還有一百多名居民，到一九九五年全村只剩下八個人，不過每逢節日慶典，總有好幾千人回到村裡。薩摩西島上另有一個典型的村落，自一九六〇年以來生了六十九個孩子，其中有六十一個成長到了可移民的年齡（十幾歲左右）。而除了四人以外，這些孩子有百分之九十三都離開了村子，其中半數還離開了蘇門答臘。

這些多峇人樣本教育程度不高，一般都靠做小攤販或在城市打工維生。另一方面，卡洛巴塔克人移民的最主要的動力是教育。[70]以我所在較大型的卡洛高地村個案（位於提加・比南加〔Tiga Binanga〕的干農〔Gunung〕村）為例，在過去十年左右受過教育的人，有九成已經離開村子，其中百分之四十五的人受過大學教育──對世上任何一處偏遠山村而言，這樣的數字比例堪稱難以匹敵。自大約一九七〇年起，為了改善生活，幾乎所有的卡洛孩子都不斷移往大城市，盡可能接受最好的教育，表 6-4 可以為證。

表 6-4　一九九五年，卡洛高地提加‧比南加的干農村兒童移出目的地

父母年齡	孩子目前所在			孩子的教育		
	在村子	在省	在其他地方	小學或以下	中學	高等教育
75+	24	17	13	27	22	11
60-74	41	26	31	41	37	22
-60	4	14	24	2	20	18

　　一個直到一九六六年才建立第一所高級中學的行政區，竟能擁有如此高比例的受教率實在令人稱奇，但對卡洛巴塔克人而言這似乎是一種典型常態。隨便找上一個卡洛人，他會驕傲地告訴你，他的孩子或親戚是某個著名大學的畢業生。卡洛的父母親會因為孩子留在村子裡而感到羞恥。多峇人是有創業精神的移民，他們生下一大堆孩子，並且相信孩子們會移往外地，不會留在村裡成為家庭負擔。卡洛人自一九七〇年起投入教育，經過四十年努力，從印尼境內教育程度最低的族裔轉而成為教育程度最高的族裔，也頗以此自豪。卡洛雖說直到一九四八年才有了第一名畢業生，但在一九七四年，根據期刊資料，畢業生達到一千人，據估計，一九九五年的畢業生人數高達五千人。[71] 卡洛人的家庭規模比多峇人小得多（平均每家人有三點五個孩子，而且還在逐漸減少中），最主要的原因就是這種教育對父母造成的負擔。卡洛高地在一九三〇到一九六〇年間因蔬果種植而出現第一階段商業化，當時卡洛人努力積蓄，希望省下錢來買卡車，之後他們省錢想買巴士，到一九七〇年代，他們開始為籌措教育費用而省錢。

　　在一九七〇年代進學的第一代卡洛大學生做得很好，證明卡洛人「教育就是未來」的信念沒錯。但他們與其他巴塔克人的熱忱，為

省內的大學帶來巨大壓力。三所公立大學（其中一所是伊斯蘭教育機構）完全不敷需求。事實上，根據印尼的公立大學招生名額與人口標準，北蘇門答臘（擁有印尼百分之五點七的人口）的公立大學名額只有標準的一半。由於在公立大學招生名額與人口比例的全國平均排行榜上，北蘇門答臘省與雅加達同樣排名墊底，北蘇門答臘省的公立大學資源如此匱乏的原因，目前還不清楚是傳言所謂對基督徒與華人的歧視，還是不過只是因為省當局跟不上中產階級渴望教育的腳步而已。總之，私立學院開始如雨後春筍般出現，到一九九二年，北蘇門答臘已經有總計約八十所私立大專院校。

在一九八〇與一九九〇年間，雖說政府公立系統收容的學生名額僅僅增加三成，但是在北蘇門答臘（一般是棉蘭）進入私立學院就讀的學生人數增加了七倍，所以到了一九九〇年，進入公立系統就讀的三萬名學生僅占學生人口總數的兩成，與蘇門答臘其他省分大不相同。這些私校中雖也有佼佼者，並且獲得巴塔克新教基督教會或穆斯林組織「穆罕瑪迪亞」等強大宗教組織的支持，能提供不亞於公立系統的教育，但更多的是資源匱乏、往往只是為滿足個人利益而建的短命學店。到一九九〇年代，多峇與卡洛年輕人在對這類選項逐漸失望之餘，開始設法進入北蘇門答臘省境外的大學就讀，他們相信他們在自己的公立大學遭到歧視，相信比起在自己家鄉，在加里曼丹或在伊里安（Irian），甚或在爪哇，畢業後想進入公職服務都要容易得多。

現代化進程起步雖晚，但多峇與卡洛人卻在不到三代的時間取得成功轉型的驚人成果。直到二十世紀以前，儘管不斷開發複雜的農業系統以養活蘇門答臘最稠密的人口，但他們始終對海岸地區的政府結構（與疾病）抱持敵意。在一九〇七年的第一次人口普查時，單在多峇湖小島薩摩西就有七萬四千人口，每平方公里一百一十人的人口密

度除了爪哇與峇里以外，在群島地區居冠。[72] 到一九四〇年代，他們熱情擁抱現代化，迅速接受政府當局、基督教與進步，大舉走向財富與機會所在的城市。

到了一九九〇年代，多峇與卡洛社群基本上已經都是散居印尼各地的都市移民。這些移民社群的人口或許已經超越留在家鄉裡的人，但可以確定的是，在財富、教育與活力上，他們絕對占有壓倒優勢。這兩個族裔的政治認同完全由這些都市移民決定。一九九五年在本土城市布拉士打宜（Brastagi）舉行的「卡洛文化代表大會」（Karo Cultural Congress）是一個小小例子。在應邀出席的三百名卡洛顯要人士中，有百分之八十五來自都市移民社群。[73] 這種現象並非巴塔克人特有，不過它們是印尼移民社群如何維繫最重要的例子。

移民認同

儘管巴塔克人轉型為移民社群，並且成為現代印尼認同的一個有力部分，但是巴塔克人在二十世紀仍然積極重建自身族裔的認同想像。在民族主義波濤洶湧的七十年，以及一九三〇與一九七〇兩次紀錄族裔自我認同的人口普查之間的現代化過程中，認為自己是「巴塔克」或巴塔克次族群的人，從印尼人口的百分之二增加到百分之三，轉換成數字，就是從一百二十萬人增加到六百一十萬人。[74] 在二〇〇〇年族裔人口普查中，由於普查當局不承認「印尼人」或一些混合類型，已經與族裔來源失去聯繫的受訪者，一般傾向會認同主流的都市文化；爪哇人（儘管生育率低於全國性標準甚多）、巽他人、特別是巴達維亞人（雅加達混血類型）與馬來人（最接近印尼人的代稱）這類族裔於是人數大增。除了爪哇以外，巴塔克人是唯一能站穩腳步

的真正族裔，相形之下，米南佳保人、達雅人與托拉查人都在城市遭到高度同化。印尼人都知道巴塔克人是最緊守小圈圈、最決心維護認同的族裔。[75] 因次我們要問，讓這些新巴塔克移民凝聚在一起的是什麼？

在一九六〇年代出現的「新秩序」環境，不僅接受、還規定每一個「蘇庫」（suku，部落）必須提出簡化的族裔標籤，移民認同才逐漸明確。各式博物館與主題公園展示了族裔文化，過去貶為「原始」、非穆斯林、非基督徒與反民族的儀式、服裝、音樂與房屋建築風格，也因推動觀光、賺取外匯而合法化。同時，左派的毀滅消除了貴族與保守文化的主要務實敵人，國家生活的非政治化也將族裔競爭導向文化與經濟領域。[76]

除了多峇與卡洛以外，印尼其他的移民認同提出的族裔標籤不外乎語言、宗教（特別是族裔教會成員）與在家鄉出生。但對多峇與卡洛而言，這三種標籤的重要性都已大不如前，多數多峇與卡洛人認為它們根本不重要。在為族裔政治定調的都市精英中，方言的使用大幅減少。在一九九〇年人口普查中，僅有百分之十八的棉蘭人承認以任何一種地方語作為母語。[77] 在這次人口普查中，在雅加達，僅有約百分之九的巴塔克人（比百分之三的米南佳保人多）承認在家裡說這些語言。[78] 我對棉蘭大學生進行的民調顯示，九成以上大學生甚至在對父母說話時都會講印尼話，這與莉塔・基普（Rita Kipp）的觀察一致。[79] 與穆斯林巴塔克相比，族裔教會顯然更能協助多峇與卡洛人在城市有效保有他們的語言與認同，但為了讓年輕人繼續參與教會活動，這些在城市的族裔教會本身現在也逐漸轉向印尼化。迅速成長的教派——五旬節教派與天主教——在城市裡完全使用印尼語，甚至是族裔教會也無法堅持只用巴塔克語。他們知道除非能提供印尼語服務，否

則留不住年輕人，都市教區完全改用全國性語言似乎只是時間問題。

　　所有族裔的文化活動本身這時也都以印尼語進行。推廣每一個族裔文化的會議與研討會、展現族裔習俗的都市婚禮，都是印尼式的。有時學校也會舉辦一些方言教學活動，還會出版一些方言刊物（一般都是戰前方言刊物的再版），但這些努力充其量只能證明族裔在這場語言大戰中已經敗北罷了。

　　原始多峇巴塔克教會的分裂，天主教、五旬節教派與穆斯林的入侵，都市移民的複雜情勢，以及一些受過教育的領導人的世俗傾向，也讓族裔教會在這些認同的詮釋過程中逐漸失去核心地位。多峇與卡洛本土的「布帕提」（bupati，即行政首長）不再必然是當地教會教友，而且根據法規，在舉行官方場合祈禱儀式時，穆斯林、天主教與新教代表都必須在場。

　　最後，越來越多的多峇與卡洛人出生在城市，而不是在家鄉。進入二十一世紀以後，這個比例可能已經過半。

　　但都市環境也為族裔動員與疆域界定帶來自己的競爭影響力。北蘇門答臘省與首府棉蘭，向來以全印尼最多元族裔、最好鬥的地方聞名，族裔與宗教之間的某種平衡大體上能防止陷入全面暴力的狀況。另一方面，低層次的族裔暴力在棉蘭是常態，卡洛人、亞齊人與多峇人尤其以拉幫結派，對付其他族裔的所謂「外侮」著稱。而較富裕、但也較弱的少數移民，特別是華人，一般比較依賴警察或黑幫集團保護，而不依賴族裔網路自保。[80]

　　在族裔競爭轉移到文化領域的蘇哈托執政期間，六大族裔區塊的自覺已經達到相當程度，而要求擁有省內自我代表權。這六大族裔是馬來、尼亞斯（Nias）與四個「巴塔克」群體——多峇、曼代靈（透過穆斯林因素，逐漸吸收昂科拉與西皮洛克）、卡洛與西馬隆貢。但

是事實上，爪哇人以百分之三十三的人口占比，直到目前為止仍是省內最大的族裔團體。但爪哇人大部分是殖民時代在龐大菸草與橡膠種植場打工的移民工的後裔，與比較有創業精神的米南佳保人以及華人少數族裔一樣，都可以算得上北蘇門答臘省的「移民」。在棉蘭博覽會的區域文化主題公園，及一九八〇、一九九〇年代省政府重要建築物的建築風格中，這六大本土文化都是必備的元素。

在蘇卡諾統治期間，共產黨與民族主義分子希望營造一種革命新秩序，將所有的地方傳統，包括習俗、服裝、建築風格與語言，都打成「封建」、老舊與分裂。在一九六五至一九六六年對左派的血腥打壓之後，地方主義逐漸復甦。在「異中求同」（Bhinneka Tunggal Ika）、抵抗西方個人主義與社會失序的建國原則中，促進觀光業、營造多元文化成為當局鼓吹的主題。誇耀自己的族裔文化不僅被社會接受，還逐漸成為有面子的好事。過去的貴族得以走出歷史垃圾桶，以失落傳統的文化代表之姿，成為新執政黨「專業集團黨」（Golkar）的支持者。在革命早期解體的馬來蘇丹的繼承人，特別善於將自己定位為領導馬來社群的族裔競爭者。

在蘇哈托時代印尼的非政治化氣氛中，文化競爭填補了一九五〇與一九六〇年代政治掛帥期間留下的一些空間。對那些在印尼陽光下追求一席之地的都市巴塔克而言，遭他們撇在身後的鄉村文化自然不能作為他們的代表。他們必須透過設計、消毒手段，讓新文化幫他們在都市與國家生活中奪得一席之地。或許觀光客的眼光能幫我們了解這些新認同標籤，但詮釋這些標籤的仍然是印尼自身的族裔競爭。

這個新的族裔認同有六個特別鮮明的主題。

（1）**族譜（Genealogy）**至關重要。每一名多峇或卡洛巴塔克人必須知道自己父系與母系的族譜，這種族譜決定他們與其他許多峇塔

克人的關係。在移民社群中，家族之間相互權利義務的複雜性會逐步削弱，但巴塔克人以家族之名為姓，而姓是無法捨棄的標籤。每一名巴塔克人的姓都說明他們來自哪一族裔，並且在相當程度上說明他們與其他巴塔克人的關係。也因此當巴塔克人會面、開始交談時，首先要做的就是弄清楚這種關係，確立交談中應該使用什麼人稱（卡洛人尤其重視這種程序）。那些不願表明姓氏的人（許多移民這樣做），就是在說他們不願被人視為巴塔克人，特別是不願受到巴塔克姻親與關係習俗的約束。由於信仰排斥這類習俗規定，這種現象在穆斯林與五旬節教派虔誠信徒之間更普遍。

巴塔克移民有一種印尼特有的組織（或許來自華人），就是每個月集會一次的信用同鄉互助社例會，以維護他們的家族認同。許多都市多峇巴塔克同鄉互助社只限特定家族成員或姻親才能入會，並且用他們的集會募捐，供會員宴會、返鄉旅遊或子女的獎學金之用。許多家族成立更精細的都市協會，艾德‧布倫納（Ed Bruner）談到的雅加達的什雅漢馬加（Siahaan marga）協會就是一個例子。[81] 這個協會發表專刊，記錄所有五百三十二名家族成員的事（1970）。但大體上比多峇人移民較晚、也更接近家鄉草根文化的都市卡洛人，無論舉行小規模同助社會議或較大型協會會議，一般而言會使用家鄉村落、而不用家族作為基礎。[82]

（2）**習俗（Adat）**，這原本是一種伊斯蘭教說法，指的是無需為了宗教規範而捨棄的地方習俗，但印尼人用它指特定族裔的儀式與親屬關係需求。對多峇與卡洛巴塔克人而言，這特指三種類型的巴塔克人之間的關係系統——同一父系家族的成員「生來就是同伴」，這類型的人不能通婚，否則就是亂倫；母親與妻子的家族為「嫁女家族」，這類人地位高，要對之恭敬順從；還有就是娶了本族女兒的「娶

女家族」，這類人的地位較低，你可以向他們要好處與協助。多峇巴塔克人稱這種三角關係為「三腳火爐」，是習俗的根基。

對年紀較輕的都市移民來說，主要問題不在於避免「亂倫」，或依照習俗娶母親的姪女，而是找到一個同樣是多峇或卡洛人的婚姻對象。婚喪酒宴與其他儀式，仍是青年男女聚會、一起跳舞、尋找合適對象的場合。身為大城市中一小群少數族裔的卡洛大學生，以喜歡聚集同一旅店舉辦社交活動，男男女女跳傳統的求偶舞「咕嚕咕嚕阿隆」（guru-guru aron）著稱。[83]

移民社群經常舉行會議，討論如何在現代條件下維護或調整習俗。社群還用印尼文發行手冊，用簡化形式描繪正確的婚姻與喪葬儀式程序，讓都市巴塔克人能夠做到巴塔克主體意識最起碼的需求。

（3）**與家鄉的聯繫**，雖說住在家鄉的多峇與卡洛巴塔克人比例越來越小，但這種聯繫仍然很重要。對於經濟條件逐漸邊緣化與落後的都市巴塔克來說，家鄉成為他們可以高喊認同的舞台。對於大多數對家鄉村落記憶猶新的都市卡洛人來說，每年八月或九月舉行的豐收節，總有好幾千名移民湧入只有兩百居民的村落，這是他們重拾卡洛認同的重要節日。在其他月份，同鄉互助社等團體會舉行例會，為豐收節返鄉活動籌集經費。專門為支援都市新移民而設計的這類協會，可以聯繫二十到一百戶，來自一個特定村落或移民團體、住在同一城市的家庭。

對於多峇巴塔克人而言，新年慶典儘管重要性或許稍遜，但具有像豐收節一樣的意義。不過對今天的多峇巴塔克人來說，與家鄉最重要的聯繫是祭祖宴飲與建立紀念碑。從一九二〇年代起直到一九五〇年代止，不斷有考古學者指出巴塔克傳統在每一方面都在不斷解體，為重要祖先遺骨建造石棺（後來改成水泥棺）的習慣也在解體之列。

但一場劇變在一九六○年代出現，多峇巴塔克人不再建造石棺，而開始為所有的先祖造「空寺」（紀念碑）。辛加曼賈拉加七世的支持者為他立碑、尊他為民族英雄一事，或許是造成這場變化的原因。一九六○年代開始盛行的空寺打造熱潮，改變了北塔巴努里的景觀，說明家鄉已經成為越來越重要的祭祖地。多峇巴塔克人現在會回到北塔巴努里，參加祖先遺骨重埋慶典，一方面加強家族、同鄉情誼，一方面在競爭激烈的巴塔克社會角逐身分地位，同時也強調老印尼宗教的一個偉大主題——活人與已逝者之間的互助。[84]

米南佳保與其他族裔的移民或許比較重視在家鄉建清真寺或學

圖 6-2　曼尼胡魯克（Manihuruk）家族為重埋祖先遺骨，而在潘古魯蘭（Pangururang，薩摩西）附近建立的現代多峇巴塔克人紀念碑（空寺）

校，而多峇巴塔克人把錢送回家鄉主要為的是祭祖。幾乎所有富裕的都市多峇移民都會捐助建碑與祭祖饗宴活動（見圖6-2）。也因為他們不斷建造、維修傳統巴塔克式房屋，使高地成為觀光勝地。現在已經沒有人願意住在這樣的房子裡，但許多都市多峇移民喜歡在家鄉村子裡保有一棟這樣的房子，定期舉行家族祭祖儀式。

（4）**服裝**，就像新秩序期間的印尼其他部落一樣，多峇或卡洛巴塔克人的服裝也逐漸走向簡化，讓每一個人都能在重要儀式場合，特別是在婚禮中，展示他們的「傳統」。在十九世紀末年荷蘭統治與教會傳教期間流行全印尼的馬來服飾的現代版，成為主流——女性穿著紗籠圍裙，或許添加一些代表族裔特色的裝飾；男性則在頭飾或上衣略做改變，穿著十九世紀末年蘇門答臘貴族受荷蘭人影響而流行的服裝（之後完全改穿西裝）。

今天的都市巴塔克人，最重視的族裔認同標籤，是多峇人戴的手織頭巾，以及卡洛婦女戴的面罩。像印尼境內的每一個角落一樣，婚禮成為文化競爭的首要戰場。大家都喜歡在婚禮上向來賓誇耀他們的習俗、服裝、音樂。許多人還會聘請熟悉習俗的專家，確保儀式妥善進行。

（5）基督教傳教以前**巴塔克傳統音樂與祭祀舞蹈**的復甦。小小的巴塔克管弦樂隊由笛子、弦琴、鑼與一種窄鼓組成。巴塔克每在舉行儀式時就會找這種樂隊演奏，以召喚祖先的魂靈。基督教教會因此禁止這種音樂與祭祖舞蹈，改以歐式旋律、但以巴塔克語發音的讚美詩歌取而代之，多峇人在這方面做得特別好。但到一九六〇年代，巴塔克教會的土著領導層改變立場，甚至在禮拜儀式中也開始強調地方傳統的豐富。對卡洛教會而言，一九六五年的七十五周年慶是一項重要關鍵。籌備這次慶典的教友事先未經神學辯論，就將卡洛音樂納入

儀式，結果非常成功。[85] 獨立後的一代印尼人，既感覺泛神論傳統習俗的凋零，又受到全球性文化多元主義新浪潮的鼓舞——除了五旬節教派之外，新的文化適應神學論點影響了大多數教會——於是投入這種復甦努力。在教宗若望保祿二世（John Paul II）於一九九〇年發表「救世主使命」（Redemptoris Missio）教宗通諭，強調文化適應之後，天主教迅速放棄禮拜儀式中使用拉丁文的普世作法，成為開風氣之先的領導人。

到一九七〇年代，巴塔克音樂也展開本身的擴展，從過去僅在喪葬儀式中演奏的舊有形式邁向商業化、純世俗的形式。巴塔克舞蹈與音樂，現在在每一個巴塔克人占多數的正式場合扮演重要角色。巴塔克人無論舉行任何婚禮或重要儀式，若少了巴塔克舞蹈就不算完整。這種舞蹈形式相對簡單，無論是誰都學得會，就算是來自都市的嘉賓也能笨手笨腳的參與，與主人同樂。

自殖民統治的一九三〇年代起，印尼就有專門宣揚地方文化的民營無線電台的傳統。日本占領期間以及之後的蘇卡諾「革命」時代，為了讓只用印尼語廣播的公營電台取得優勢，對大多數這類民營電台進行鎮壓。但在蘇哈托統治期間，廣告營收使民營與族裔電台大舉復興。一九七四年，印尼境內有兩百一十七家登記在案的民營電台，到一九九七年，這個數字增加到約七百家，其中至少有四成在北蘇門答臘營運。[86] 這其中至少有六家是由卡洛人擁有的，多峇人也擁有許多家。這些電台播放現代化、融入電子鍵盤與流行樂的巴塔克音樂，隨著巴塔克音樂的復甦，它們也越來越熱門。拜一九八〇年代磁帶問世，錄製音樂成本更低之賜，一些地方性電台能夠與全國性電台一較長短，推出更多地方性的音樂，不過也因此失去若干在地音樂的獨特性。城市迷你巴士大半由卡洛人（特別是在棉蘭）與多峇人擁有與經

營的事實，更為族裔音樂的推廣帶來又一重要管道。

（6）**建築**，在蘇哈托時代也成了一種重要的認同標籤。在動盪不安的一九四〇與一九五〇年代，漂亮、為祭典設計的高聳式多峇巴塔克房屋遭到拆毀，改建成比較寬敞、明亮的現代房子。在那段期間，巴塔克式建築的命運似乎注定告終。富有的都市家庭自然不想住進這些昏暗的老屋，但為了誇耀與祭祀，他們開始整修或全面重建父母或祖父母住過的這些房子。以我做的干農村調查做為典型案例，說明如下：在較大、公社色彩較濃的卡洛高原的村子，都市移民會捐款整修、重建村子的聚會設施，供移往外地的村民每年返鄉重聚。這類設施包括傳統的八戶共用的公房，包括有獨特的高屋頂、村子長老坐在裡面判斷是非的老穀倉，還有兩座現代建築。其中一棟是巨型的現代會議廳，取了一個乏味的荷蘭名字，叫做「los」（穀倉）；另一棟是有裝飾、原本用來陳列先祖遺骨的祭祀堂，現在用它的五根支柱，象徵五位家族創族祖先的一脈相承。

在一九七〇年代，來自高地的觀光主題開始進入城市。第一個成為產業巨頭的多峇巴塔克人帕迪德（T.D. Pardede）在棉蘭打造豪華酒店「巴塔克多峇湖」（Danau Toba），將屋頂上翹的多峇式建築風格帶進棉蘭。米南佳保或卡洛人旅館老闆，也紛紛響應，用本族特有風格打造旗下旅館的屋頂。不同旅館、餐廳、同鄉會、族裔教會，有時甚至連私宅所有人也開始在建築風格上爭奇鬥豔，棉蘭就這樣成為建築風格的競技場（見圖6-3）。另一方面，省內公共建築物，例如博物館與省議會也面對要求，得用它的建築代表省內每一個族裔。在一九七〇年代的卡洛，曼代靈與馬來亞人都堅持享有與多峇人同等的地位，到一九八〇年代，勢力較單薄的尼亞斯、戴利與西馬隆貢也提出同樣主張。但事情還沒就此結束。在二十一世紀民主浪潮衝擊下，

圖 6-3　位於棉蘭的卡洛新教教會的現代教　圖 6-4　為滿足各族裔的認同要求，北蘇門
　　　　堂，有卡洛特有的屋頂，二〇〇八　　　　　答臘省博物館採用多峇巴塔克式屋
　　　　年　　　　　　　　　　　　　　　　　　　　頂，馬來式入口，以及代表七大族
　　　　　　　　　　　　　　　　　　　　　　　　裔的橫紋裝飾

西海岸實武牙（Sibolga）地區的混血海岸認同也於二〇〇六年發聲，
堅持他們是代表第七類的「海岸族裔」。

　　面對這些族裔認同要求，省當局的解決之道就是利用大多數巴塔
克建築的高傾斜面，在省建築物的入口納入代表各族裔的裝飾（圖
6-4）。另一方面，就棉蘭市層面而言，由於馬來候選人自一九八〇
年代起就相對成功地控制市府，市立建築物就只有單一建築主題。

　　這場建築風格大比拚的靈感，無疑來自「美麗印尼縮影公園」，
這是蘇哈托總統之妻一九七二年在雅加達打造、代表印尼各省文化的

一座巨型主題公園。各省立即蜂擁起而效法。棉蘭博覽會是北蘇門答臘省的主題公園。省內每一個行政區都有代表作參展。這些作品一般而言都是傳統建築風格的房子，也因此都成為代表族裔文化的焦點。許多不了解這類建築風格的巴塔克人與其他族裔人士來到博覽會參觀，與「他們的」族裔文化拍照留影。甚至許多新人也喜歡選在這裡舉行婚禮，因為這樣做可以不必離開城市就能強調族裔聯繫。

民主政治與多層認同

在蘇哈托於一九九八年垮台以後，印尼迅速轉型成為一個實質的民主國家，不僅總統與國會，最後就連省長與各區行政首長也透過直接民選產生。再加上極大比例預算撥入省與區級政府的事實，說明地方政治在印尼比過去更加重要。在馬魯古的安汶人地區、在西婆羅洲（加里曼丹）以及在南蘇拉威西的部分地區，穆斯林與基督徒或敵對族裔團體之間爆發血腥衝突，造成好幾千人死傷。在東帝汶、亞齊與巴布亞，脫離印尼爭取獨立的鬥爭也奪走數以千計的人命。[87] 相形之下，北蘇門答臘雖是全印尼族裔與宗教最分歧的省分，卻沒有出現要求分裂的鬥爭，族裔、宗教暴力事件也較少，其中原因頗值得思考。

本章描述的歷史轉變，讓巴塔克人轉型為充滿活力、主要為都市與移民的社群。對巴塔克人來說，宗教或族裔分離已經變得難以想像。面對更大的、主控國政的印尼族裔，他們仍在許多領域感受到競爭壓力，不過這種競爭是在印尼舞台上進行的，用的是印尼語言，而且目標是提升巴塔克在象徵與實質性印尼資源中的地位。一九七〇與一九八〇年代受教育的一代巴塔克人，為調適都市的競爭生活方式，開始重新詮釋族裔認同。直到一九四〇年代仍然與都市生活格格不入

的巴塔克人，現在是都市生活最活躍的一群。巴塔克人是「多層認同」（layered identity）的最佳範例——他們將族裔與印尼認同在不同的社會互動層面上強而有力的內化與表達。

巴塔克語使用頻率的不斷減少，是現在印尼全速發展的過程的一部分。儘管一九九〇年的人口普查顯示，只有百分之十五的印尼人在家裡使用印尼官話，但在都市印尼人群中這個比例增加到百分之三十七，而且在較年輕、教育程度也較高的人群中比例更高。能成功通過印刷轉型考驗的印尼語言幾乎沒有，在一九五〇年過後迅速擴展的學校系統，將大多數印尼語貶低成只限於口頭溝通的「方言」。在這項語言流失過程中，身為都市移民的巴塔克人受害最深。根據紀錄，在一九九〇年，約有四分之一的巴塔克人會在家裡使用巴塔克語，[88] 比例超過其他都市人口，但比鄉村人口的比例低得多。不過，在族裔教會、巴塔克新教基督教會與巴塔克聖經的持續影響之下，多峇巴塔克語文的式微速度無疑緩了下來。在胡塔加隆（Hutagalung）一九二六年族譜研究的再版中，現代的編輯版本以優美的印尼文寫道，「若印尼的許多族裔文化已經褪色，似乎正在逐漸消逝的同時，多峇巴塔克文化正展現抗阻力。」[89] 但來到今天的書店，碩果僅存的巴塔克作品也只剩下聖經與族譜了。如果巴塔克認同得靠書寫文字支撐，它真的處於滅種絕跡之境。

國家與省級層面的民主政治的蓬勃發展，讓巴塔克人更有機會以他們特有的個人主義方式累積「精神能量」（sahala）與身分地位，但卻不能為他們的族裔爭取到更大自主權。在不民主的一九五〇年代，多峇巴塔克一度將作為自己土地主人的夢想寄託在辛保隆上校的軍事領導之上，而事實上，這是多峇巴塔克人團結支持一項政治運動的最後一次。他們的巴塔克新教基督教會因為印尼新教基督教會的成

立而於一九六四年分裂，到一九九〇年代再次因領導層內鬨而造成幾個教區的暴力事件。一九九八年過後的開放政治時代雖說讓人歡欣鼓舞，但它非但沒有使巴塔克人為爭取選戰勝利而團結，反而使他們相互傾軋。當北蘇門答臘省第一次的省長與副省長公開選舉於二〇〇八年四月舉行時，五組候選人幾乎平分選票，旗鼓相當。最後勝出的人是資深馬來政治家施亞蘇・阿里芬（Syamsul Ariffin），他的競選標語是「每一個部落的友人」。其他落選的四組人馬都有一名巴塔克人，其中三人是多峇人。這四組落選候選人中得票最多的一組，以先達市（Pematang Siantar）的多峇巴塔克人市長為首，他的競選搭擋是一名沒能爭取到大量爪哇選民支持的爪哇人。

後蘇哈托改革時代將預算與其他權力下放地方的作法，或許看起來能幫多峇人與卡洛人至少在塔巴努里腹地管理自己的事務，但結果適得其反。迫於角逐地方分權新資源的壓力，在地方政府過去一直為多峇巴塔克團結提供行政支援的北塔巴努里，分裂為四個區。在一開始，多峇湖附近地區從北塔巴努里分出，成為多峇薩摩西（Toba Samosir），之後這兩個區又各自再次分割。多峇巴塔克人的團結雖是移民的心頭之重，但是對於世居在高地老家、原本就四分五裂的多峇巴塔克人來說卻似乎不是很重要。

但多峇巴塔克與卡洛巴塔克卻都以一種或許可以稱為「多層認同」的方式，在印尼形成涇渭分明的族裔。甚至在移民社群中，與其他族裔相形之下，他們也顯得更自信，同族通婚的比率也較高（有人認為比率超過九成）。蘇珊・羅傑斯（Susan Rodgers）指出，以聯姻與家譜系統為基礎的巴塔克「政治版」認同，反對蘇哈托文化運動鼓吹的那些「軟趴趴」的民俗舞蹈、服裝與童玩。[90] 而所謂的巴塔克認同就像古早以前，因抗拒蘇門答臘海岸地區的穆斯林認同應運而生一

樣，現代的巴塔克認同也是因為在印尼身為基督徒少數而成形的一種反抗意識。但巴塔克人並不反對印尼認同本身，他們除了多峇（或卡洛）、基督教、巴塔克與區域（一般以一個城市作為表達——棉蘭）認同以外，同時也熱情擁抱印尼認同。極力推廣巴塔克獨特傳承的棉蘭報紙同時也「孜孜不倦地鼓吹印尼民族主義」。[91]

　　因此，可以說印尼與它之前的帝國是巴塔克人唯一知道的國家形式，而現代印尼也是他們可以想見的唯一真正的民族國家。

第七章

馬來西亞族裔的遲遲成形

——卡達山人或杜順人

馬來西亞政府在一九九五年年底同意，繼馬來文、中文、塔米爾文（作為西馬來西亞三大社群語言而持續獲得認證）、以及伊班文（Iban，砂拉越最為廣泛使用的達雅系語言，稍早前獲得許可）之後，可以在本國學校以第五種語言教學。這種語言稱為卡達山杜順（Kadazandusun）語，是沙巴（婆羅洲北角）的原住民語言。在距本書英文初版上市的最近一次（2000 年）人口普查中，使用這種語言以及具備「卡達山」認同的五十萬人均被列為卡達山人。不過，回溯之前的人口普查，在一九九一年登記為「卡達山」的共有十萬四千九百二十四人，「杜順」則有二十一萬六千九百一十人；而這兩個族群在一九八〇年被納入較大的「普里布米」（Pribumi，原住民）類型；在一九七〇年都被列為卡達山人；在一九六〇年與更早之前的人口普查則被列為杜順人（見表 7-1）。因此，我在本章統稱他們為「卡杜」（KD）。

雖然今天我們已知道「人口普查」是推動認同形成的重要工具，但上述的差異則可說明族裔建構之路的崎嶇坎坷。與上一章所述的巴塔克不同的是，沙巴屬於更為晚近的案例，在它被要求加入的民族國家於一九六三年建國以後很久，其政治化（Politicisation）與族裔建

表 7-1　沙巴人口普查百分比[a]（單位：千人）

人口普查	1911	1921	1931	1951	1960	1970	1980[b]	1991	2000
卡達山[c]	42.0	39.8	39.8	35.2	32.0	29.9		19.6	18.4
毛律	12.7	11.5	8.8	5.6	4.9	4.8		2.9	3.3
巴瑤（Bajau）	11.3	12.7	12.3	13.4	13.1	11.8		11.7	13.2
馬來	2.9	2.3	2.1	0.6	0.4	2.8		6.2	11.7
其他原住民[d]	14.4	13.2	13.0	16.5	15.8	13.5		13.6	14.3
華人	12.9	14.9	18.0	22.3	23.0	21.4	16.3	11.5	9.6
印尼人	2.6	4.3	3.6	2.4	5.5	6.1			
菲律賓人	0.1	0.2	1.3	0.6	1.6	3.1		23.9[e]	23.6
總人口	215	263	277	334	454	653	956	1,735	2,603

a Reid, 1997: 124; Malaysia Census, 2000.

b 1980年的馬來西亞人口普查，將所有不是華人或印度人的人都列為「普里布米」（Pribumi，原住民），印尼與菲律賓移民也都被納入這個類型。

c 直到1960年人口普查以前都列為杜順人，到1970年人口普查以前都列為卡達山人。我之所以將1970年人口普查中列出的10,881名倫古斯（Rungus）人與20名洛圖德（Lotud）人納入卡達山類型，是因為他們在之前幾次普查中都屬於這一類型。在1991年人口普查中，我將登記為杜順的216,910人與登記為卡達山的106,740人，與估計為倫古斯杜順的19,000人合計。這項估計的根據是，自1970年人口普查以來，倫古斯杜順人的人口增長與其他卡達山人一樣（74.4%）。倫古斯人以語言、文化與神話而言，無疑屬於「杜順」一類，但在古達（Kudat）半島的山谷裡，他們比其他族裔更加抗拒現代的文化適應壓力，仍保有「長屋」居住型態與主要是臨時農耕的農作方式。

d 1970年以前的人口普查列有特定族裔，包括蘇祿（Sulu）、雙溪（Orang Sungei）、汶萊（Brunei）、卡達央（Kadayan）、宿霧（Bisaya）與鐵東（Tidong）。這些族裔在1991與2000年的人口普查中都列為「其他布米普特拉」類型。我為了計入古達的倫古斯杜順人，在這兩年的這類型人口數字減少1%（將卡達山人的數字同比增加）。2000年人口普查顯示，「其他布米普特拉」類型包含10.5%穆斯林與3.8%的基督徒。

e 有關印尼與菲律賓人的數字代表（新移民）國籍，不代表族裔。在1991與2000年的人口普查中，這個移民類型總加在一起，視為「非馬來西亞人」。它極具爭議，而且在不同的人口普查報告中數字也各不相同。由於各類型占比總加起來不是百分百，這個包括許多非法移民的「非馬來西亞人」類型或許是差額所在。若計入非法移民，這類型人數在2000年可能增加29.5%。統計局發布的2005年數字顯示，沙巴總人口為3,015,000人，其中748,000或24.8%的人為非公民〔《每日快報》（Daily Express），2008年8月3日〕。

構進程才姍姍來遲。巴塔克在構建反帝國族裔主義與其後續國家民族主義的過程中，與其他族裔一同出力甚多；而卡達山始終是局外人，與馬來族裔民族主義一直處於緊張對峙的態勢，而後者在馬來西亞的國家民族主義進程中據有核心地位。另一方面，馬來西亞的聯邦結構是基於多項政治妥協而縫合成的，這為地方上集中聚居的少數族裔提供許多優勢，與印尼的中央集權革命政府截然不同。卡杜族裔的遲遲成形與政治參與的緩慢展開，與沙巴的當代地方政治，以及卡杜人將自己定位為沙巴「天命民族」的鬥爭息息相關。卡杜人雖說輸了這場鬥爭，卻能排除萬難，在馬來西亞的聯邦與多元體系內部取得一席穩定的發言地位。他們在邁向現代政治認同過程中經歷的浮沈，為我們有關亞洲民族主義的基本論點提供有力的論據。

沙巴民族

在二十世紀早期，唯一付之書面的沙巴語言仍是「外來」語──英語、馬來語與華語──沙巴人唯一擁有的教育機構也用這些外來語教學。在整個二十世紀，卡杜人一直處於一種兩難窘境：他們是否應該以只有一種書寫語言的單一民族的形式，或是以兩個同類民族，甚或以同化成為較大「馬來」認同的其中一部分的形式（雖然抱持複雜的心情），作為馬來西亞境內（甚或超越馬來西亞）的「原住民」，融入都市化、文化水平較高的現代世界，與其他民族主義競爭。

英國在北婆羅洲的殖民當局用馬來名詞「杜順」（Dusun）描述婆羅洲內陸大多數的務農人口。所謂「汶萊馬來」，指高地的農民，這些人與商人、城裡人與穆斯林截然不同，含有粗俗、不信神與不文明的貶意，屬於自命高人一等的用語。儘管「杜順」一詞常用來指涉

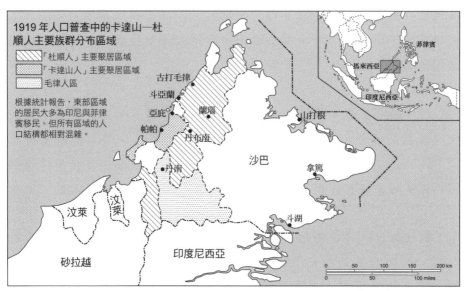

沙巴地區的卡達山人與杜順人的分布圖

包含所有非穆斯林或華人的「其他人口」類型，殖民政府在人口普查中，特別將婆羅洲南方、根地咬（Keningau）與丹南（Tenom）附近閉塞河谷的「毛律人」居民加以區隔。根據歐文・魯特的看法，[01] 毛律人住在與世隔絕的河谷，仍然以狩獵採集維生，杜順不過是已經懂得從事農耕，比較進步的毛律人罷了。「杜順人由於住在比較平坦的地區，受到較文明人的影響，已經從野蠻人進化到一個較高階的開發階段……毛律人今天的樣子就是杜順人昨天的寫照。」

　　這些殖民時代被定位為「杜順」的人，似乎也自認為一個單一民族，都有一個有關「努努克拉岡」（Nunuk Ragang）共同族裔源起的神話。努努克・拉岡是一株巨型榕樹，據說位於蘭瑙東方、里瓦古（Liwagu）與吉里邦（Gelibang）兩河交流之處。杜順人或許在與華

人產生一些文化接觸之後，就從這裡往沙巴西岸各處遷徙及繁衍，逐漸發展出不同的方言[02]。在卡達山民族主義誕生以前，已經有人種學者提出報告：

> 杜順人本身，雖說在他們自己的語言中沒有共同的族群名字，但彼此確實把來自努努克拉岡村的所有其他杜順族群視為自己人。只有發源於這個村的人才算是杜順人。就我觀察所得，這個標準確實能有效對應杜順這個稱謂現在所適用的人群範圍。[03]

其他地區的高地族群，例如北蘇門答臘的巴塔克或蘇拉威西的托拉查，最後都接受沿海居民自命不凡地賦予他們的、帶有貶意的標籤，而在沙巴地區，這個過程進行得並不順遂。魯特在一九二〇年代指出，許多他稱為「杜順」的族群會集體自稱為「土地之子」（tulun tindal），但那些「住在西海岸，特別是住在帕帕（Papar）的人」則自稱為卡達山。每一群體都住在河谷深處而與世隔絕的「毛律人」，一般認為他們與非毛律的其他族群沒有親屬關係，更別說與「杜順人」有任何瓜葛了。

馬哈地喜歡說馬來人是「天命」（definitive）原住民，當代的卡杜發言人也套用這說法，認為他們是沙巴的「天命」原住民。他們認為，主要穆斯林族群——包括巴瑤、蘇祿、汶萊、伊拉農（Illanun）與各式各樣的印尼人、以及目前流行的「馬來人」概念——都是最近才遷入的移民，所有非穆斯林的婆羅洲民族才算得上是「土著」卡杜人。

不過，當英國官員在一九一一年北婆羅洲人口普查中第一次計算族裔人口時，列為「杜順」的人只占總人口百分之四十二，毛律人占

百分之十三（華人占百分之十五，巴瑤人占百分之十三，「其他土著」占百分之十三）。由於移民加劇湧入與更多居民皈化伊斯蘭教，卡杜人口自然增長的程度又比移民數量低得多，卡杜總人口不斷遞減，到一九九〇年已經減少到不到百分之二十。由於毛律人在二十世紀遭遇一場人口衰退危機，卡杜人與毛律人合計的人口占比下跌得更深，從一九一一年的百分之五十五減少到二〇〇〇年的百分之二十二。

卡達山人的故事

卡杜人沒有本土書寫系統（不像那些與他們略有淵源的菲律賓族群），也因此卡杜語沒有標準書寫形式。到一九二一年，卡杜人的識字人口仍然只有百分之二，幾乎所有卡杜人都是泛靈論信徒，他們都沒有受過現代教育。但自一八八二年起，天主教米爾山教會（Catholic Mill Hill Mission）已經在亞庇南方的西海岸建校，招收卡杜人學生。經過一段非常緩慢而艱難的草創期，教育進展在第二次世界大戰結束後開始加速。到一九五三年，沙巴已經有四十所天主教學校，學生人數將近六千人，大多數為「土著」。當時在整個學校系統（包括公辦學校與華人學校）中，被列為「杜順人」的有三千三百八十五人。[04] 這些人大多數是在這四十所天主教學校——包括位於亞庇後方、賓南邦（Penampang）河谷的名校聖麥克中學（St Michael's Secondary School）——中的一所就讀、住在西岸的卡杜人。在一九三一年，土著人口中的基督徒雖說不到百分之四，到一九六〇年，這個比例已經增加到四分之一。[05] 政府辦的學校以馬來語教學，華人學校以中文教學，但天主教學校的作法是一開始以卡杜方言教學，然後從第三年或第四年起逐漸改用英語教學。就這樣，拜這些天主教學校之賜，一小

批受過教育的卡杜精英在一九五〇與一九六〇年代出現，他們都是天主教徒，英語流利，還能用羅馬字書寫自己的土語。儘管他們為適應都市生活的日常交往，不得不經常使用馬來語與英語，但他們的卡達山語也因不斷閱讀各種卡達山天主教教義刊物與祈禱書而持續得以精進。[06]

這些受過教育的精英大多數人似乎相信他們是卡達山人，他們的語言是卡達山語。但英國殖民政府仍然稱這種語言為「杜順」，而且還對它究竟是單一語言的名稱還是多種方言的泛稱表示懷疑。一九五〇與一九六〇年代可以稱得上是這兩種觀點相互鬥爭的時代，最後前者勝出。相較於其他大多數「闖入」（Made it）現代世界的語言，對卡杜人而言，儘管這項透過學校、教會、政府與媒體進行的語言標準化進程來得晚得多，但這項進程無疑對這第一批卡杜精英影響很大。

一九五三年一月發行的《沙巴時報》（Sabah Times）是殖民地第一家英文日報，它到當年年底有一千名訂戶。這些訂戶無疑大多是華人與歐洲人，但該報總編輯、本地出身的唐納‧史蒂芬（Donald Stephens，父親是澳洲人，母親是卡杜人）眼光遠大，開闢了一頁「用羅馬字的馬來文與杜順文寫的」新聞。[07] 被史蒂芬稱為「卡達山一角」（Kadazan Corner）的這頁卡杜專版，使用米爾山教會為賓南邦與帕帕方言研發、為各種天主教學校廣泛採用的一套拼音系統。史蒂芬日後為這麼做作了以下辯護：

之所以開闢這個專頁，既為了響應卡達山人日漸增強的民族自豪感，也因為我們知道他們希望擁有自己的名號，不要一個未經他們同意、由外人強加在他們身上的標籤……我覺得，如果卡達

山人真想建立一種**全民一體**的認同，就應該加強共同語言聯繫，而加強這種聯繫的最佳之道，莫過於想辦法解決**語言標準化**的問題。很顯然，解決這個問題首先得從賓南邦／帕帕地區使用的卡達山語著手，因為這個地區的人將口語寫下來的歷史由來已久……我們當然也可以選用斗亞蘭、古打毛律或者蘭瑙地區使用的卡達山口語，不過由於賓南邦與帕帕地區使用的卡達山語最廣為人知，而且已經作為一種書寫語言（羅馬字）而被使用，採用賓南邦／帕帕地區使用的卡達山語顯然是最佳選擇。[08]

最早先為這個「卡達山一角」執筆的同一群賓南邦卡杜知識分子，在一九五三年創辦「卡達山協會」（Society of Kadazans），致力改善地區內卡杜人落後狀況，保護他們的文化。隨著第一本現代字典問世──這是一名米爾山傳教士被日本人囚禁在集中營期間寫成的一本卡達山字典與文法書，之後經澳洲哥倫布計劃（Australian Colombo Plan）協助發表──卡達山協會的工作開展更是如虎添翼。[09]

作為口語媒體，電台的作用不在於發展一種共同書寫標準，但電台曾經有過更加廣大得多的訴求，而且作為內陸地區卡達山理念的先驅而被歷史銘記。「沙巴電台」自一九五三年起，每天以英語、馬來語與華語，對當年兩千七百名獲准持有收音機的聽眾廣播幾個小時。第一個再被政府稱為「杜順語」的廣播於一九五四年首播。到一九五七年年初，這項廣播成為一個每天播放十五分鐘的常設節目。該節目由於深受「卡達山人」歡迎，播出時間不斷增加，從每天三十分鐘增加到一九五七年年底的每天四十五分鐘，再到一九六〇年的每週十四個小時。這個節目所以如此火熱，來自賓南邦的「卡達山」信

徒福瑞德・西尼道（Fred Sinidol）居功厥偉。西尼道帶著他的「村落節目」（Kampong Program）製作組遊走於各處山村聚落，廣播地方藝術家的音樂，討論傳統習俗與新聞事件。其他語言的節目大多由外界人士輾轉授播，但這個卡達山節目純屬本土製作，其中六成以上是地方音樂團隊的演出，有些團隊為求參加節目錄製，情願步行達六十英里。這個節目雖以各式各樣地方方言播出，但極力宣揚大家都是「卡達山」單一語言團體一分子的觀念。[10]

　　「卡達山」（Kadazan）一詞的起源仍然有爭議。許多人認為，它來自「kakadazan」（城鎮）這個字，指的是住在海岸地區半都市化的居民，以有別於住在蘭瑙與丹布南之間高地地區的利萬（Liwan）人。[11]還有人認為，卡達山或代表內陸卡達山的「卡達央」，不過是一個地區名，長久以來一直用來指西海岸賓南邦與帕帕地區的居民，或意指「土地之子」，以別於海上之民。[12]但史蒂芬與他的支持者認為「卡達山」意指「我們的人」，這個名稱一度為所有卡杜人接受，但英國官員由於不願看到卡杜人以本民族為傲並團結一致，向卡杜人施壓，迫使卡杜人「忘記」，這個名稱逐漸凋零。[13]反卡達山的沙巴杜順統一協會（United Sabah Dusun Association，USDA）日後宣稱，「卡達山」根本不是一個土著用詞，它由馬來文「kedai」衍生而來，意為商店或城鎮，之後進一步衍生為「kedaian」（住在城鎮的人），以沿海地區方言來說，就是「卡達山」。[14]「卡達山」一詞本身的來源以及採納它的動機都模糊不清，這在後來帶來不少麻煩。彼得・摩尊丁（Peter Mojuntin）寫道，「幾乎所有受過教育，或極力爭取接受教育的卡達山人，都認為殖民時期被稱為『杜順』是對他們的羞辱」。摩尊丁這番話，無疑說出一九五〇年代他那一代卡達山知識分子的心聲。他認為，他們這些人使用「卡達山」一詞，部分原

因是他們要求獲得像沙巴境內所有其他種族一樣的待遇。[15] 儘管這些早期民族主義者,無疑真心想將「卡達山」這個標籤加在沙巴境內所有原住民身上,但他們永遠無法完全抹去它與都市知識分子的關聯。早在一九六〇年代,蘭瑙的一名田野工作者已經注意到,雖說當地的杜順人也願意接受他們與賓南邦人同屬一個民族的說法,但「身為蘭瑙人的他們,竟然應該被稱為……卡達山人的說法,讓這些人不敢恭維」。[16]

卡達山族裔主義

一九五〇年代初期成立的第一批卡杜文化與社會組織,當然用的是「卡達山」這個名號。當唐納・史蒂芬——《沙巴時報》總編輯,第一個成為政府要員的卡杜人——在一九五八年當上卡達山協會會長時,這些組織開始成為政治要角。一九六一年,馬來亞總理東姑・阿布都・拉曼提出建議,主張將婆羅洲與新加坡併入馬來西亞,原本平靜無波的沙巴突然間政治浪濤洶湧,卡達山協會也搖身成為一個政黨,即「卡達山民族統一組織」(UNKO)。來自沙巴各角落的卡杜代表並且通過投票,決定以「卡達山」作為所有非穆斯林土著族群的代稱,不過也遭到一些異議。

為什麼在它的英國主子提倡多種族政黨的情況下,這個脆弱且新近形成的卡達山認同卻能成為殖民地政治化運動的基礎?這其中的原因,與清一色由馬來人組成的政黨「馬來民族統一機構」一九四六年在馬來亞成立時的背景十分類似。一九六一年沙巴的卡達山人,認定他們與當時馬來亞的馬來人一樣,無論就教育與經濟條件而言都居於劣勢,若是建立多種族架構,他們一定會分別遭到占有大優勢的華

圖 7-1　唐納‧史蒂芬於一九六三年宣布沙巴加入馬來西亞，坐在正中的是敦‧穆斯塔法
（Tun Mustapha）

人與穆斯林的操控或吸收。此外，像馬來亞的馬來人一樣，卡達山人相信他們人口既較多，原住民屬性也更強，如果團結一致就能達到目標。在最初幾年，沙巴境內的政治生態似乎也有利於實現這些希望。

　　首先，史蒂芬成為第一首席部長，隨後於一九六三年領導沙巴加入馬來西亞，而穆斯林與華人領袖則扮演輔助角色（見圖 7-1）。其次，卡達山民族認同的一些關鍵標誌開始獲得各社群的支持。在「土著首長年會」（Annual Native Chiefs' Conference）建議下，殖民政府在一九五六年同意卡杜人每年可以放假三天，慶祝以祭拜稻神為主軸的「豐收節」（Kaamatan）。史蒂芬大力推廣豐收節，說這是與華人春節以及穆斯林「開齋節」同樣重要的節日。一九六〇年，豐收

節載入州政府行事曆，成為全沙巴的節日。豐收節很快成為卡達山文化熱門亮點，節慶活動除了載歌載舞、演說與運動比賽以外，還會舉辦旨在紀念美麗女神胡米娜登（Huminodun）的選美活動作為壓軸。根據卡杜人的起源神話，胡米娜登犧牲自己的生命，蘊育了稻米以及其他卡杜人農業的必備農作物。「卡達山」一詞為受過教育的精英廣泛接受，就連安東尼森神父在字典中確立的書寫範式也未遭到挑戰。卡達山文化協會（Kadazan Cultural Association）於一九六三年成立，致力於卡達山語言、歌曲、舞蹈與習俗的記錄、維護與標準化，還從一個較早成立的青年協會手中接掌豐收節年度慶典的籌備作業。[17]

布米普特拉的挑戰

沙巴於一九六三年加入馬來西亞，當時沙巴有一個表面上類似西馬來西亞的聯合政府，聯合政府由三個黨組成，每個黨各有一個特定族裔—宗教傳統。達圖‧孫丹（Datuk Sundang）在一九六一年到六三年間反對毛律人加入馬來西亞，認為毛律人的政黨應該以「鄉民」（Pasok Momogun）命名，不應該叫做「卡達山」。唐納‧史蒂芬領導的、由卡杜人主導的政黨，在吸收孫丹的黨徒以後，於一九六四年一月改名為「卡達山鄉民統一組織」（UPKO）。「沙巴民族統一組織」（USNO）由沙巴最著名的穆斯林蘇祿‧達圖‧穆斯塔法（Suluk Datuk Mustapha，後來被冊封為敦）創辦，他之後成為沙巴第一任原住民州長，這是一個類似西馬來西亞諸州統治者的虛位首長職。就這樣，沙巴民族統一組織缺失一個強有力的政治領導人，但由於擁有馬來西亞最大黨「馬來民族統一機構」的支持與同情，沙巴民族統一組織仍然享有極大優勢。有鑒於巫統這榜樣，沙巴民族統

一組織雄心勃勃，要成為由穆斯林主導、代表全沙巴「布米普特拉」（bumiputra，土地之子）的政黨——該詞彙在馬來西亞建國時出現，代替馬來人用以描述各種享有特權的「原住民」類型。沙巴聯合政府除了這兩個政黨之外，還有理論上雖為多種族、但實際上由華人與都市居民控制的沙巴民族黨（SANAP）。

沙巴聯合政府完全未能達致西馬來西亞政府那種穩定局面。它當時陷於兩派辯論的分裂狀態：一派是李光耀主張的「馬來西亞人的馬來西亞」，另一派是吉隆坡的族裔各立政黨模式，主張各族裔政黨同意由馬來人主導，並保證他們在政府中擁有一席之地。沙巴各政黨都一度想成為多族裔政黨，但各有不同立場。卡達山鄉民統一組織與卡達山民族統一組織（UNKO）為所謂原住民究竟意在何指而爭論不休，卡達山鄉民統一組織同時還與「沙巴華人公會」（SCA）——原本叫沙巴民族黨（SANAP），在馬來亞華人公會壓力下改名——競逐華人的支持。許多華人長久以來一直與卡杜人交好。

一九六五年八月，新加坡被逐出馬來西亞，對餘下各邦所形成的權力均勢提出質疑的人被控對馬來西亞不忠，卡達山鄉民統一組織無法承受吉隆坡壓力的弱點更加暴露。為了在執政聯盟繼續保有一席之地，卡達山鄉民統一組織逐一放棄它擁有的政府職位：一九六四年年底，在另兩個政黨聯手施壓下，史蒂芬被迫辭去首席部長一職：史蒂芬與年輕一代卡達山政治人物中最能幹的彼得·摩尊丁，在一九六五年被迫辭去卡達山鄉民統一組織會長與書記；穆斯塔法也在同一時間辭去州長職位，進入政界，成為沙巴聯盟（Sabah Alliance）主席，並且不肯依照原先協議下台，把主席職位讓給卡達山鄉民統一組織。在一九六七年州選中，卡達山鄉民統一組織在十四個卡杜人占多數的選區中贏得十二席，確認它作為卡杜人政黨的地位。儘管如此，穆斯塔

法的沙巴民族統一組織贏得十四席，在沙巴華人公會支持下組閣，將卡達山鄉民統一組織完全排斥在外。卡杜人不僅當不成「天命」民族，就連作為少數派的發言權利也似乎在政府中消失了。[18]

在這場危機的緊要關頭，史蒂芬似乎接受了穆斯塔法的說法，同意馬來西亞的「土地之子」應該在馬來人與穆斯林的領導下團結，這讓他那些年輕一代的卡達山部屬們驚愕不已。一九六七年十二月，在向卡達山鄉民統一組織全民會議發表的一次演說中，史蒂芬情緒激動地提出卡達山鄉民統一組織解散動議，要求所有卡達山鄉民統一組織成員申請加入穆斯塔法的沙巴民族統一組織。他說，「為了求得存續，我們卡達山人必須拋開自己的種族主義或部落意識，不僅要接受所有土地之子都是一家人的概念，我們還必須從感性上接納這件事」。[19]在說服支持者放棄原有政治認同之後，史蒂芬本人淡出政壇，後來擔任馬來西亞駐坎培拉高級專員。穆斯塔法與他在吉隆坡的許多支持者認定，只有在伊斯蘭教的基礎上，「布米普特拉」（土地之子）團結的目標才有望真正達成，這套邏輯終於使史蒂芬於一九七一年皈依伊斯蘭教。就這樣，卡杜自己的領導人宣布，卡達山民族主義的奮鬥從頭至尾就是一個錯誤。

對任何篤信卡杜人或沙巴基督徒應該有一種獨立認同的人而言，接下來十年都是一段暗無天日的歲月。由於控有長期在沙巴金權政治當中發揮主要影響的伐木特許權，又擁有吉隆坡的支持，穆斯塔法開始採取進一步行動，壓制卡杜認同的關鍵標誌。他的族裔整合政策是「一種語言，一種文化，與一種宗教」。當所有的學校於一九六〇年代末期被納入國家系統時，卡達山語教學遭到剷除。自一九七四年起，電台廣播只能使用馬來語與英語，其他一切語言都在查禁之列。馬來西亞當局違背最初協議，於一九七三年宣布以伊斯蘭教為國教，

還以各式各樣手段鼓勵沙巴人皈依為穆斯林。一九七〇至七二年間，大多數外國神父與傳教工作人員被驅逐出境（單在一九七〇年就有四十一人遭驅逐），第一位馬來西亞天主教亞庇主教（一名砂拉越華人）被拒發居留許可。[20]

卡達山的復甦

事實證明，對年輕一代沙巴人來說，這段黑暗時期的政治熔爐，從中提煉出更具實質意義的認同。就許多新生代領導人而言，一九七二年十二月的抗爭就是他們年輕時期的成長歷練。八名接獲驅逐令、但還沒有離境的米爾山傳教士認為，除非當局向他們說明驅逐的理由，他們將會消極抗拒這項命令。隨著限令離境的時間不斷接近，天主教學校的學生開始輪班在這八名傳教士的住宅守夜，以防警方突襲。十二月二日凌晨三點，警隊突襲三處天主教卡達山據點。在帕帕與丹布南（Tambunan），警隊在值夜學生驚醒以前，剪斷教堂警鐘繩索，讓學生無法搖鐘示警，從而將神父逮捕下獄。在瓜拉班尤（Kuala Penyu），警方行動較不順利，六百名教眾在夜間聚集，阻擋警隊進入。之後警方召集數百援軍，警隊與鎮暴隊伍才突破群眾封鎖，抓走神父。[21]

這場戲劇性對抗最後讓卡杜人勇氣倍增，獨立於伊斯蘭之外的卡杜認同也更加深入人心。所有的教會現在都認定，穆斯塔法的迫害其實是一項福賜，因為它迫使基督徒更有活力、更馬來西亞、領導也更庶民化。值此最艱難的一刻，天主教會在沙巴全境各教區建立平信徒牧者理事會（lay pastoral councils）。沙巴牧者理事會（Sabah Pastoral Council）於一九七一年創辦，第一任主席是最有魅力的年輕

一代卡杜領導人彼得・摩尊丁。他在一九六四年二十五歲那年，當上卡達山鄉民統一組織書記，一九六九年勉強應史蒂芬之請，加入沙巴民族統一組織，成為一九七〇至七五年的穆斯塔法內閣中，少數幾名卡達山人閣員之一。不過摩尊丁沒有追隨史蒂芬而皈依伊斯蘭教，他當了基督教首席發言人，不斷引用沙巴加入馬來西亞時提出的《二十點協議》，以保衛宗教自由。

不過，導致穆斯塔法政權在一九七五年垮台的主要原因，並非卡杜人的抗爭，而是他傲慢、獨裁的行事風格，對於政務的日益懈怠，導致其支持者反戈一擊。造成穆斯塔法與吉隆坡政府翻臉的最後一根稻草，是他公開威脅吉隆坡當局說，若不允許他自行其是，他就要讓沙巴退出馬來西亞。為對抗這項威脅，馬來西亞總理敦・拉沙（Tun Razak）鼓動穆斯塔法的副手哈里斯・沙雷（Harris Salleh）另組新黨。哈里斯認為，若想在沙巴的選舉中擊敗穆斯塔法，就得拉攏卡杜人，於是建議邀請唐納・史蒂芬〔這時已被稱為敦佛（Tun Fuad）〕與彼得・摩尊丁入黨。就這樣，「人民團結黨」（Berjaya）在史蒂芬與哈里斯領導下於一九七五年成立，並於一九七六年擊敗穆斯塔法的沙巴民族統一組織。卡杜人、特別是基督徒的支持是這場勝利的關鍵，作為對他們的回報，穆斯塔法的伊斯蘭化運動當中，各種粗暴手段被停止執行。

兩個月以後，第一任人民團結黨首席部長史蒂芬與彼得・摩尊丁在墜機事件中喪生，卡杜人重返沙巴政治核心舞台的希望再遭重挫。身為穆斯林的哈里斯・沙雷繼任人民團結黨首席部長，努力耕耘與吉隆坡的關係，甚至比從前更為緊密。哈里斯在一九七六至八四年間幾屆州長任內，在吉隆坡的規劃框架內大力推動沙巴現代化，造就眾多堪稱中產階級、受過教育的卡杜人。但卡杜精英人士得以參與政府運

作——擔任副首席部長的詹姆斯·昂格奇里博士就是其中佼佼者，並未能滿足這些新崛起卡杜人對於本民族應有地位的期望。

卡杜知識分子抱怨說，高等公共服務領域持續向穆斯林傾斜，同時持續容忍甚或鼓勵來自南菲律賓與印尼的移民，沙巴越來越遭穆斯林壟斷。讓卡杜認同受創更重的是，人民團結黨政府接受馬來民族統一機構的觀點，認為所有布米普特拉都應該認為彼此同屬一個民族，只有一個文化（當然就是馬來穆斯林文化），暗示他們似乎應該與華人及外國人分庭抗禮。州政府發現「布米普特拉」概念已令許多卡杜人反感，於是在一九八〇年用印尼名詞「普里布米」（Pribumi，原住民）代表所有「馬來系及其親屬族群」的沙巴族裔。就這樣，一九八〇年人口普查撤銷了卡杜類別，將過去自認為「天命」民族的卡杜人，與不久前才從菲律賓與印尼來到沙巴的移民歸在同一類型。[22]

自史蒂芬一九六七年作出解散卡達山鄉民統一組織的決定以來，明顯的族裔政治衝突消聲匿跡，卡杜認同與哈里斯政府之間的衝突聚焦於文化議題。在穆斯塔法執政期間苟延殘喘的卡達山文化協會（KCA），由於在一九七六年十二月選出約瑟夫·派林·基廷根（Joseph Pairin Kitingan）擔任會長，而展開一段新生。派林是在澳洲留學的律師，屬於政壇新人，一九七五年加入人民團結黨，在史蒂芬與摩尊丁死後升為部長與黨副總裁。他將卡達山文化協會發展成一個極獲民眾支持的組織，在全沙巴各地都有分會，在每年的豐收節慶典扮演特定角色。哈里斯為了防範可能發生的對立，要求派林將卡達山文化協會併入多族裔的沙巴文化協會（Sabah Cultural Association），但遭派林婉拒，哈里斯的構想也隨之流產。

一九八一年，州政府宣布，已經成為卡杜族裔認同重頭戲的一

年一度的豐收節，應該是所有沙巴人的「全民節慶」。州政府在一九八二年五月接管豐收節慶典籌備工作，將原來的三天假期縮短為一天，取消泛靈派巫師（Bobohizan）們進行的豐收儀式，還以馬來西亞元首將前來主持典禮為藉口，限制民眾入場。卡達山文化協會於是決定，在派林的大本營丹布南按照傳統方式舉辦自己的全國性豐收節。儘管遭到州政府全面杯葛，而且不能使用一切政府設施，丹布南的這場豐收節慶典吸引沙巴全境自稱為卡達山、杜順、或毛律的民眾熱烈參與，辦得非常成功。*

　派林由於主辦這場慶典而成為卡杜認同的新英雄——該認同已經長期缺乏中堅人物。卡達山文化協會在一九八四年三月推舉他為「勇敢領袖」（Huguan Siou）。殖民統治以前的卡杜人社會一直處於真正無國家狀態，沒有國家與地方領導，不過戰時領導人不時會挺身而出，抵抗來自汶萊或英國的侵擾。「勇敢領袖」這個頭銜在十九世紀的賓南邦與帕帕一度流行，卡達山民族主義者在一九六四年重新搬出這個頭銜，加上「偉大領導人」甚至「最高首領」（砂拉越布魯克政府為達雅人官員設計的頭銜）[23] 的新意，賦予唐納‧史蒂芬。泛靈派巫師還在境內各處舉行儀式，為加強史蒂芬的力量而祈禱。這些舉動在窮鄉僻壤確實產生一些促進卡杜人團結的效應，但也讓史蒂芬難以繼續在哈里斯政府中留任。史蒂芬在一連串爭議下於一九八四年退出人民團結黨，同年十二月在丹布南選區改選中勝出，以凱旋之姿重返州議會。五個月後，派林領導新成立的「沙巴團結黨」（PBS）在州選中擊敗因貪腐與獨裁而失去民心的哈里斯政府，出任首席部長。在接下來的一九八六與一九九〇年州選中，儘管來自吉隆坡的反對持續

---

* 作者注：《我們的文化遺產》（*Our Cultural Heritage*）中談到這場慶典。未注明日期。

加強，派林的沙巴團結黨獲得更加輝煌的選戰成果。[24]

杜順的挑戰

　　這位新卡杜英雄的勝利，似乎消除了關於卡杜獨立認同是否能夠建立的焦慮。豐收節放假恢復到兩天，卡達山文化協會重新掌控慶典籌備工作主導權；富麗堂皇的卡達山文化協會文化中心在賓南邦建立，作為往後全沙巴性慶典的場地；「卡達山」族裔標籤再次獲得法律認可，「普里布米」不再使用，當局第一時間下令，重新在學校以卡達山語教學。但這些勝利也帶來日後進一步分裂的種子。

　　採納「卡達山」的稱謂，成為襲捲一九六○年代早期民族主義分子的主流，但並非每位受過教育的領導人都買單。在一九六一年史蒂芬確立「卡達山」稱謂的那次會議中，有六名長老投票主張保有「杜順」一詞，六人中包括內陸斗亞蘭與根地咬地區的傳統土酋。在這種異議的鼓舞下，「杜順洛杜協會」（Dusun Lotud Association）於一九六○年成立，「沙巴杜順統一協會」（United Sabah Dusun Association，USDA）於一九六七年成立。在一九六○年代，這些組織的領導人充其量不過是少數受過教育的卡杜人，隨著馬來西亞建國日久與教育的逐漸普及，被官方稱之為「卡達山」的人民族自尊心更為強烈，這些領導人也更為邊緣化。儘管穆斯林領導人出於對卡達山民族主義勢力過大的憂慮，有時也會聲援沙巴杜順統一協會，然而在一九七○年代這類情況極為罕見。但到一九七九年，隨著卡達山文化協會變得更有活力，杜順文化協會也因為在沙巴電台成功取得對等的杜順語廣播時長而漸趨活躍。

　　語言學者解釋說，天主教傳教士以其為基礎而研發成書寫體系的

賓南邦—帕帕方言，事實上僅能準確表達卡杜諸方言的其中一小部分。在賓南邦—帕帕，等同於英語當中「h」、「v」、「z」的子音，它們在東部與北部大多數地區的方言中，分別讀成「l」、「w」與「y」。在書面語言開始印刷傳播的初期，斗亞蘭與丹布南人在讀從亞庇傳來的報紙與天主教祈禱書時，得學會將「z」唸成「y」。但到了一九八○年代，他們不再願意繼續這樣費事，開始要求建立自己的「杜順」語。經過沙巴團結黨政府一年之內的努力，據說「幾年以前，如果你問一名杜順人屬於哪個族裔，他很可能答道他是『卡達山人』。但今天，大多數杜順人，特別是住在賓南邦與帕帕區以外的杜順人，或許會得意地答道，他們是杜順人」。[25]

造成這項改變的原因之一是，沙巴的受教育人口在加入馬來西亞之後版圖得到擴大，沿海地區的卡達山人不再能主導相關議題。另一原因是，新教教會在遠離海岸、天主教勢力未逮的地區不斷崛起。新教徒建立暑期語言學院（Summer Institute of Linguistics），推動第一波內陸各地方言專業研究。第一本杜順文新約聖經於一九七五年在蘭瑙問世，古打毛律的「邦杜杜順」（Bundu Dusun）地區於一九九○年出現第一本完整聖經。鑒於書寫工具已不再局限於沿海的卡達山語，就連內陸天主教會也開始有了用杜順文重寫卡達山祈禱書的想法。

沙巴杜順統一協會（USDA）與影響力比它大得多的卡達山文化協會（KCA）合作，支持一九八二年丹布南豐收節慶典。但派林政府在一九八五年的就任，似乎引發內陸地區恐慌，擔心沿海地區的都市知識分子為謀私利而劫持「卡達山」認同。一九八六年年底，報刊開始發表「杜順人」的不滿控訴，說他們自己仍然被都市卡達山人視為笑柄。「在賓南邦的酒館中，酒客們談到一名光著腳的杜順人上了巴

士，卻不知道要拉鈴示意司機停車的笑話，笑得東倒西歪」。[26] 同時，沙巴杜順統一協會由於派林政府的副首席部長、雄心勃勃的馬克·考丁（Mark Koding）重返領導層而變得更加積極。考丁在一九八七年提出要求，除非當局讓他本人以及沙巴杜順統一協會與卡達山文化協會一同籌辦豐收節慶典，否則他們將在蘭瑙另行舉辦自己的慶典。[27]

　　一九八八年十一月，聯邦教育部長安瓦·伊布拉辛（Anwar Ibrahim）在沙巴首府的一次演說中談到，希望能在馬來西亞的學校裡教授伊班文與「卡達山文」。[28] 採用何種語言標準進行教學的壓力迅速增加，卡達山文化協會在一九八九年一月辦了一場大型會議，推動有關協議的達成。在主持這場會議開幕式時，派林宣稱，卡達山早在一九六一年就經選定為教學用語，呼籲代表撇開標籤之爭，專心討論哪種形式的卡達山語最能獲得廣獲接受這個實質議題。派林一番話招來沙巴杜順統一協會的強力反彈，因為後者的名稱中就包括杜順這個詞。在沙巴杜順統一協會協調下，杜順人展開保有杜順文的猛烈攻勢。杜順發言人說，「杜順人承認、接受所有族裔名稱，包括卡達山，因此我們也要求獲得我們應得的一切尊重與承認，我們不會接受任何形式的改變我們族裔名稱的壓力」。[29]

　　這種卡杜是兩個民族、而不是同一個民族的說法，威脅到卡達山民族主義代表的一切。沙巴杜順統一協會在五月主辦自己的豐收節，接著又在六月辦了一場杜順歌曲節，似乎確證了這個說法。接下來幾個月，派林發表多次演說，呼籲不要為標籤問題失了團結：「我們用什麼名字稱呼我們自己，是基於我們自己的意願……我的名字是派林。我來自丹布南。我的出生證明上說我是杜順人。但我也是一名卡達山人，是一名布米普特拉，一名沙巴人與一名馬來西亞人。這些名字我都接受」。[30] 他不斷提醒他的聽眾，不要忘了他們先祖都來自「努

努克拉岡」神木。在這場語言標準化會議結束後舉辦的後續談判中，卡達山文化協會主管準備接納中央杜順語的子音「l」、「w」與「y」。事實證明語言名稱才是更激發人們情緒的議題。

毫無疑問，馬克‧考丁與沙巴杜順統一協會其他一些領導人用這個議題推動他們自己的政治企圖心，或許非卡杜領導人也鼓勵他們這麼做，藉以削弱沙巴團結黨政府。考丁辭去沙巴團結黨職位，自組人民正義運動黨（AKAR）參加一九九〇年州選。人民正義運動黨在這次選戰中失去所有席位，甚至在最為「杜順」的選區也敗北，這些事實似乎說明卡杜的政治團結性在這場爭議後仍得以延續。但無論怎麼說，卡達山文化協會顯然已經打輸了這場讓卡杜人接受卡達山為統一名稱的戰鬥。在選後數月舉行的人口普查中，自稱杜順的人為自稱卡達山的人的兩倍。

一九八九年八月，卡達山文化協會會長派林宣布，協會名稱將改為「卡達山杜順文化協會」（Kadazan Dusun Cultural Association，KDCA），「以去除這個文化協會只屬於卡達山人的印象」。派林以會長身分強調，「我們要大聲疾呼的是，無論你喜歡哪一種族裔名稱，卡達山與杜順都是同一個民族」。[31]

失去州執政權的因應

一九八九年爆發危機後，似乎就這樣有了最佳妥協方案：用「卡達山杜順」（Kadazandusun）這個拙劣的稱呼達成族裔團結，雖然兩者並稱為同一個詞，不過人口普查還是將「卡達山」與「杜順」分為兩個類型。卡達山杜順文化協會於一九八七年展開一項恢宏的項目，製作一本字典，最後在一九九五年發表《卡達山杜順馬來英語

字典》（*Kadazan Dusun Malay English Dictionary*）。這本字典為每一個卡杜字提供兩種書寫形式，首先是賓南邦的卡達山方言，其次是丹布南—蘭瑙地區的中央杜順方言。在略早一些時候，傑夫瑞·基亭根（Jeffrey Kitingan）發行了一個顯然未經卡達山杜順文化協會授權的較簡潔的版本，稱為「杜順卡達山字典」，[32] 以內陸杜順方言為核心內容，附以沿海卡達山語、馬來語以及英語同義詞作為對照。一九九七年起在學校教授的語言也使用這個混合名稱，叫做「卡達山杜順」（Kadazandusun）。

卡杜人就憑這種政治團結掌控一連幾屆多族裔的沙巴團結黨（PBS）政府，不僅在一九八五、一九八六、一九九〇與一九九四年的選舉中取勝。而且在每一次選舉中，沙巴團結黨都贏得幾乎所有卡杜席次，以及一部分華人、穆斯林與混合席次。但在一九九四年選舉過後，卡杜領導人的個人野心吞噬了這些勝利成果。沙巴團結黨在一九九四年的選舉中以二十五席險勝吉隆坡大力支持的「國民陣線」（Barisan Nasional，BN，又稱「國陣」），由於差距過小，選戰過後，收買議員的活動——這屬於沙巴選舉的常態——隨即熱鬧登場。卡杜人選出的議員，顯然相信沙巴團結黨不能繼續組閣，開始競相脫黨，而且盡可能帶更多同僚一起棄船，希望藉以在新一屆州政府謀得高位。當這場叛離潮結束時，沙巴團結黨的二十五席州議員中，只有三人仍然支持派林。[33] 其他二十二人分別加入國民陣線聯合政府各黨，每個人都希望自己能以卡杜人的身分擔任兩年國民陣線領袖與沙巴政府首長。因為國民陣線在選舉以前已經保證，一旦組閣，將由穆斯林、華人與卡杜人輪流擔任領袖，任期兩年。在卡達山腹地馬約（Moyog）選區選出的柏納東博（Bernard Dompok），以帶領最多卡杜人叛離的優勢贏得這場競爭。

柏納東博在一九九九年沙巴州選中落選，他的首席部長任期也就此告終，在一九九四年與他一起叛離沙巴團結黨、投靠國民陣線的所有其他卡杜候選人也在這次選戰中敗北。一九九九年這次選舉是一九九五年選區重劃之後第一場選戰──這次重劃使穆斯林政黨在沙巴州四十二個議席中的二十四席穩操勝算。在吉隆坡強力支持下──馬哈地首相宣布，如果反對黨獲勝，將切斷對沙巴的資助──「馬來民族統一機構」贏得所有穆斯林占人口多數的地區席位。作為反對派的沙巴團結黨再次贏得十七席，包括卡杜人占多數的所有席位。吉隆坡原先嘗試依照半島族裔分布線重劃沙巴政治版圖並沒有成功，但在某程度上，它實際上已經成功地沿著宗教管道將選票兩極化。[34] 如二〇〇〇年人口普查結果所示，越來越多的沙巴人（二〇〇〇年有百分之十一點五，相形之下，一九九〇年為百分之六點二，一九六〇年為百分之〇點四）為了加入勝利組，願意自稱為馬來人，但這個基礎仍然遠遠不足以保證選戰勝利。沙巴的馬來民族統一機構擁抱所有穆斯林，甚至接受一些卡杜基督徒入會。沙巴團結黨面對卡達山鄉民統一組織在一九六七年面對的同樣難題：它發現自己已經淪為永遠的反對黨，非穆斯林土著由於爭取不到政府開發項目以及本族代表在政府中任職而得來的援助，變得越來越窮。就這樣，派林‧基廷根於二〇〇二年領導沙巴團結黨，以配角角色重返國民陣線政府，再次與柏納東博這類卡杜人角逐影響力。

　　原本擁有馬來西亞最精采選舉的沙巴，因這項行動轉型為馬來西亞選舉最乏味的一州。在二〇〇四與二〇〇八年與聯邦選舉同時舉行的州選中，執政黨在六十席州席次中拿下五十九席，反對黨由於推出過多相互傾軋的候選人而自毀前途，就連獨立參選人士的表現都比全國性反對黨好。儘管成為沙巴「天選之民」的鬥爭似乎已經永遠失

敗，但派林身為「勇敢領袖」的聲望，在他的支持者中仍能保有一定程度的團結。在二○○四年選戰中贏得所有根據國民陣線黨內交易（Intra-party deal）撥給它的三十二個席位之後，馬來民族統一機構宣布將放棄首席部長職位輪值的作法，由最大黨黨首享有全部任期。派林由於身為聯合政府中第二大黨（擁有十二席）黨首，成為副首席部長。但柏納東博由於比派林早一步投靠執政黨，在政府中的發言權似乎比派林更大。柏納東博也善用他身為聯邦部長的角色，成為東馬來西亞反伊斯蘭化與反「馬來至上」論的喉舌。柏納東博再次穩居卡杜發言人的地位，在二○○四年選舉中重新奪回卡達山腹地賓南邦的席位。

令人稱奇的是，儘管沙巴在加入馬來西亞時，境內馬來人人口少得不足為道，但到了二○○四年，馬來民族統一機構主導的半島模式已經成功移植沙巴。所以能夠如此，一方面因為政府大力鼓勵人們自稱馬來人，或至少自稱穆斯林，另一方面也因為馬來民族統一機構在沙巴擴大招募黨員，基督徒，甚至華人也被納入其中，這為馬來西亞境內的非種族政治創下有益的先例。由於境內民眾皈依，以及來自印尼與南菲律賓的大規模移民潮，伊斯蘭教聲勢迅速壯大，在二○○○年人口普查中，穆斯林人口已經占沙巴公民人口百分之五十八（包括十萬○一千名卡杜穆斯林，占登記為卡杜的總人口的百分之二十一），占外國移民總數百分之八十三（見表 7-2）。這種人口變化使卡杜首席部長重返政壇的前景渺茫，大多數卡杜政治領導人因此認定他們應該改弦易轍，想辦法在馬來人主控的系統內運作[35]與其淪為永遠的反對黨，能在權力政治中分一杯羹總是比較好。

在喪失州政府領導權以後，沙巴在加強族裔團結的文化戰線上有重要斬獲。在一九九四年選戰期間，聯邦政府為打破沙巴團結黨壟

表 7-2　族裔與宗教區分的沙巴人口，2000 年[*]

	卡杜	毛律	巴瑤	馬來	其他布米普特拉	華人	外國人	總數
穆斯林	100,968	11,698	342,421	303,497	273,092	8,589	510,238	63.7%
基督教	359,210	70,054	383	—	100,776	81,475	98,634	27.8%
佛教＋華人宗教	3,511	295	42	—	7,207	163,528	1,888	6.8%
部落＋「無宗教」	14,561	2,582	249	—	7,990	7,433	1,251	1.3%
總數（包括不詳）	479,944	84,679	343,178	303,497	390,058	262,115	614,824	100%

＊　沙巴年鑑，2007：15

斷卡杜票源的現狀，再次重申將接受卡達山杜順作為沙巴學校其中一種社群語言的地位。儘管一九九四至二〇〇二年間政治分裂復熾，派林與柏納東博、以及卡達山與杜順各黨派仍能攜手合作，以蘭瑙與丹布南地區內陸方言為基準，加入一些沿海地區方言，推出卡達山杜順語教學，自一九九七年二月起在小學展開。卡達山杜順文化協會喜歡稱這種卡達山杜順語為「邦杜利萬」（Bunduliwan）標準語，邦杜（Bundu）是海岸地區的一種方言，利萬（liwan）則是一種內陸方言。從小學四年級起，學生要接受更進一步的進階課程，直到六年級。在一九九八年，有一百所小學實施這項課程，到二〇〇四年，有兩百七十六所小學外加三十一所中學實施這項課程，有七百七十五名卡杜教師在沙巴向兩萬兩千名學童教授卡達山杜順語。[36]

　　卡達山杜順語基金會（Kadazandusun Language Foundation）所以能建立，卡達山杜順語所以能在小學系統中推動，柏納東博

（一九九七至九九年期間擔任首席部長）雖說功不可沒，但或許就像一九七〇年代一樣，自一九九五年以來一直未能獲得足夠政治權力的窘境，反而讓卡杜知識分子加緊合作，教授他們的語言，保衛他們的基督教信仰，維護他們的文化象徵。就像巴塔克人在族裔形成過程中標準化、淨化他們的傳統一樣，幾個迷人的現代化「傳統」卡杜文化要素也成為經典──標準的黑色男、女裝，共同祖先神話，以及去除狂飲爛醉（這種酗酒傳統讓都市領導人頗為尷尬）的豐收節慶典（《婆羅洲郵報》，1995 年 2 月 24 日）。這種非穆斯林原住民之間的團結之後擴及毛律人，所以日後政治正確的稱謂不再是「卡杜」（KD），而是「卡杜毛」（KDM，Kadazan Dusun Murut）。

就經濟條件而言，在馬來西亞人競相邁向中產階級的過程中，沙巴的土著族群相對而言是輸家。儘管擁有石油與其他資源，沙巴仍是馬來西亞最貧窮的州，人均收入全國最低，百分之二十三的人生活在貧窮線下（半島地區只有百分之三點六），而且平均每一名醫生與護士被分配照顧的人數（2004 年為 2,719 人）為全國平均數（1,387 人）的兩倍以上。[37] 在這個相對貧窮的州，大量湧入的移民壓低了工資，「馬來人」占了政府眷顧的便宜，工資超越土著族群。但如表 7-3 所示，儘管沙巴州因為長期以來一直由反對黨執政而遭到吉隆坡當局懲罰，不過在東馬來西亞非穆斯林原住民族群中，卡杜人的經濟狀況還是最好的。當然，造成這種現象的因素很多，但卡杜領導層更為長袖善舞，以及卡杜政治認同的逐漸凝聚，是卡杜人比伊班人（生活在大體較為富裕的砂拉越的原住民）過得好的重要原因。

毫無疑問，聯邦制與民主選舉有助於卡達山杜順人，在分權化的馬來西亞體系中將他們的認同與語言建制化。儘管與蘇門答臘高地的巴塔克人比起來，卡杜人人數少得多，本土掌控權也小得多，但他們

表 7-3　各族裔群體的平均收入，貨幣單位為令吉（Ringgit），2004 年 *

沙巴族裔群體		其他馬來西亞族裔群體	
卡達山杜順	2,037	馬來西亞「布米普特拉」	2,711
毛律	1,638	伊班（砂拉越非穆斯林）	1,725
馬來	2,779	馬來（砂拉越）	2,717
巴瑤（穆斯林）	1,824	馬蘭諾（Melanau，砂拉越穆斯林）	2,341
華人	4,428	華人（馬來西亞）	4,254

* 馬來西亞首相署，2006a：59

能與華人以及其他原住民族有效結盟，打贏幾場選戰。與其他一度沒有國家的族群——包括印尼的巴塔克人與砂拉越的達雅人——相比，他們更能在唐納・史蒂芬、彼得・摩尊丁、派林・基廷根（尤其是他）與柏納東博等幾位領導人領導下團結一致。另一方面，就像印尼境內原住民族群一樣，隨著居民不斷從家鄉遷往城市，他們也難免面對母語人口流失的困境。顯然由於教育程度提高與現代化影響，許多卡杜知識分子本身更傾向於用馬來語或英語與他們的子女交談。[38] 最近在根地咬附近一處內陸地區進行的研究發現，幾乎所有的學童在相互對話以及與父母親對話時使用的都是馬來語，能操流利卡杜語的老一代卡杜人正迅速減少。[39] 首先推動卡杜語標準化的天主教教會，分別於一九九三年（在根地咬）與二〇〇七年（在山打根）任命它的第一任與第二任主教。但即使是這個卡杜認同大本營，現在也大體上都用馬來語與英語進行禮拜與行政管理工作。年輕的卡杜人，對於作為早先豐收節情感支柱（emotional centrepiece）的農耕儀式已經越來越不了解其內涵，而主持這些儀式的「異教徒」巫師，不出二三十年內也將凋零殆盡。

對生活在沙巴州的卡杜人而言，從一九六三年加入馬來西亞以後，穆斯林皈依浪潮洶湧，大量移民湧入也將他們的本州人口占比削弱為五分之一左右，情勢絕對談不上有利。但無論怎麼說，他們以富於和平及創意的手段，建立起一個越來越穩定的族裔身分、擁有屬於自己的一套明確的政治參與方案。現在看來，這個族裔很有可能得以維持存續。

第八章

帝國煉金術下的革命幻夢

在政治認同的塑造過程中，源遠流長的國家發展史往往扮演著比文獻記載中更加重要的角色。在赤道附近的東南亞，這些認同之所以不斷變化而且種類繁雜，正因為國家的作用在這個森林與河流的世界總是受限所致。不過，缺乏「國家」的政治結構就無法推動現代化，而一波接一波的外來商旅將「國家」概念與意識形態帶進這些地區。在一九〇〇年以前的歲月，這些以商貿為基礎的政治實體逐漸增添了國家色彩，不過在十九世紀，只有歐洲人統治（後來包過暹羅人統治、聘用歐洲人當顧問）的實體才是全球性世界秩序的「文明化」成員。直到二十世紀，世界秩序不再接受模稜兩可或無國家狀態，疆界必須明確劃分，「奴隸」、「海盜」與武裝人群必須剷除，所有這些疆界內的人的身分都必須明確定義為國民。

在東南亞，只有暹邏王朝能滿足世界列強這些需求，熬過這場「國家化」浩劫。亞齊、龍目島與蘇祿這些王國，經過或長或短的戰爭為帝國兼併，而巴塔克與卡達山杜順這些「無國家」的族群，在初嚐與國家法令、秩序對抗經驗之後，也發現這種經驗既讓人釋放，也讓他們憂心忡忡。馬來半島與蘇門答臘、婆羅洲的蘇丹們，繼續周旋於外來強權與土著民族之間，扮演仲介角色，但在都市地區充滿活力

的認同形成世界中，他們無能為力的真相已逐漸暴露。

　　荷蘭與英國殖民結構無論就語言、宗教與政治組成而言都仍然極度多元。在一九三〇年代，幾乎沒有人相信他們有一天應該、或可以成為一個單一民族國家（印尼民族主義者例外）。但多元主義充斥在每一層面，與最廣的反帝國主義相形之下，較小型的族裔主義想在文化與政治凝聚力方面取勝更是難上加難。印尼的構想特別有魅力。它運用煉金技巧，把令人憎惡的帝國架構煉製成一種神聖的認同象徵。它以不具草根色彩的煉金工法，確保它能像過去印度教—佛教象徵性統治者那樣，憑藉抽象魅力，先後發動反帝國主義與國家主義運動。

　　本書各章列舉若干族裔構建的案例。以馬來與亞齊的個案為例，說明殖民前各式各樣的國家概念，巴塔克與卡達山杜順的個案談的是「無國家」族群建立新認同的過程。在競爭激烈的二十世紀之初，還出現了其他一些打造族裔主義的企圖。阿拉伯與印度人的海外族裔主義，與歐洲及華人族裔主義聯手，在其他地方舉事。穆斯林改革派組成各式各樣組織，認為宗教是兄弟之盟的適當基礎。米納哈薩人與安汶人在高教育水準與基督教新教基礎上形成自我意識族裔。[01] 爪哇與峇里的貴族成立組織，以提升、現代化他們的文化。但在全殖民地的論壇上，他們的聲音顯得狹隘而落伍，最終是由理想主義者提出集權統一的立國理念。

　　歷經一九四五至五〇年那段艱辛歲月，主張集權統一的理念在印尼取勝。在之後五十年，它透過具備高度一致性的教育與廣播系統傳播，對成長於這種系統的人而言，印尼認同已經成為一種真實的、理所當然的心態。就中程而言，有些族群會因此遭到邊緣化或壓制，但就最長遠而言，這種成果或許對印尼是一件好事。緬甸或馬來西亞的民族國家立國過程在一開始似乎遭遇的挑戰較小，但印尼以極其巧妙

的手段煉成了民族國家。它的成功要素，就是將印尼的神聖認同象徵與任何特定歷史或文化分家。

為達到集權統一的立國目標，軍人在第一任與第二任總統領導下採取殘酷無情的鐵腕鎮壓，讓印尼人付出慘重的代價。即使是推動最偉大的社會工程也不應犧牲這許多人命，肆意毀滅文化的惡行更加罪不可赦。鮑伯‧艾爾森（Bob Elson）在權衡這其間得失利弊時達成結論說，為保護這種集權統一的立國理念，印尼當局的作法大體上「沒有必要，其中許多還造成反效果」。[02] 這種反效果，在印尼處理亞齊問題的作法上清晰可見：在一九五〇年代，印尼當局若能稍微發揮一些創意，不透過武力也很可能讓亞齊留在一統的印尼體制內。不過與聯邦制的馬來西亞相形之下，我們不得不說，若在緊要關頭採取比較平和、比較民主的手段，會有不同結果，也不會出現「多層認同」的一致性。但是，印尼政府在各種緊要關頭表現僵化，印尼軍方只知道訴諸暴力，原因還是在於他們抱持著「永恆、無懈可擊、無可爭議」的統一心態，主張不惜代價打造印尼統一。

革命後的印尼與聯邦馬來西亞

在英國人所謂「馬來世界」劃分的英國與荷蘭勢力範圍界線，是一條人為界線。生活在成為馬來西亞這一邊的人，就族裔與歷史而言，除了近期的移民品質以外，與生活在成為印尼那一邊的人並無基本差異。直到這時，印尼仍是最多不同歷史、語言與文字的各種族裔雜處的地方。但馬來西亞採取了複雜的聯邦系統，而印尼卻與中國一起，成為透過單一國家組建多元文化的全球最大的實驗場。

這些國家所以各採不同途徑，固然與殖民史有關，但更主要的原

因是革命。英國殖民當局為謀實質的帝國營造之利，接受不對稱、甚至是古怪的安排。與荷屬印度那些君王相比，後來組成馬來西亞的君王享有的司法管轄權大得多。[03] 但印尼能像中國一樣成為集權統一的國家，透過革命手段立國是決定性要素。如果日本在一九四五年八月間突然投降沒有為革命帶來機會，印尼的立國過程很可能經歷不同區域與荷蘭人之間的一連串妥協，最後出線的很可能是聯邦制解決辦法。或許到時候，印尼人會以馬來西亞聯邦經驗為鑒也未可知。

基本上，艾爾森所謂「印尼理念」會大不相同。在後革命時代的印尼，無數代表為國犧牲的情緒性儀式，甚至反覆禱唸「17-8-45」（指印尼宣布獨立的日期一九四五年八月十七日），都成為激勵人心的重要利器。國定儀式與博物館不斷訴說印尼浴血立國的歷史，不斷提醒國人為了國家，要流更多的血。印尼當局為伸張革命集權理念而推翻殖民時代的法治，但它用來填補這個空隙的是武力而不是憲法。相形之下，馬來西亞的立法與司法體制保有相當憲法力量，而且它的軍隊也不會鎮壓人民。馬來西亞的司法最後因馬哈地而蒙塵，但與印尼相比，馬來西亞始終保有法治。

在印尼，暴力造成的損傷極端嚴重，而且犯行大多未遭懲處，也沒有紀錄。有些暴力是精英們為壓制底層無知民眾危險的原始情緒而採取的行動，但絕大多數暴力是政府當局犯下、或至少鼓勵的犯行。「馬來西亞緊急狀態」（Malayan Emergency，一九四八至五六年）造成數以千計傷亡，與印尼在革命與國會政治期間的傷亡數字差堪比擬，但印尼在一九六五至六六年間的大流血，在一九八二至八五年間的「神秘殺戮」，在一九九八至二〇〇五年間的亞齊衝突，以及在一九九六至二〇〇二年間的族裔—宗教仇殺事件，其血腥恐怖都是馬來西亞望塵莫及的。[04]

卡達山杜順與其他婆羅洲族裔加入馬來西亞的方式，雖說絕對談不上民主理想，但與邊界另一邊比起來，它是自願、合憲、而且平和的。所有這些族裔都在人口普查（一九八〇年那次例外）與學校教學大綱中獲得認可，也都能透過族裔政黨與州議會參與政治系統。從竭力維護、發展自己獨特認同的少數族裔的觀點來看，馬來西亞的聯邦主義令人快樂得多。在聯邦主義治下，民主也發展得好些。它不僅能讓境內各州享有它們似乎各自要的；還能在州的層面上為反對黨提供必要經驗，不像中央集權系統那樣，必須靠零和遊戲拚個你死我活。

　　從民族國家的觀點看來，聯邦主義與族裔政黨系統都隱藏禍心。以一個州、一個族裔或地區為大本營的政黨，基於利益考量，會想方設法削弱核心以壯大自己。[05]他們會以較實際的作法脫鉤，因為他們擁有這麼做的基礎設施與領導權。新加坡於一九六五年脫離馬來西亞就是一個現成範例，並且它同時也證明了獨立不會招致「世界末日」。據說，敦‧穆斯塔法在一九七〇年代，以及一些卡達山領導人在一九八〇年代，都有這種脫鉤念頭。當新加坡脫鉤時，吉隆坡堅決反對，但它其實有足夠手段防阻這件事發生。印度經歷更困難的狀況，但也存活下來，是又一個例證。

　　印尼為實施革命式的中央集權所付出的成本，可以用經濟條件加以評估。麥迪遜（Maddison）的比較數字顯示，印尼的人均國內生產毛額（GDP）在一九一三年略微領先馬來西亞，到一九四〇年仍然與馬來西亞保持伯仲之間。但革命為印尼帶來重創，原本作為印尼經濟領頭羊的歐洲公司大舉出走，一種對外資不友善的氣氛一直持續到一九六七年。馬來西亞的戰後重建與一九七〇年後的經濟景氣更將印尼遠遠甩開。到一九五〇年，印尼的人均國內生產毛額只有大馬的一半，到今天，更只剩下大馬的四分之一。[06]

印尼人雖說長久以來一直瞧不起馬來西亞，認為馬來西亞是一個落後、依賴新殖民主義建構的國度，但自一九九八年以來，印尼人也開始自我反省，爭論印尼出了什麼問題。鮑伯・艾爾森[07]在學術刊物上首先發難，提出有力例證說，「只為執行一項錯誤的領土完整，就不計成本，犧牲這整個項目可能帶來的一切價值，完全沒有道理」。由上而下、不計後果的野蠻鎮壓付出的代價過高，根本得不償失。無論怎麼說，雅加達將它的人民成功變成印尼人，而吉隆坡還沒能將它的人民成功變成馬來西亞人。所謂印尼主體意識涉及共同語言、習俗、教育與一套有關印尼民族的假定。它包括一種「多層認同」過程，在這種過程中，較具地方性與特定性的認同只能簇擁著印尼認同，不能與印尼認同衝突。

帝國疆界

現在我們得回到本書在一開始提出的一個問題：與歐洲的民族主義相比，亞洲民族主義是處於一種不同的階段，還是屬於不同類型？如果屬於前者，在民主化與全民教育進一步推動的情況下，我們是否應該考慮今後可能出現的族裔主義對帝國疆界的真正挑戰？如果屬於後者，我們需要新模式嗎？

現在的我們，很難想像當年印尼在剛成立時展現的英雄色彩與不可思議。曾在一九五〇年代與巴塔克人一起工作的一位很有洞察力的人類學者當時認為，與美洲移民不同的是，巴塔克人不能加入一個印尼特色的社會，也不能朝一種個別模式調整他們的文化，因為這樣的社會與模式都不存在。[08]對所有那些在一九五〇年過後體制中受過教育的人而言，這樣的模式確實存在似乎已經再無疑議。蘇卡諾與之

後的蘇哈托，分別透過宣傳與官僚手段，將反帝國主義塑造成國家主義。反帝國主義在一九九〇年代走到盡頭，但它也已經透過教育系統完成使命。這本書提出的證據顯示，巴塔克人已經成為印尼人，但在大多數案例中他們仍然還是巴塔克人。在不同程度上，對印尼境內其他族裔而言，情況也是如此。亞齊由於曾經有一個國家，有為國犧牲的記憶，擁有屬於自己的族裔主義；它在過去是例外，今天仍然如此。但即使在亞齊，教育系統也正不斷發揮煉金效用，為亞齊認同的表達提供文化框架。

　　一九九八年以後的民主化過程，是這種煉金術能否成功的最關鍵測試。半個世紀以來成功的分離運動顯示，對潛在的分離運動來說「民主化」只在第一波時有效，而沒能把握那段充滿美好憧憬的時機脫離蘇聯的國家，就此喪失了分離良機。印尼的情況也一樣。為癒合印尼的舊傷痕，緊接蘇哈托之後上台的哈比比總統提出東帝汶公投動議。這段期間，由於協助推翻蘇哈托的分離運動分子仍然掌權，而且當時的民主化似乎承認人民有權決定自己想要的政府，也是亞齊分離運動掙脫印尼的最佳時機。一旦議會體制確立，政客們發現支持國家主義比支持民主原則更受選民歡迎，機會也一去不復返。事實證明，在成熟的民主體制下，分離運動非常罕見。[09]

　　印尼的獨立過程雖然並非民主憲政的典範，但確實證明就算是非常龐雜的帝國也可以轉型成民族國家。因此，出現在這項轉型過程的「煉金術」需要我們更多關注，因為它的用途更加廣闊。透過這場了不起的轉型，印尼已經成為一個越來越穩定的民主國。在印尼人應用的「多層認同」中，印尼認同已經成為一個既定元素。就此意義而言，馬來西亞民族國家的認同雖然比較不穩定，但進展同樣順利。正因為經過民族主義時代的洗禮，對今天的印尼與馬來西亞而言，政治認同

的首要挑戰已不是族裔主義，而是來自新的全球化形式的宗教。

更廣的團結

　　全球化經濟與第一章提到的跨國法律規範，也是族裔主義前途所繫的部分因素。東南亞國家鎖入跨國生產與交換模式越深，越是順從治理這些交換的國際規約，它的特定疆界的重要性也變得更低。就若干程度而言，公民或領土民族主義將取代對「認同」的追逐，而成為全球整合的一種必要、務實的基礎。隨著先進經濟體變得更加多元文化，它們會反過來，與類似東南亞的多元政治實體匯聚合流。如此說來，東南亞的多元政治是前現代，還是後現代？

　　由於各式各樣的民族主義在迅速變化的國際情勢中角逐，東南亞的疆界在一九四〇至一九八〇年間一直爭議不斷。雖然泰國對高棉（這項爭議因吳哥窟而變得世人皆知）、馬來西亞與緬甸的領土主張曾短暫獲得日本支持，但直到共產黨於一九七五年取勝以前，法屬印度支那一直是多方角逐的競技場。之後高棉與越南共產黨為爭奪共同邊界而戰；印尼在一九六三至一九六六年間與新成立的馬來西亞交戰，並庇護馬國國內反對派；而菲律賓也拒絕承認馬來西亞，並於一九六二年宣稱擁有沙巴。在這幾個點上，緬甸政府無力控制它與中國以及泰國的邊界。新出爐的民族主義若想主張主權地位，趁這個殖民統治結束初期、動盪不安的時代出手，勝算會比較大。

　　雖然不信任仍在這些邊界經常出沒，但自一九八〇年以來，軍事對抗似乎已經走入歷史。馬來西亞與印尼之間，以及馬來西亞與新加坡之間不久前的領土爭議，都由海牙的國際法庭和平解決（分別於二〇〇二與二〇〇八年解決）。穩定促成接納，就連邊區民族也因國家

主義發揮效力而成為公民。不過國際情勢也幫了大忙,其中區域性的「東南亞國家協會」(ASEAN)尤為關鍵。

這個區域性組織的源起完全來自冷戰,也受限於冷戰。東南亞結盟在一開始是左派構想。一九四七年九月,就在左傾的泰國比里(Pridi)政府因一次右派政變而垮台之前不久,印度支那與比里政府中的革命團體在曼谷建了一個「東南亞聯盟」(Southeast Asian League)。[10] 之後的組建努力來自冷戰中的反共陣營。「東南亞公約組織」(SEATO,一九五四到一九七七年)是美國公開贊助成立的,會員國只包含兩個東南亞國家;「東南亞協會」(ASA,一九六一至一九六七年)也只有三個東南亞國家。直到印尼出現一個反共、但理論上仍屬不結盟陣營的政府,東南亞國家協會才於一九六七年成立,東南亞地區所有自由市場國家——包括印尼、馬來西亞、菲律賓、新加坡與泰國——盡皆入會,汶萊在一九八四年獨立後也入會。

東南亞國家協會當然與歐洲共同體還差得很遠,但它已經成功發展出一種「東南亞國協式」的共識,讓它在更廣的區域群體中成為一個必要成員。若干東南亞國協會員國與美國訂有雙邊關係,但所有東南亞國協會員國,都應該加入「亞太經濟合作組織」(Asia-Pacific Economic Co-operation,APEC)這類多邊國際組織。它還可以透過「東南亞國協區域論壇」(ASEAN Regional Forum,一九九四年)與「東協加三年會」(ASEAN+3,包括東協與中國、日本與韓國,從一九九九年起舉行),扮演重要角色,將區域合作理念向北方擴展,最後將大多數亞洲及太平洋國家結合在一起。在全球化經濟時空背景下,它協助東協精英們重新詮釋對鄰國的思維,從而軟化「邊界暴力」(tyranny of boundaries)。在這種背景下,一連串「成長三角」崛起,不僅能緩和邊界絕對主義,同時還能鼓勵跨邊界貿易與投資。第一個

這樣的三角「新—柔—廖」三角（指新加坡、柔佛、廖內，一九八九年），讓新加坡資金可以進入鄰國印尼建立低成本製造中心。若是沒有「新加坡」這個因素，馬來西亞與泰國邊界的區域整合（加上北蘇門答臘，一九九三年），東馬來西亞、南菲律賓與印尼、以及湄公河盆地的交流合作，都將因難以克服區域猜忌而寸步難行。

像歐盟一樣，東南亞國家協會也想方設法，將觸角伸入前共產黨國家，希望能將這些國家引向較開放的市場與政體，從而克服區域性的猜忌與不信。不過東協把門檻壓得太低了，特別是馬哈地一九九七年擔任東協主席期間採取的激進作法，影響尤為重大。越南在還是共產國家時於一九九五年加入東協，馬哈地原本希望能在東協三十周年年會召開時，將餘下的三個共產國高棉、緬甸與寮國也納入東協，但由於高棉強人洪森（Hun Sen）不斷攻擊東協領導人費盡心血建立的憲法程序而未能如願。不過，無論如何，高棉還是在兩年以後入會。從這時起，緬甸問題一直讓東協束手無策，讓東協既難以對內達成共識，又無法對外與西方世界維持正常關係。

儘管面對這些困難，無論在東南亞國家協會或在各式各樣其他國際組織，東南亞國家一直是國際社群的熱衷成員。而且，相較於過去民族主義闖入西方世界、掀起腥風血雨的時代，今天的東南亞情勢就像許多地區的情勢一樣，都與過去大不相同。一方面，世界秩序為防堵民族主義顛覆，可資運用的手段比過去更多；另一方面，超國家秩序內部兩相情願的分手——例如歐洲境內的捷克共和國與斯洛伐克——後果都不致嚴重到值得以死相爭的地步。

帝國的煉金術仍在持續發揮作用。

（全文完）

謝辭

    我於一九九六年以「約翰・伯恩斯（John A・Burns）講座」特聘歷史系客座教授的身分，在夏威夷大學（University of Hawaii）發表了四篇演說，為這本書的內容奠下基礎。如果進一步溯源，寫這本書的動念始於一九九五年，我在當年任職的國立澳洲大學（Australian National University）太平洋與亞洲研究所大力支持下，在蘇門答臘與東馬來西亞進行的當地研究。後來承蒙國立新加坡大學（National University of Singapore）慨助，先讓我以客座教授身分往訪劍橋大學國王學院（King's College, Cambridge），之後又免去我的行政職責，我才能潛心投入最後的撰稿工作。我很感激這些學府，它們的工作人員，以及他們為我帶來的那些美好的機會。

    在一九九五年現地研究以及之後那段期間，我積欠了太多人情債，在這裡也只能提出其中最重的幾筆，略表心意。兩位如今皆已作古的前同事與友人 —— 馬斯里・辛格里本（Masri Singarimbun）博士與詹姆斯・昂格奇里（James Ongkili）博士 —— 分別引薦我造訪他們分別在卡洛蘭（Karoland）與沙巴的故鄉。席卡普・塞巴楊（Sikap Sembayang）、尼斯馬・塔里干（Nismah Tarigan）與曼尼斯・塔里干（Manis Tarigan）為我在山區部落的研究幫了大忙，在卡洛人

（Karo）的研究工作方面，也承蒙佐拉·金廷（Juara Ginting）、雅辛·卡羅—卡羅（Yasin Karo-Karo）與瑪麗·史提德里（Mary Steedly）的鼎力相助；菲利普·馬納拉（Philippus Manala）神父與他的嘉布遣會（Capucin）會友東尼·希里（Tony Scerri）神父、希伯隆（J·B·Simbolon）、帕沙里布（A·Pasaribu）教授與班·帕沙里布（Ben Pasaribu），在有關多峇族（Toba）的工作上賜我良多。雅辛還幫我在棉蘭（Medan）進行問卷調查。在沙巴的工作，多虧賈桂琳·基廷根（Jacqueline Kitingan）、班尼迪克·托平（Benedict Topin）、潘尼洛普·胡辛（Penelope Husin）、赫曼·魯平（Herman Luping）、瓊娜·凱希（Joanna Kissey）與黎塔·拉辛邦（Rita Lasimbang）等人大力協助，才能順利進展。在準備這本書稿，特別是有關地圖的過程中，喬希·薩伊德（Joyce Zaide）與亨利·關維鴻（Henry Kwan Wai Hung，譯音）給了我不可或缺的協助。無論如何，海倫·瑞德（Helen Reid）啟發我的靈感，是諄諄善誘我的恩師，我要在此向她申致我的崇高謝忱。

在一九九五年展開現地研究以來這段漫長的寫作過程中，我的每一章都經過密集而不斷的修訂，與各種形式的說明與討論。以第一章與第二章為例，這類項目包括二〇〇〇年三月三十日在賓州大學（University of Pennsylvania）的一個卡普蘭（Kaplan）講座，在新加坡與馬來西亞的幾個講座，在吳明釋（Oh Myung-Seok，譯音）與金亨宗（Kim Hyung-jun，譯音）編撰的《東南亞的宗教、族裔與現代化》（*Religion, Ethnicity and Modernity in Southeast Asia*）發表的論文〈民主時代的國家與族裔認同：一名東南亞史學者的一些想法〉（*National and Ethnic Identities in a Democratic Age: Some Thoughts of a Southeast Asian Historian*）。第三章的內容隨著東南

亞華人情勢轉變而做了調整，包括一九九八年在「世界海外華人研究學會」（International Society for the Study of the Chinese Overseas，ISSCO）發表的論文、台北中央研究院的一篇演說、以及在坎培拉與新加坡的幾場說明會。第三章的初稿，是我於一九九八年八月在雅加達舉行的「第十五屆國際亞洲歷史協會大會」（Conference of the International Association of Historians of Asia）中發表的論文；這篇論文之後經過修訂，在《東南亞研究期刊》（*Journal of Southeast Asian Studies*）發表。第五章的內容也幾經轉折，包括在《亞洲族裔》（*Asian Ethnicity*）發表的一篇論文。第七章早先的版本發表於《東南亞研究期刊》。所有這些都是完成這本書一路行來的里程碑，我要向所有有關的編輯人與機構表示感謝。我教的新加坡大學二〇〇八年畢業班與我教學相長，是為這本書把關的最後一批審稿人。

附錄

圖表

縮寫表

AKAR Angkatan Keadilan Rakyat People's Justice Movement，人民正義運動黨

ASA Association of Southeast Asia，東南亞協會

ASAA Asian Studies Association of Australia，澳大利亞亞洲研究協會

ASEAN Association of Southeast Asian Nations，東南亞國家協會

BKI Bijdragen tot de Taal-, Land-, en Volkenkunde van Nederlandsche Indië，《東南亞人類與社
　　會學雜誌》，KITLV 發行

BN Barisan National, National Front，國民陣線，又稱國陣，馬來西亞執政黨

BP Borneo Post（Kota Kinabalu），《婆羅洲郵報》（亞庇）

BPS Biro Pusat Statistik，中央統計局

CIA Central Intelligence Agency，中央情報局

DAP Democratic Action Party（Malaysia），民主行動黨（馬來西亞）

DE Daily Express（Kota Kinabalu），《每日快報》（亞庇）

EPU The Economic Planning Unit，經濟企劃組，馬來西亞首相署

FEER Far Eastern Economic Review，《遠東經濟評論》

FMS Federated Malay States，馬來聯邦

GAM Gerakan Acheh Merdeka，亞齊獨立運動

GBKP Gereja Batak Karo Protestan，卡洛巴塔克新教教會

GKPI Gereja Kristen Protestan Indonesia，印尼新教基督教會

HKB Hatopan Kristen Batak，巴塔克基督教協會

HKBP Huria Kristen Batak Protestan，巴塔克新教基督教會

HKI Huria Kristen Indonesia，印尼（前巴塔克）基督教會

HUDA Himpunan Ulama Daya Aceh，亞齊（傳統）宗教學校聯合會

IAIN IAIN Institut Agama Islam Negeri（State Islamic Institute），阿加瑪伊斯蘭教研究所（國家伊斯蘭教研究所）

ISEAS Institute for Southeast Asian Studies（Singapore），東南亞研究所（新加坡）

JAS Journal of Asian Studies，《亞洲研究期刊》

JMBRAS Journal of the Malaysian [formerly Malayan] Branch，Royal Asiatic Society，《皇家亞洲學會馬來西亞（前馬來亞）分會期刊》

JSEAS Journal of Southeast Asian Studies，《東南亞研究期刊》

JSB Jong Sumatranen Bond; Young Sumatrans' Union，蘇門答臘青年聯合會

KCA Kadazan Cultural Association（later KDCA），卡達山文化協會（後縮寫改為 KDCA）

KD Kadazan Dusun（two peoples）or Kadazandusun（one language），卡達山・杜順（兩個族群）或卡達山杜順（單一語言）

KDCA Kadazan Dusun Cultural Association（formerly KCA），卡達山杜順文化協會（前KCA）

KITLV Koninklijk Institute voor Taal-, Land-, en Volkenkunde（Leiden），東南亞人類與社會學會（萊頓）

KLF Kadazandusun Language Foundation，卡達山杜順語基金會

KMM Kesatuan Melayu Muda; Young Malays' Union，馬來亞青年聯合會

KMT，中國國民黨

MCP Malayan Communist Party，馬來亞共產黨

MIB Melayu, Islam, Beraja; Malay, Islam, Monarchy（Brunei），馬來伊斯蘭君主制（汶萊）

NBAR North Borneo Annual Report，《北婆羅洲年報》

NEP New Economic Policy（Malaysia），新經濟政策（馬來西亞）

NII Negara Islam Indonesia, Indonesian Islamic State，印尼伊斯蘭國

NST Negara Sumatera Timur, State of East Indonesia，東印度尼西亞國

Dutch Missionary Society OUP Oxford University Press，荷蘭傳教士協會，牛津出版社

OSH outrage at state humiliation，國恥恨（見第一章）

PAP People's Action Party（Singapore），人民行動黨（新加坡）

PAS Parti Agama Se-Malaysia; Pan Malaysian Islam Party（Malaysia），泛馬來西亞伊斯蘭黨（馬來西亞）

PBS Parti Besatu Sabah; Sabah Unity Party，沙巴團結黨

PKI Partai Komunis Indonesia, Indonesian Communist Party，印尼共產黨

PNI Partai Nasionalis Indonesia, Indonesian Nationalist Party，印尼民族黨

PRRI Pemerintah Revolusioner Republik Indonesia, Revolutionary Government of the Republic of Indonesia，印尼共和國革命政府

PUSA Persatuan Ulama Seluruh Aceh, All-Aceh Ulama Association，全亞齊烏里瑪聯合會

SANAP Sabah National Party，沙巴民族黨

SCA Sabah Chinese Association，沙巴華人公會

SIRA Sentral Informasi Referendum Aceh, Aceh Referendum Information Centre，亞齊公民投票新聞中心

ST Sabah Times（Kota Kinabalu），《沙巴時報》（亞庇）

TNI Tentara Nasional Indonesia, Indonesian National Army，印尼國民軍

UMNO United Malays National Organisation，馬來民族統一機構

UNKO United National Kadazan Organisation（became UPKO in 1964），卡達山民族統一組織（在 1964 年成為 UPKO）

UPKO United Pasok-momogun Kadazan Organization（previously UNKO），卡達山鄉民統一組織（原稱 UNKO）

USDA United Sabah Dusun Association，沙巴杜順統一協會

USNO United Sabah National Organisation，沙巴民族統一組織

VOC Verenigde Oost-Indische Compagnie; United East India Company（Dutch），東印度公司（荷蘭）

注釋

第一章　民族主義與亞洲

01　Krasner, 2001.

02　Anderson, 1983[1991].

03　Gellner, 1983.

04　Giddens, 1985.

05　Gellner, 1983, 39.

06　Hobsbawm, 1990.

07　Armstrong, 1982; Smith, 1986.

08　Smith, 1995: 1.

09　Kohn, 1944: 572-573.

10　Smith, 1986.

11　Greenfeld, 1992: 11.

12　Connor, 1994: 214.

13　Connor, 1994: 215.

14　Smith, 1991; cited in Tønnesson and Antlöv, 1996: 11.

15　Tønnesson and Antlöv, 1996: 20-22.

16　Smith, 1986: 23-31.

17　Woodside, 1976: 16.

18　Hobson, 1902.

19　Lenin, 1948 [1916].

20　Jing Tsu, 2005: 222.

21　Cohen, 2003: 148-160; Callahan, 2006.

22　Callahan, 2006.

23 Callahan, 2006; Tsu, 2005; People's Daily 29 April 2001.

24 Zheng, 2009.

25 Chakrabarty, 2000.

26 Anderson, 1991: 37-46.

27 Wang Gungwu, 1996: 1-14.

28 Aihwa Ong, 1999.

29 Keating, 2001.

30 Prasenjit Duara, 1995: 51-56.

31 Jenner, 1992.

32 Harris, 1997: 125.

33 Truong Minh Giang（音譯：張明江）to King Minh-Mang（越南阮朝明命帝）, cited inChandler, 1983:124.

34 Geertz, 1980: 135.

35 Emperor Shi-zong（明世宗）, 1536, cited in Wade 1994, I: 61.

36 Raffles, 1835: 142.

37 Lieberman, 2003: 41.

38 Lieberman, 2003: 42.

39 Day, 2002: 288.

40 Geertz, 1980: 11.

41 Geertz, 1980: 132.

42 Drakard, 1999.

43 Nagtegal, 1996.

44 Nordholt, 1993.

45 Ricklefs, 1992, 1998.

46 Wiener, 1995.

47 Day, 2002: 282.

第二章　了解東南亞民族主義

01 Myrdal, 1968.

02 Anderson, 1991: 43-45.

03 Marr, 1981: 145.

04 Reid, 1988–1993, II: 140-143.

05 Reid, 1988–1993, II: 147.

06 Reid, 1988–1993, II: 320-324.

07 Burney, 1971, I: 85-86.

08 Stapel, 1922: 14.

09 *Census of India* 1931, XI:i.

10 Vlieland, 1932.

11 *Census of India* 1931, XI, ii:259.

12 Vlieland, 1932: 73-74.

13 Vlieland, 1932: 75-76.

14 *Volkstelling* 1930, I: 13.

15 *Volkstelling* 1930, IV: 15.

16 see Macdonald and Zheng, 2009.

17 Jones, 1997: 1.

18 Scott, 1998a, 1998b.

19 Cullinane, 1998: 296.

20 Vajiravudh（拉瑪六世）, 1913, cited in Vella, 1978: 131.

21 Vajiravudh（拉瑪六世）, 1914, cited in Vella, 1978: 130.

22 McNeill, 1985: 56.

23 Womack, 2006; Reid and Zheng, 2008.

24 Lieberman, 2003: 206.

25 Lieberman, 2003: 200-201.

26 Sangermano, 1818: 42-43.

27 Bunnag, 1977; Thongchai, 1991.

28 Goscha, 1999.

29 Cooke and Li, 2004.

30 Naval Intelligence, 1943: 212.

31 Ileto, 1979: 102-105.

32 Collins, 1979: 90-92.

33 Hirosue, 1996.

34 Lieberman, 2003: 208.

35 Lieberman, *2003: 224; Burma 1983 Population Census:* 1: 21.

第三章　身為東南亞「局外人」的華人

01 Chirot and Reid, 1997.

02 Yule and Burnell, 1979: 196-197.

03 Lavy 2004: 437; Coedes, 1968: 114.

04 Marco Polo, 1292: 220 .

05 Pigeau, 1960, IV: 98; Robson, 1995: 85.

06 Berg, 1927: 77.

07 Wade and Sun, 2009.

08 Pires, 1944: 248, 253.

09 Winstedt, 1938: 116-119; English in Brown, 1952: 89-91.

10 Olthof, 1987: 20-24.

11 Salmon and Siddharta, 2000: 89-93.

12 Tan, 1992: 100-108.

13 Hikayat Patani, II 1970: 152–4, 224–6; Hikajat Bandjar, 1968: 254-263.

14 Duara 1995: 56-60.

15 Tian-shun Emperor（明英宗）1466, in Wade 1994, I: 63.

16 Xiao-zong Emperor（明孝宗）1495, in Wade 1994, I: 64.

17 Barros, 1563: II, vi: 36-38, 56-57; III, ii: 186-204.

18 Cense, 1979: 659 .

19 Gaelen, 1636, in Muller, 1917: 63 .

20 Reid, 1996: 21-37; 2006b.

21 Raben, 1996: 240 .

22 Lodewycksz, 1598: 121 -122.

23 Scott, 1606: 121.

24 Scott, 1606: 176.

25 Zenner, 1991; Reid, 1997.

26 Reid, 1988-1993, II: 311-319; Hoadley, 1988: 503-517.

27 Lodewycksz, 1598: 26; Reid, 1997.

28 Scott, 1606: 174.

29 Reid, 1997.

30 Landon, 1941: 34-43.

31 Raben, 1996: 91-93, 133-139.

32 Crawfurd, 1820 III: 182-184; Reid, 1993.

33 Wang, 1994: 37-47.

34 Ng, 1991: 373–400.

35 Newbold, 1839, I: 9.

36　Mackie, 1996: xxii–xxiv.

37　Skinner, 1996.

38　Skinner, 1996: 52-58.

39　Skinner, 1996: 60-61.

40　Wickberg, 1965: 134-145; Mojares, 2006.

41　Salmon, 1996; Skinner, 1996.

42　cited Kwok, 1998: 216.

43　Yen, 1995: 31-42.

44　Dikötter, 1992: 61 -119.

45　Zou, 1903, as cited Pan, 1998: 103; Wang, 2000: 66-69, 131.

46　Ho, 2006: 184 -185.

47　Yen, 1995: 74-77; Wang, 1981: 146.

48　Skinner, 1957: 155 -163.

49　Elson, 2008: 17-20.

50　Shiraishi, 1997: 187 -194.

51　Twang, 1998: 38-52.

52　Toynbee, 1931: 259.

53　Yen, 1995: 146.

54　Cheah, 1980: 78-80.

55　Purdey, 2006: 7.

56　McCoy, 1980.

57　Twang, 1998: 178-181.

58　Rinder, 1959: 253.

59　Chirot and Reid, 1997.

60　Heidhues, 1974: 82-86; Coppel, 1983.

61　Suryadinata, 1992: 145-164; Godley and Lloyd, 2001.

62　Purdey, 2006: 22.

63　Ascher, 1998: 55; Suryadinata, 1992: 142.

64　Robison, 1986.

65　McVey, 1992: 25.

66　Arendt, 1968: 25.

67　Hefner, 2000: 202-204.

68　Purdey, 2006: 38-105.

69　National Operations Council, 1969: Reid, 1969c.

70 Jomo, 1997: 244-245.

71 Chirot and Reid, 1997: 22, 27, 64-65.

72 Maddison, 2001: 264, 298.

73 FEER, 30 July 1998.

74 *Jakarta Post*, 18 June 2008.

75 Arendt, 1968: 54.

76 Chirot and Reid, 1997: 8-9.

77 Terry Hull personal communication; Suryadinata et al. 2003: 75-79.

第四章　馬來與它的後裔──一個鬆散類型代表的多種意義

01 Andaya, 2001; Reid, 2001: 297-298.

02 Wang Gungwu, 1981: 108-117.

03 Matheson, 1979; Reid, 2001: 298.

04 Pires, 1944: 265.

05 Pigafetta, 1969: 88.

06 So, 2000: 108-125; Ke 2001: 315-317.

07 Reid, 2006b.

08 Baker, 2003; Miksic and Low, 2004; Reid, 2006b.

09 Ma Huan, 1433; Kobata and Matsuda, 1969: 131-133; Wade and Sun, 2008.

10 Reid, 1996: 21-37.

11 Barros, 1563, Dec. II, Livro ix: 352.

12 de Graaf and Pigeaud, 1974: 34-41; 1984; Reid, 1996; 2006b.

13 Marsden, 1812, II: xii-xv; Roolvink, 1975; Laffan, 2005.

14 Raffles, 1835 I: 40-41.

15 Miksic, 1979.

16 cited Scott, 1982: 37.

17 Hikayat Hang Tuah, 1971: 175.

18 Ali Haji, 1979: 12-17 與 101-103.

19 Ho, 2006: 175-182.

20 cited Reid, 1988-1993, II: 128.

21 Skinner, 1963: 19-20.

22 van Vliet, 2005.

23 Raben, 1996: 207-210.

24 Raben, 1996.

25 Reid, 2001: 302.

26 William Marsden, 1811: 40.

27 Marsden, 1812 II: ix.

28 Hamilton, 1930 II: 41.

29 Marsden, 1966: 40-41.

30 Raffles, 1818: 103; cf Raffles, 1835 I: 28-49.

31 Raffles, 1835 I: 426, 433.

32 Winstedt, 1938: 42.

33 Raffles, 1821: v.

34 Clifford, 1926.

35 Wright and Cartwright, 1908.

36 Winstedt, 1923: 1.

37 Harper, 1999: 30.

38 Matheson, 'Concepts of Malay Ethos in Indigenous Writing', ii: 361.

39 Marsden, 1811: 327; Crawfurd, 1820 II: 371-373.

40 Crawfurd, 1820 II: 376.

41 *Hikayat*, 1875, in Proudfoot, 1993: 506.

42 Winstedt and Hasan, 1918.

43 Hasan, 1925-1930.

44 Khoo, 1979: 302.

45 cited Maier, 1988: 119.

46 cited Roff, 1967 : 138.

47 Roff, 1967: 28n and 135.

48 Maier, 1988: 119.

49 Sir Hugh Clifford, cited Omar, 1993: 5.

50 Federal Council, 1920, cited Roff, 1967: 138-139.

51 Roff, 1967: 121-125.

52 W. von Humboldt, 1836-1839; Fox, 2004: 4.

53 A. von Humboldt, 1847-1848, II: 108-109.

54 A. von Humboldt, 1847-1848, I: 355.

55 A. von Humboldt, 1847-1848, I: 356.

56 Blumentritt, 1882.

57 Salazar, 1998: 115-117.

58   Rizal, 1961.

59   Rizal–Blumentritt, 1961: 12, 349-350, 500-502.

60   cited Salazar, 1998: 119.

61   Salazar, 1998: 120.

62   Quirino, 1940.

63   Palma, 1949.

64   cited Salazar, 1998: 126-127.

65   cited Salazar, 1998: 127-128.

66   Parfahn, 1957/1967, cited Salazar, 1998: 127-228.

67   cited Salazar, 1998: 132.

68   cited Ismail Hussein, 1998: xiii.

69   cited Hirschman, 1987: 561.

70   Vlieland, *British Malaya*, 73-74.

71   cited Vlieland, *British Malaya*, 75.

72   Vlieland, *British Malaya*, 75-76.

73   Roff, 1967: 244-245; Omar, 1993: 16-18; Harper 1999: 32-33.

74   Ismail Hussein, 1998: xiv.

75   Ismail Hussein, 1998: xiv.

76   Milner, 1995: 51.

77   Milner, 1995: 269.

78   cited Omar, 1993: 18.

79   Roff, 1967: 244-245; Nagata, 1981; Omar, 1993: 16-18.

80   Omar, 1993: 198-199.

81   cited Omar, 1993: 107.

82   cited Omar, 1993: 109.

83   Mahathir, 1970: 122.

84   Mahathir, 1970: 122-126.

85   Mingguan Malaysia, 13 April 2008.

86   Sani, 2008.

87   cited Raben, 1996: 242-243.

88   Adam, 1995.

89   Noer, 1979: 249-253; Reid, 1979a: 286-287.

90   cited Omar, 1993: 209.

91   van Klinken, 2007: 67-68.

92　Pelly, 1994: 122-139.

93　Brunei Census, 1971: 82.

94　Brunei Census, 1971: 34.

95　Brunei Census, 1971: 5.

96　Umar, 1992: 10.

97　Hamid, 1992: 27.

98　Suryadinata et al. 2003: 12.

第五章　亞齊人──王朝的記憶

01　Reid, 1997: 67-77.

02　Reid 1988-1993, II: 212-213.

03　Lieberman, 2003.

04　Raniri, 1966: 31.

05　cited Reid, 1988-1993, II: 147.

06　Reid, 2005, ch. 3.

07　Beaulieu, 1666.

08　Martin, 1604: 39.

09　Lee, 1995: 52-56.

10　Francis Light, cited Lee, 1995: 80.

11　Reid, 2005: 164-175.

12　Reid, 1969a: 119-129; Reid, 2004: 236-238.

13　cited Lee, 2006: 79.

14　Reid, 1969a: 12.

15　translated in Reid, 1969b: 76.

16　Reid, 1969a: 79-97.

17　Reid, 1969a: 97, 109.

18　Reid, 1969a: 180-217, 296.

19　reproduced Zentgraaff, 1938: 17.

20　Reid, 1979a: 15-21.

21　Swart, cited Reid, 1979a: 21.

22　Reid, 1979a: 25-31.

23　Fujiwara, 1966: 200-201.

24　Reid, 1979a: 112-113.

25 Reid, 1979a: 185-186.

26 Reid, 1979a: 185-217.

27 Tiro, 1981: 1.

28 Sulaiman, 2006: 143-153.

29 Tiro, 1948: 1.

30 Sulaiman, 1997: 328.

31 Schreiner, 1995.

32 McGregor, 2007: 156-158.

33 translated in Aspinall, 2006: 154.

34 translated in Morris, 1983: 202.

35 Daud Beureu'eh, 1954, translated in Aspinall, 2006: 159.

36 Edward Aspinall, 2006: 160.

37 Sulaiman, 1997: 455-456; 2006: 13.

38 McGibbon, 2006: 320-325.

39 Sulaiman, 2006: 134; McGibbon, 2006: 326.

40 Tiro, 1958.

41 Sulaiman, 2000: 328-329; 2006: 133-138; Nessen, 2006: 181-183.

42 Tiro, 1981: 62.

43 Nessen, 2006: 184; interviews 2005.

44 interviews 2005; Nessen, 2006: 185.

45 Tiro, 1981: 15-17.

46 Tiro, 1981: 53.

47 Tiro, 1981: 51.

48 Tiro, 1979.

49 Kell, 1995; Schulze, 2006: 244-258; Robinson, 1998.

50 Reid 2006a: 231–3;307–8.

51 McGibbon, 2006: 325-329.

52 Bertrand, 2004: 51-53; 229n，以及本書第六章。

53 Bertrand, 2004: 1, 114-134; van Klinken, 2001.

54 interviews, 2000.

55 Kompas, 24 December 1999.

56 Djalal 2000; *Los Angeles Times*, 5 October 2000

57 Reid, 2005: 352-353.

58 Miller, 2006: 301-310.

59 Kingsbury and McCullough, 2006.

60 Schulze, 2006: 247-255.

61 *Hikayat of Imam* Jun, 2006, cited in Crisis Group International, 2007.

62 Michael Keating, 2001: viii, 102-133.

第六章　蘇門答臘的巴塔克人——從無國家之人到印尼僑民

01 Wolf, 1982.

02 Nandy, 1995.

03 Schreiner, 1995.

04 Tobing, 1957; Parlindungan, 1965; Sangti, 1977; Situmorang, 1993.

05 Sangti, 1977: 3.

06 Pires, *The Suma Oriental of Tomé Pires*, 165.

07 Guillot, 1998-2003.

08 Milner et al. 1978.

09 Miksic, 1996; Perret et al. 2007.

10 Yule and Burnell, 1979: 74.

11 Chau Ju-kua, 1970 [orig. c. 1250].

12 Pires, 1515: 145-146.

13 Pires, 1515: 163.

14 Pinto 1989: 20-25.

15 Pinto 1989: 20-30.

16 Barros, 1563: Dec III, Cap. 5:1.

17 *Hikajat Aceh,* 1958: 92.

18 *Hikajat Aceh,* 1958: 186-187.

19 Perret, 1995: 60.

20 Anderson, 1826: 209.

21 Anderson, 1826: 222-226, 324-327.

22 Kipp, 1993: 15; Rae, 1994: 42-43.

20 Singarimbun 1975:6-8.

24 Joustra, 1910: 23; Kipp, 1993: 215-217; Rae, 1994: 63.

25 Joustra, 1910: 25-26.

26 Drakard, 1990: 75-80.

27 Parlindungan, 1965: 486-487.

28 Lee, 1995: 67-75.

29 *Le Moniteur Universel* 104, 4 avril 1858: 467.

30 Parlindungan, 1965.

31 Steedly, 1996.

32 Kipp, 1990.

33 Kipp, 1993: 28-38; Steedly, 1996.

34 Castles, 1972: 184; Hutagalung, 1991.

35 Ypes, 1932: 1-4.

36 Vergouwen, 1964:18-19.

37 Steedly, 1996: 27.

38 Ypes, 1932: 59-64; Kipp, 1993: 15.

39 cited Castles, 1972: 181-182.

40 Castles, 1972: 183-184; Rodgers, 1991a; 1997; 2005.

41 Castles, 1972: 186-189.

42 Castles, 1972: 189.

43 *Volkstelling*, 1930: IV: 15-17.

44 BPS, 2001: xx, xxxi, 74-76.

45 cited Castles, 1972: 268, 274; cf Rodgers, 1981.

46 Castles, 1972: 280.

47 Castles, 1972: 123-170.

48 Castles, 1972: 173.

49 Castles, 1972: 177.

50 Benda et al. 1965: 7.

51 cited Davidson, 2008: 42.

52 Davidson, 2008: 45-51.

53 van Langenberg, 1976: 325-391; Reid, 1979a: 172-177.

54 van Langenberg, 1976: 382, 401.

55 Liddle, 1970: 92-97.

56 van Langenberg, 1985: 113.

57 Rae, 1994: 144-147

58 Cunningham, 1958; Pelzer, 1982.

59 Smail, 1968.

60 Pemberton, 1994: 7.

61 Tichelman, 1936.

62 Naim, 1984: 49.

63 BPS, 2006.

64 BPS, 1994: 35.

65 Purba and Purba, 1998: 34-35.

66 Suryadinata et al. 2003: 19–20

67 Kipp, 1993: 4.

68 Rodenburg, 1997: 1.

69 BPS, 1992: 78.

70 Kipp, 1993: 56, 158-160.

71 Rae, 1994, 139.

72 Reid, 2005: 55.

73 Prinst, 1996.

74 Suryadinata et al. 2003: 12-14.

75 Warnaen, 1982.

76 Kipp, 1993: 109-114; Pemberton, 1994: 152-181.

77 BPS, 1992: 39.

78 BPS, 1990: 183-189.

79 Kipp, 1993: 198-199.

80 Ryter, 2002.

81 Bruner, 1972: 220-228.

82 Kipp, 1993: 167-176.

83 Kipp, 1993: 175-176.

84 Pederson, 1970: 85-86; Bruner, 1983: 16-17; Reid 2002.

85 Rae, 1994: 30-31, 167-168; interviews.

86 Lindsay and Tan, 2003, 17.

87 Bertrand, 2004; van Klinken, 2007; Davidson, 2008.

88 Lindsay and Tan, 2003: 13–16, 196-199.

89 Hutagalung, 1991: iii.

90 Rodgers, 1991a: 85.

91 Rodgers, 1991a: 84.

第七章　馬來西亞族裔的遲遲成形——卡達山人或杜順人

01 Rutter, 1929: 32.

02 Evans, 1953: 187-188; Shim, 2007;Topin undated; *Our Cultural Heritage,* undated: 73-77.

03 Glyn-Jones, 1953: 117.

04 *NBAR,* 1954: 69.

05 Jones, 1966: 60, 144.

06 *Vazaan doid Surga*; Rooney, 1981: 144.

07 *NBAR,* 1953: 131-132; *NBAR,* 1954: 124-125.

08 *Sabah Times*, June 1960.

09 Antonissen, 1958.

10 *NBAR*, 1953: 131; 1954: 125; 1957: 140-141; 1960: 159-161; 1961: 196; interviews.

11 *Daily Express*, 20 March 1987; Topin undated.

12 Glyn-Jones, 1953: 118; Harrison, 1971: 58.

13 Donald Stephens in *Sabah Times,* 30 June 1960; see also Luping, 1994: 4-5.

14 Raymond Boid Tombung, cited *Daily Express,* September 1994.

15 Mojuntin in *Sabah Times,* 23 November 1967.

16 Harrison, 1971: 58.

17 Roff, 1969; Ongkili, 1972: 50-53; Lupin, 1994: 97-112.

18 Ongkili, 1972: 62-69; Clark Roff, 1974: 52-62, 86-106; Luping, 1994: 115-197.

19 cited Luping, 1994: 240-241.

20 Rooney, 1981: 213-219; Loh, 1992: 228-231; Luping, 1994: 199-274.

21 Rooney, 1981: 215-217.

22 Loh, 1992: 231-240; Luping, 1994: 275-330.

23 Luping, 1989.

24 Bala Chandran, 1986; Tan, 1986; Luping, 1994: 331-464.

25 *Sabah Times*, 21 December 1986.

26 *Sabah Times*, 21 December 1986.

27 *Sabah Times*, 19 March 1988.

28 *Sabah Times*, 21 December 1986.

29 Kalakau Untol in *Daily Express*, 14 March 1989.

30 *Daily Express*, 19 May 1989.

31 *Daily Express*, 18 August 1989.

32 Kitingan, 1994.

33 Chua, 1995.

34 Chin, 2004.

35 Lim, 2004.

36 Zawawi, 2001: 134; Lasimbang, 2004: 10; KLF, 2007.

37 EPU 2006a: 58; EPU 2006b: 421.

38 Zawawi, 2001: 93, 99-101.

39 Mahadhir and Tumin, 2008.

第八章　帝國煉金術下的革命幻夢

01 Henley, 1996.

02 Elson, 2008: 318.

03 Emerson, 1937: 53-4; Reid, 2007: 146-8.

04 van Klinken 2007; Reid 2007: 158–61.

05 He *et al.* 2007.

06 Maddison 2001: 215, 304–5; Anderson 2008: 36–7; Reid 2007.

07 Elson, 2008: 322.

08 Bruner 1961: 513.

09 Dion, 1996.

10 Goscha, 1999: 140–4.

參考資料

Adam, Ahmat 1995. *The Vernacular Press and the Emergence of Modern Indonesian Consciousness (1855–1913)*. Ithaca: Cornell University Southeast AsiaProgram.

Ali Haji ibn Ahmad, Raja 1979. *The Precious Gift (Tuhfat al-Nafis)*, trans. Virginia Matheson and Barbara Andaya. Kuala Lumpur: Oxford University Press.

Andaya, Barbara Watson and Leonard Andaya 1992. *A History of Malaysia*. London: Macmillan.

Andaya, Leonard 1993. *The World of Maluku: Eastern Indonesia in the Early Modern Period*. Honolulu: University of Hawaii Press.

2001. 'The Search for the "Origins" of Melayu', *Journal of Southeast Asian Studies* 32, iii, 315–30.

Anderson, Benedict 1983 [1991]. *Imagined Communities: Reflections on the Origin and Spread of Nationalism*. London: Verso. 2008. 'Exit Suharto: Obituary for aMediocreTyrant', New Left Review 50, 27–59.

Anderson, John 1826 [1971]. *Mission to the East Coast of Sumatra in 1823*. Kuala Lumpur: Oxford University Press.

Anon. 1930. 'Islam dan Nationalisme', in *Soeara Atjeh* 1 April.

Antonissen, A. 1958. *Kadazan Dictionary and Grammar*. Canberra, Government Printer.

Arendt, Hannah 1968. *Antisemitism*. San Diego: Harcourt Brace Jovanovich.

Armstrong, John A. 1982. *Nations Before Nationalism*. Chapel Hill: University of North Carolina Press.

Ascher, William 1998. 'From Oil to Timber: the Political Economy of Off-budget Development Financing in Indonesia', *Indonesia* 65.

Aspinall, Edward 2006. 'Violence and Identity Formation in Aceh under Indonesian rule', in Anthony Reid (ed.) *Verandah of Violence: the Background to the Aceh Problem*. Singapore:

Singapore University Press, 149–76.

Baker, Chris 2003. 'Ayutthaya Rising: From Land or Sea?' *Journal of Southeast Asian Studies* 34: 1.

Bala Chandran 1986. *The Third Mandate*. Kuala Lumpur: Bala Chandran.

Barmé, Scot 1993. *Luang Wichit Wathakan*. Singapore: Institute of Southeast Asian Studies.

Barros, João de 1563 [1973 [1777]]. *Da Asia*. Lisbon: Regia Officina.

Battuta, Ibn 1929 [1353]. *Travels in Asia and Africa, 1325–1354*, trans. H. A. R. Gibb. London: George Routledge.

Beaulieu, Augustin de 1666. 'Mémoires du voyage aux Indes orientales du Général du Beaulieu, dressés par luy-mesme,' in Melchisedech Thévenot (ed.), *Relations de divers voyages curieux*, vol II. Paris: Cramoisy. A new edition is Augustin de Beaulieu 1996. *Mémoires d'un voyage aux Indes Orientales*, in Denys Lombard (ed.) Paris: Maisonneuve & Laroche, and a partial English translation is in Anthony Reid (ed.) 1995. *Witnesses to Sumatra: a Travellers' Anthology*. Kuala Lumpur: Oxford University Press, 64–81.

Benda, H. J., J. K. Irikura and K. Kishi (eds.) 1965. *Japanese Military Administration in Indonesia: Selected Documents*. New Haven: Yale University Centre for Southeast Asian Studies.

Berg, C. C. 1927. 'Kidung Sunda. Inleiding, tekst, vertaling en aantekeningen,' *BKI* 83.

Bertrand, Jacques 2004. *Nationalism and Ethnic Conflict in Indonesia*. Cambridge University Press.

Blumenbach, Johann Friedrich 1775 [1865]. *De generis humani varietate nativa. English translation in The Anthropological Treatises of Johann Friedrich Blumenbach*, London: Longman.

Blumentritt, Ferdinand 1882. *Versuch einer Ethnographie der Philippinen*. No. 27 in Petermann's Mittheilungen. Gotha: Justus Perthes.

BP. *Borneo Post*, Kota Kinabalu, daily.

BPS 1990. *Penduduk Indonesia: Hasil Sensus Penduduk 1990*. Jakarta: Badan Pusat Statistik.

1992. *Penduduk Sumatra Utara. Hasil Sensus Penduduk 1990* (S2.02), Jakarta: Badan Pusat Statistik.

1994. *Indikator Kesejahteraan Rakyat 1993. Sumatera Utara*. Medan: Badan Pusat Statistik.

2001. *Penduduk Sumatera Utara: Hasil Sensus Penduduk Tahun 2000* (L2.2.2). Medan: Badan Pusat Statistik.

2006. *Pendudok Indonesia: Hasil Survei Penduduk Antar Sensus 2005* (S1. 3302). Medan: Badan Pusat Statistik.

Brown, C. C. 1952. 'The Malay Annals, translated from Raffles MS 18', *Journal of the Malaysian*

Branch, Royal Asiatic Society 25, 2 and 3.

Brown, David 2007. 'Regionalist Federalism: a Critique of Ethno-nationalist Federalism', in He Baogang *et al. Federalism in Asia.* Cheltenham, UK: Edward Elgar, 57–81.

Brunei Census 1971: 1972. Negeri Brunei, *Laporan Banchi Pendudok Brunei 1971.* Bandar Seri Begawan: Star Press.

Bruner, Edward 1961. 'Urbanization and Ethnic Identity', *American Anthropologist* 63, 508–21.

    1972. 'Batak Ethnic Associations in Three Indonesian Cities', in *Southwestern Journal of Anthropology* 28, iii: 207–29.

    1983. 'Emergent vs Invariate Models', in Rita Kipp and Richard Kipp (eds.) *Beyond Samosir: Recent Studies of the Batak Peoples of Sumatra.* Athens, Ohio: Ohio University Center for International Studies, 13–20.

Bunnag, Tej 1977. *The Provincial Administration of Siam, 1892–1915.* Kuala Lumpur: Oxford University Press.

Burma Census 1986. *1983 Population Census.* Rangoon: Immigration and Manpower Department.

Burney, Henry 1971. *The Burney Papers*, 2 vols. Farnborough: Gregg International.

Butcher, John and Howard Dick (eds.) 1993. *The Rise and Fall of Revenue Farming: Business Elites and the Emergence of the Modern State in Southeast Asia.* Basingstoke: Macmillan.

Callahan, William 2006. 'History, Identity, and Security: Producing and Consuming Nationalism in China?' *Critical Asian Studies* 38: 2, 179–208.

Castles, Lance 1972. 'The Political Life of a Sumatran Residency: Tapanuli 1915–1940', Unpublished Ph.D. dissertation, Yale University.

Cense, A. A. 1979. *Makassaars-Nederlands Woordenboek.* The Hague: Nijhoff for Koninklijk Institut voor Taal-, Land-, en Volkenkunde.

Census of India 1933. *Census of India 1931, Vol. XI, Burma.* Rangoon: Government Printing and Stationery.

CGI (Crisis Group International) 2007. *Indonesia: how GAMWon in Aceh.* Crisis Group Asia Briefing No. 61, 22 March 2007.

Chakrabarty, Dipesh 2000. *Provincializing Europe: Postcolonial Thought and Historical Difference.* Princeton: Princeton University Press.

Chandler, David 1983. *A History of Cambodia.* Boulder: Westview.

Cheah Boon Kheng 1980. 'The Social Impact of the Japanese Occupation of Malaya (1942–1945)', in Alfred W. McCoy (ed.) *Southeast Asia under Japanese Occupation.* New Haven: Yale University Southeast Asia Studies, 75–103.

Chin, James 2004. 'Sabah and Sarawak: the More Things Change the More they Remain the Same', in *Southeast Asian Affairs*. Singapore: Institute for Southeast Asian Studies.

Chirot, Daniel and Anthony Reid (eds.) 1997. *Essential Outsiders: Chinese and Jews in the Modern Transformation of Southeast Asia and Central Europe*. Seattle: University of Washington Press.

Chua, Haji Abdul Malek 1995. *YB for Sale*. Kota Kinabalu: Zamantara.

Chau Ju-kua 1970 [orig. c. 1250]. *His Work on the Chinese and Arab Trade in the Twelfth and Thirteenth Centuries, entitled Chu-fan-chi*, trans. Friedrich Hirth and W. W. Rockhill. St Petersburg, 1911. Reprinted Taipei.

Clark Roff, Margaret 1974. *The Politics of Belonging. Political Change in Sabah and Sarawak*. Kuala Lumpur: Oxford University Press.

Clifford, Hugh 1926. *A Prince of Malaya*. New York: Harper & Brothers. Reprinted 1989 as Saleh: a Prince of Malaya. Singapore: Oxford University Press.

Coedes, G. 1968. *The Indianized States of Southeast Asia*, trans. Susan Cowing. Honolulu: East-West Center Press.

Cohen, Paul A. 2003. *China Unbound: Evolving Perspectives on the Chinese Past*. London: Routledge Curzon.

Collins, William 1979. 'Besemah Concepts. A Study of the Culture of a People of South Sumatra', Ph.D. dissertation, University of California.

Connor, Walker 1994. *Ethnonationalism: the Quest for Understanding*. Princeton: Princeton University Press.

Cooke, Nola and Li Tana (eds.) 2004. *Water Frontier: Commerce and the Chinese in the Lower Mekong Region, 1750–1880*. Lanham, MD: Rowman & Littlefield, and Singapore: Singapore University Press.

Coppel, Charles 1983. *Indonesian Chinese in Crisis*. Kuala Lumpur: Oxford University Press for Asian Studies Association of Australia.

Crane, Robert I. 1967. *Regions and Regionalism in South Asian Studies: an Exploratory Study*. Durham, NC: Duke University Program in Comparative Studies on Southern Asia.

Crawfurd, John 1820. *History of the Indian Archipelago*, 3 vols. Edinburgh: A. Constable.

Croo, M. H. du 1943. *General Swart: Pacificator van Atjeh*. Maastricht: Leiter-Nypels.

Cullinane, Michael 1998. 'Accounting for Souls', in Daniel Doeppers and Peter Xenos (eds.) *Population and History: the Demographic Origins of the Modern Philippines*. Madison: University of Wisconsin: Centre for Southeast Asian Studies.

Cunningham, Clark 1958. *The Postwar Migration of the Toba-Bataks to East Sumatra*. New

Haven: Yale University Southeast Asia Studies.

Davidson, Jamie 2008. *From Rebellion to Riots: Collective Violence on Indonesian Borneo*. Madison: University of Wisconsin Press.

Day, Tony 2002. *Fluid Iron: State Formation in Southeast Asia*. Honolulu: University of Hawai'i Press.

DE. Daily Express. Kota Kinabalu, daily.

Dikötter, Frank 1992. *The Discourse of Race in Modern China*. Stanford: Stanford University Press.

Dion, Stéphane 1996. 'Why is Secession Difficult in Well-established Democracies?' *British Journal of Political Science* 26, 2, 269–83.

Drakard, Jane 1990. *A Malay Frontier: Unity and Duality in a Sumatran Kingdom*. Ithaca: Cornell University Southeast Asia Program.

    1999. *A Kingdom of Words. Language and Power in Sumatra*. Shah Alam: Oxford University Press.

Duara, Prasenjit 1995. *Rescuing History from the Nation: Questioning Narratives of Modern China*. Chicago: University of Chicago Press.

Elson, R. E. 2008. *The Idea of Indonesia: A History*. Cambridge: Cambridge University Press.

Emerson, Rupert 1937. *Malaysia: a Study in Direct and Indirect Rule*. New York: Macmillan.

Encyclopedie van Nederlandsch-Indië, 2nd edn., 8 vols. The Hague: Nijhoff, 1917–1939.

EPU 2006a. *Mid-Term Review of the Ninth Malaysia Plan, 2006–2010*. Putrajaya: The Economic Planning Unit, Prime Minister's Department.

    2006b. *Ninth Malaysia Plan, 2006–2010*. Putrajaya: The Economic Planning Unit, Prime Minister's Department.

Evans, I. H. N. 1953. *The Religion of the Tempasuk Dusuns of North Borneo*. Cambridge: Cambridge University Press.

Fujiwara Iwaichi 1966. *F-kikan*. Tokyo: Hara Shobo.

Geertz, Clifford, 1980. *Negara: the Theatre State in Nineteenth-century Bali*. Princeton University Press.

Gellner, Ernest 1983. *Nations and Nationalism*. Oxford: Blackwell.

Giddens, Anthony 1985. *The Nation-state and Violence*. Cambridge: Polity Press.

Glyn-Jones, Monica 1953. T*he Dusun of the Penampang Plains*. 2 vols. London: Colonial Social Science Research Council.

Godley, Michael and Grayson Lloyd (eds.) 2001. *Perspectives on the Chinese Indonesians*. Adelaide: Crawfurd House Publishing.

Goscha, Christopher E. 1999. *Thailand and the Southeast Asian Networks of the Vietnamese Revolution, 1885–1954*. Richmond, Surrey: Curzon.

Graaf H. J. de and Th. G. Th. Pigeaud 1974. *De eerste moslims vorstendommen op Java*. The Hague: Nijhoff.

1984. *Chinese Muslims in Java in the 15th and 16th Centuries*, ed. M. C. Ricklefs. Clayton, Vic.: Monash Papers on Southeast Asia.

Greenfeld, Liah 1992. *Nationalism. Five Roads to Modernity*. Cambridge: Harvard University Press.

Guillot, Claude (ed.) 1998–2003. *Histoire de Barus*, 2 vols. Paris: Association Archipel.

Hamid, Haji Hashim Abd. 1992. 'Konsep Melayu Islam Beraja: Antar Ideologi dan Pembinaan Bangsa', in Dato Seri Laila Jasa Awang Haji Abu Bakar bin Haji Apong (ed.). *Sumbangsih*. Gadong: Akademi Pengajian Brunei.

Hamilton, Alexander 1930. *A New Account of the East Indies*, 2 vols, ed. William Foster. London: Argonaut Press.

Harper, Tim 1999. *The End of Empire and the Making of Malaya*. Cambridge: Cambridge University Press.

Harris, Peter 1997. 'Chinese Nationalism: the State of the Nation', *The China Journal*, 121–37.

Harrison, R. 1971. 'An Analysis of the Variation among the Ranau Dusun Communities of Sabah, Malaysia'. Ph.D. dissertation, Columbia University.

Hasan, Abdul Hadi bin Haji 1925–30. *Sejarah Alam Melayu*, 3 vols. Singapore: Education Department.

He Baogang, Brian Galligan and Takashi Inoguchi (eds.) 2007. *Federalism in Asia*. Cheltenham, UK: Edward Elgar.

Hefner, Robert 2000. *Civil Islam: Muslims and Democratization in Indonesia*. Princeton: Princeton University Press.

Heidhues, Mary Somers 1974. *Southeast Asia's Chinese Minorities*. Hawthorn, Vic: Longman Australia.

Henley, David 1996. *Nationalism and Regionalism in a Colonial Context: Minahasa in the Dutch East Indies*. Leiden: KITLV Press.

Hikajat Bandjar: A Study in Malay Historiography 1968. Ed. J. J. Ras. The Hague: Nijhoff.

Hikayat Hang Tuah 1971. Ed. Kassim Ahmad. Kuala Lumpur: Dewan Bahasa dan Pustaka.

Hikayat Patani 1970. Ed. A. Teeuw and D. K. Wyatt, 2 vols. The Hague: Nijhoff.

Hill, A. H. 1961. 'Hikayat Raja-Raja Pasai', romanised and translated by A. H. Hill, *Journal of the Malaysian Branch, Royal Asiatic Society* 33, 2.

Hirosue Masashi 1996. *Sumatran port-cities and 'cannibalism' in the hinterlands*. Paper presented at the 14th Conference of the International Association of
Historians of Asia, Bangkok, 22 May 1996.

Hirschman, Charles 1987. 'The Meaning and Measurement of Ethnicity in Malaysia', *Journal of Asian Studies* 46, 3, 555–82.

HKBP (Huria Kristen Batak Protestan) 1984. Almanak HKBP 1984. Tarutung. 1995. Almanak HKBP 1995. Tarutung.

Ho, Engseng 2006. *The Graves of Tarim: Genealogy and Mobility across the Indian Ocean*. Berkeley: University of California Press.

Hoadley, Mason 1988. 'Javanese, Peranakans and Chinese Elites in Cirebon: Changing Ethnic Boundaries', *Journal of Asian Studies* 47, iii, 503–17.

Hobsbawm, E. J. 1990. *Nations and Nationalism since 1780*. Cambridge: Cambridge University Press.

Hobson, J. A. 1902. *Imperialism: a Study*. New York: Pott.

Hugo, G. J., T. H. Hull, V. J. Hull and G. W. Jones 1987. *The Demographic Dimension in Indonesian Development*. Singapore: Oxford University Press.

Humboldt, Alexander von, 1847–8. *Cosmos: Sketch of a Physical Description of the Universe*, translated under the superintendence of E. Sabine, 2 vols. London: Longman, Brown, Green & Longmans.

Humboldt, Freiherr Wilhelm von 1836–9. *Über die Kawi-sprache auf den insel Java: nebst einer einleitung über die verschiedenheit des menschlichen sprachbaues und ihren einfluss auf die geistige entwickelung des menschengeschlechts*, 3 vols. Berlin: Königlichen Akademie der Wissenschaften.

Huntington, Samuel P. 1993. 'Clash of Civilizations?', *Foreign Affairs*, 72.

Hutagalung, W. M. 1991. *Pustaha Batak: Tarombo dohot Turiturian ni Bangso Batak*, ed. R. T. Sirait. No place: Tulus Jaya. [Orig. publ. as Waldemar
Hoeta Galoeng, *Poestaha taringot toe tarombo ni halak Batak*, Laguboti: Zendingsdrukkerij, 1926.]

Ileto, Reynaldo 1979. *Pasyon and Revolution. Popular Movements in the Philippines, 1840–1910*. Manila: Ateneo de Manila University Press.

Ismail Hussein 1998. 'Kata Alu-aluan', in Zeus Salazar, *The Malayan Connection*, Quezon City, xi–xv.

Jenner, W. A. 1992. *The Tyranny of History: the Roots of China's Crisis*. London: Penguin Books.

Jomo, K. S. 1997. 'A specific idiom of Chinese Capitalism in Southeast Asia: Sino-Malaysian capital accumulation in the face of State Hostility', in Daniel Chirot and Anthony Reid (eds.) *Essential Outsiders: Chinese and Jews in the Modern Transformation of Southeast Asia and Central Europe*. Seattle: University of Washington Press, 237–57.

Jones, L. W. 1966. *The Population of Borneo: a Study of the Peoples of Sarawak, Sabah and Brunei*. London: Athlone Press.

Jones, Russell 1997. *Chinese Names: the Traditions Surrounding the Use of Chinese Surnames and Personal Names*. Kuala Lumpur: Pelandok.

Joustra, M. 1910. *Batak-Spiegel*. Leiden: van Doesburgh.

Kangle, R. P. 1969. *The Kautilya Arthasastra*. Bombay: Bombay University.

Ke, Fan 2001. 'Maritime Muslims and Hui Identity: a South Fujian Case', *Journal of Muslim Minority Affairs*, 21: 2.

Keating, Michael 2001. *Plurinational Democracy: Stateless Nations in a Post-Sovereignty Era*. Oxford: Oxford University Press.

Kell, Timothy 1995. *The Roots of Acehnese Rebellion 1989–1992*. Ithaca: Cornell University Southeast Asia Program.

Khoo Kay Kim 1979. 'Local Historians and the Writing of Malaysian History in the Twentieth Century', in Anthony Reid and David Marr (eds.) *Perceptions of the Past in Southeast Asia*. Singapore: Heinemann, 299–311.

Kingsbury, Damien and Lesley McCulloch 2006. '*Military Business in Aceh,*' in Anthony Reid (ed.) *Verandah of Violence: the Background to the Aceh Problem*. Singapore: Singapore University Press, 199–224.

Kipp, Rita Smith 1990. *The Early Years of a Dutch Colonial Mission: the Karo Field*. Ann Arbor: University of Michigan Press.

    1993. *Dissociated Identities. Ethnicity, Religion and Class in an Indonesian Society*. Ann Arbor: University of Michigan Press.

Kitingan, Jeffrey 1994. *Komoiboros Dusunkadazan/Dusunkadazan Dictionary*. Kota Kinabalu: Mongulud Boros Dusun Kadazan.

Klein, Martin (ed.) 1993. *Breaking the Chains: Slavery, Bondage and Emancipation in Modern Africa and Asia*. Madison: University of Wisconsin Press.

KLF (Kadazandusun Language Foundation) 2007. *Fakta-fakta Penting Mengenai Bahasa Kadazandusun di Sekolah*. Kota Kinabalu: Kadazandusun Language Foundation.

Klinken, Gerry van 2001. 'The Maluku Wars: Bringing society back in', *Indonesia* 71, 1–26.

    2007. *Communal Violence and Democratization in Indonesia: Small Town Wars*. London: Routledge.

Knaap, Gerrit 1996. *Shallow Waters, Rising Tide. Shipping and Trade in Java around 1775*. Leiden: KITLV Press.

Knaap, Gerrit and Luc Nagtegal, 1991. 'A Forgotten Trade: Salt in Southeast Asia, 1670–1813' in Roderich Ptak and Dietmar Rothermund (eds.).*Emporia, Commodities and Entrepreneurs in Asian Maritime Trade, c.1400–1750*. Stuttgart: Franz Steiner.

Kobata Atsushi and M. Matsuda (eds.) 1969. *Ryukyuan Relations with Korea and South Sea Countries*. Kyoto: Kobata & Matsuda.

Kohn, Hans 1944. *The Idea of Nationalism: a Study in Its Origin and Background*. New York: Macmillan.

Krasner, Stephen 2001. 'Organised Hypocrisy in Nineteenth-century East Asia', *International Relations of the Asia-Pacific* 1, 173–97.

Kroeber, A. L. and C. Kluckhohn 1963. *Culture: a Critical Review of Concepts and Definitions*. New York: Vintage.

Kwok Kian Woon 1998. 'Singapore', in Lynn Pan (ed.) *The Encyclopedia of the Chinese Overseas*. Singapore: Archipelago Press, 200–17.

Laffan, Michael 2005. *Finding Java: Muslim Nomenclature of Insular Southeast Asia from Śrîvijaya to Snouck Hurgronje*, Singapore: Asia Research Institute Working Paper Series no. 52, www.ari.nus.edu.sg/publications.

Landon, Kenneth P. 1941. *The Chinese in Thailand*. London: Oxford University Press.

Langenberg, Michael van 1976. 'National Revolution in North Sumatra: Sumatra Timur and Tapanuli, 1942–1950'. Ph.D. dissertation, University of Sydney.

　　1985. 'East Sumatra: Accommodating an Indonesian Nation within a Sumatran Residency', in Audrey Kahin (ed.) *Regional Dynamics of the Indonesian Revolution: Unity from Diversity*. Honolulu: University of Hawaii Press, 113–44.

Lasimbang, Rita 2004. 'To Promote the Kadazandusun Languages of Sabah', *Asian/Pacific Book Development* 34, 2, 10–12.

Lavy, Paul 2004. 'Visnu and Harihara in the Art and Politics of Early Historic Southeast Asia'. Unpublished Ph.D. dissertation, University of California, Los Angeles.

Lee Kam Hing 1995. *The Sultanate of Aceh: Relations with the British, 1760–1824*. Kuala Lumpur: Oxford University Press.

　　2006. 'Aceh at the Time of the 1824 Treaty', in Anthony Reid (ed.) *Verandah of Violence: the Background to the Aceh Problem*. Singapore: Singapore University Press, 72–95.

Lenin, V. I. 1948 [1916]. *Imperialism: The Highest Stage of Capitalism*. A Popular Outline. London: Lawrence and Wishart.

Liddle, William 1970. *Ethnicity, Party, and National Integration: an Indonesian Case Study*. New Haven: Yale University Press.

Lieberman, Victor 2003. *Strange Parallels: Southeast Asia in Global Context, c.800–1830. Vol. I: Integration on the Mainland*. Cambridge: Cambridge University Press.

Lim, G. 2004. 'The BN has Reshaped Sabah Politics to its Desires; now it must Deliver on its side of the Bargain', *Aliran Monthly* 3.

Lindsay, Jennifer and Tan Ying Ying 2003. *Babel or Behemoth: Language Trends in Asia*. Singapore: Asia Research Institute, National University of Singapore.

Lodewycksz, Willem 1915 [1598]. 'Historie van Indien', in G. Rouffaer and J. W. Ijzerman (ed.) *De Eerste Schipvaart*, Vol. I. The Hague: Linschoten- Vereniging.

Loh Kok Wah, Francis 1992. 'Modernisation, Cultural Revival and Counter-Hegemony: the Kadazans of Sabah in the 1980s', in Joel Kahn and Francis Loh (eds.) *Fragmented Vision: Culture and Politics in Contemporary Malaysia*. Sydney: Allen & Unwin for Asian Studies Association of Australia, 225–53.

Luping, Herman 1989. 'The Making of a Huguan Siou: Facts and Fiction', in *Pesta Ka'amatan '89 Peringkat Negeri*. Penampang.

    1994. *Sabah's Dilemma: The Political History of Sabah (1960–1994)*. Kuala Lumpur: Magnus Books.

Maddison, Angus 2001. *The World Economy: a Millennial Perspective*. Paris: Organisation for Economic Co-operation and Development.

McCoy, Alfred W. (ed.) 1980. *Southeast Asia under Japanese Occupation*. New Haven: Yale University Southeast Asia Studies

Macdonald, Charles and Zheng Yangwen 2009. *Personal Names in Asia: History, Culture and Identity*. Singapore: National University of Singapore Press.

McGibbon, Rodd 2006. 'Local Leadership and the Aceh Conflict', in Anthony Reid (ed.) *Verandah of Violence: the Background to the Aceh Problem*. Singapore: Singapore University Press, pp. 315–359.

McGregor, Katherine 2007. *History in Uniform: Military Ideology and the Construction of Indonesia's Past*. Singapore: National University of Singapore Press.

McNeill, William H. 1985. *Poly-ethnicity and National Unity in World History: the Donald G. Creighton Lectures*. University of Toronto Press.

Mackie, J. A. C. 1996. 'Introduction', in Anthony Reid (ed.) *Sojourners and Settlers: Histories of Southeast Asia and the Chinese*. Sydney: Allen & Unwin, xii–xxx.

McVey, Ruth (ed.) 1992. *Southeast Asian Capitalists*. Ithaca: Cornell Southeast Asia Project.

Mahadhir, Mahanita and Lydie Tumin 2008. 'Language Attitudes of the Kadazandusun towards their Mother Tongue', Proceedings of the 9th Borneo Research Council Conference, Kota Kinabalu, July 2008.

Mahathir bin Mohamad 1970. *The Malay Dilemma*. Singapore: Donald Moore.

Ma Huan 1433. *Ying-Yai Sheng-lan: 'The Overall Survey of the Ocean's Shores'*, trans. J. V. G. Mills 1970. Cambridge: Hakluyt Society.

Maier, H. M. J. 1988. *In the Center of Authority*. Ithaca: Cornell University Southeast Asia Program.

Malaysia 1995. *Laporan Am Banci Penduduk/General Report of the Population Census*, 1991. Kuala Lumpur, Department of Statistics.

Marr, David 1981. *Vietnamese Tradition on Trial, 1920–1945*. Berkeley, University of California Press.

Marsden, William 1811 [1966]. *The History of Sumatra*. Kuala Lumpur: Oxford University Press.
   1812 [1984]. *A Dictionary and Grammar of the Malayan Language*. 3 vols. Singapore: Oxford University Press.

Martin, François 1604. *Description du Premier Voyage faict aux Indes Orientalers par les François en l'an 1603*. Paris: Laurens Sonnius.

Matheson, Virginia 1979. 'Concepts of Malay Ethos in Indigenous Writing', *Journal of Southeast Asian Studies* 10, ii: 351–71.

Miksic, John 1979. 'Archeology, Trade and Society in Northeast Sumatra'. Ph.D. dissertation, Cornell University.
   1996. *Indonesia Heritage: Ancient History*. Singapore: Editions Didier Millet.

Miksic, John and Cheryl-Ann Mei Gek Low (eds.) 2004. *Early Singapore, 1300s–1819: Evidence in Maps, Texts and Artefacts*. Singapore History Museum.

Miller, Michelle Ann 2006. 'What's Special about Special Autonomy in Aceh?' in Anthony Reid (ed.) *Verandah of Violence: the Background to the Aceh Problem*. Singapore: Singapore University Press, 292–314.

Milner, Anthony 1982. *Kerajaan: Malay Political Culture on the Eve of Colonial Rule*. Tucson: University of Arizona Press for the Asian Studies Association of Australia.
   1995. *The Invention of Politics in Colonial Malaya: Contesting Nationalism and the Expansion of the Public Sphere*. Cambridge: Cambridge University Press.

Milner, A. C., E. Edwards McKinnon and Tengku Luckman Sinar 1978.'A Note on Aru and Kota Cina', *Indonesia* 26, 1–42.

Mojares, Resil 2006. *Brains of the Nation*. Quezon City: Ateneo de Manila Press.

Morris, Eric 1983. 'Islam and Politics in Aceh: a Study of Center–Periphery Relations in Indonesia'. Unpublished Ph.D. dissertation, Cornell University, Ithaca.

Morris-Suzuki 1995. 'The Invention and Reinvention of "Japanese Culture"', *Journal of Asian Studies* 54, iii, 759–81.

Muller, Hendrik (ed.) 1917. *De Oost-Indische Compagnie in Cambodja en Laos: Verzameling van Bescheiden van 1636 tot 1670*. The Hague: Linschoten-Vereeniging.

Myrdal, Gunnar 1968. *Asian Drama: an Enquiry into the Poverty of Nations*. New York: Twentieth Century Fund.

Nagata, Judith 1981. 'In Defence of Ethnic Boundaries: the Changing Myths and Charters of Malay Identity', in Charles Keyes (ed.) *Ethnic Change*. Seattle: University of Washington Press, 87–116.

Nagtegal, Luc *1996. Riding the Dutch Tiger: the Dutch East Indies Company and the Northeast Coast of Java, 1680–1743*. Leiden: KITLV.

Naim, Mochtar 1984. *Merantau: Pola Migrasi Suku Minangkabau*. Yogyakarta: Gadjah Mada University Press.

Nandy, Ashis 1995. 'History's Forgotten Doubles', *History & Theory* 34, 2: 44–66.

National Operations Council 1969. *The May 13 Tragedy: a Report*. Kuala Lumpur: National Operations Council.

Naval Intelligence Division 1943. *Indo-China*. Geographical Handbook Series. London: Naval Intelligence Division.

NBAR (*North Borneo Annual Report*), Jesselton, various years.

Nessen, William 2006. 'Sentiments Made Visible: the Rise and Reason of Aceh's National Liberation Movement', in Anthony Reid (ed.) *Verandah of Violence: the Background to the Aceh Problem*. Singapore: Singapore University Press, 177–98.

Newbold, T. J. 1839 [1971]. *Political and Statistical Account of the British Settlements in the Straits of Malacca*, 2 vols. Kuala Lumpur: Oxford University Press.

Ng Chin Keong 1991. 'The Case of Ch'en I-lao: Maritime Trade and Overseas Chinese in Ch'ing Policies, 1717—54', in Roderich Ptak and Dietmar Rothermunde (eds.) *Emporia, Commodities and Entrepreneurs in Asian Maritime Trade, c. 1400–1750*. Stuttgart: Franz Steiner, 373–400.

Noer, Deliar 1979. 'Yamin and Hamka: Two Routes to an Indonesian Identity', in Anthony Reid and David Marr (eds.) *Perceptions of the Past in Southeast Asia*. Singapore: Heinemann.

Olthof, W. L. (ed.) 1987. *Babad Tanah Djawi. Javaanse Rijkskroniek*. Dordrecht: Foris for KITLV.

Omar, Ariffin 1993. *Bangsa Melayu: Aspects of Democracy and Community among the Malays*. Kuala Lumpur: Oxford University Press.

Ong, Aihwa 1999. *Flexible Citizenship: the Cultural Logics of Transnationality*. Durham: Duke University Press.

Ongkili, James P. 1972. *Modernization in East Malaysia, 1960–1970*. Kuala Lumpur: Oxford University Press.

Our Cultural Heritage n.d. [1985?]. Kota Kinabalu: Koisaan Koubasanan Kadazan Sabah.

Palma, Rafael 1949. *Pride of the Malay Race*, trans. Roman Ozaeta. New York: Prentice-Hall.

Pan, Lynn (ed.) 1998. *The Encyclopedia of the Chinese Overseas*. Singapore: Archipelago Press.

Parfahn, Ahmed Ibn 1957/1967. *Malayan Grandeur (a Narrative of a History by a Hundred Seers) and our Intellectual Revolution*. Cotabato City: High School Press, 1957; Davao City: San Pedro Press, 1967.

Parlindungan, Mangaradja n.d. [1965?]. *Tuanku Rao: Terror Agama Islam Mazhab Hambali di Tanah Batak, 1816–1833*. Jakarta: Tandjung Pengharapan.

Paterno y de Vera Ignacio, Pedro 1887. *La Antigua Civilización Tagálog*. Madrid: Manuel Hernandez.

Pederson, Paul 1970. *Batak Blood and Protestant Soul*. Grand Rapids, MI: William B. Eerdmans.

Pelly, Usman 1994. *Urbanisasi dan Adaptasi: Peranan Misi Budaya Minangkabau dan Mandailing*. Jakarta: LP3ES.

Pelzer, Karl 1982. *Planters Against Peasants: the Agrarian Struggle in East Sumatra, 1947–1958*. 's-Gravenhage: Nijhoff.

Pemberton, John 1994. *On the Subject of 'Java'*. Ithaca: Cornell University Press.

Perret, Daniel 1995. *La Formation d'un Paysage Ethnique: Batak et Malais de Sumatra Nord-Est*. Paris: Presses de l'EFEO.

Perret, Daniel, Heddy Surachman, Lucas Koestoro and Sukawati Susetyo 2007. 'Le Programme Archéologique Franco–Indonésien sur Padang Lawas (Sumatra Nord). Réflexions préliminaires' *Archipel* 74: 45–82.

Pigafetta, Antonio 1969. *First Voyage Round the World*, trans. J. A. Robertson. Manila: Filipiniana Book Guild.

Pigeaud, Th. G. Th. 1960. *Java in the Fourteenth Century: a Study in Cultural History*, 5 volumes. The Hague: Nijhoff.

Pinto, Mendes 1989. *The Travels of Mendes Pinto*, transl. Rebecca Catz. Chicago: University of Chicago Press.

Pires, Tomé 1515. *The Suma Oriental of Tomé Pires*, (trans. Armando Cortesão, 1944.) London:

Hakluyt Society.

Polo, Marco 1958 [1292]. *The Travels of Marco Polo*, trans. R. E. Latham. Harmondsworth: Penguin.

Prinst, Darwan 1996. *Adat Karo*. Medan: Kongres Kebudayaan Karo.

Proudfoot, Ian 1993. *Early Malay Printed Books*. Kuala Lumpur: The Academy of Malay Studies and the Library, University of Malaya.

Purba, O. H. S. and Elvis Purba 1998. *Migran Batak Toba di luar Tapanuli Utara: Suatu Deskripsi*. Medan: Monora.

Purdey, Jemma 2006. *Anti-Chinese Violence in Indonesia, 1996–1999*. Singapore: Singapore University Press for Asian Studies Association of Australia.

Quirino, Carlos 1940. *The Great Malayan*. Makati City: Tahanan Books.

Raben, Remco 1996. 'Batavia and Colombo: the Ethnic and Spatial Order of Two Colonial Cities, 1600–1800'. Ph.D. Dissertation, Leiden University.

Rae, Simon 1994. *Breath Becomes the Wind: Old and New in Karo Religion*. Dunedin: University of Otago Press.

Raffles, Sophia 1835. *Memoir of the Life and Public Services of Sir Thomas Stamford Raffles Particularly in the Government of Java, 1811–1816, Bencoolen and its Dependencies, 1817–1824*, 2 vols. London: Duncan.

Raffles, Thomas Stamford 1818. 'On the Maláyu Nation, with a Translation of its Maritime Institutions', *Asiatic Researches* 12.

    1821. *Malay Annals: Translated from the Malay Language by the Late Dr John Leyden, with an introduction by Sir Thomas Stamford Raffles, FRS*. London: Longman.

Raniri, Nuru'd-dinar-1644 [1966]. *Bustanu's-Salatin, Bab II, Fasal 13*, ed. T. Iskandar. Kuala Lumpur: Dewan Bahasa dan Pustaka.

Regis, Patricia 1989. 'Demography', in Jeffrey Kitingan and Maximus Ongkili (eds.) *Sabah: 25 Years Later, 1963–1988*. Kota Kinabalu, Sabah: Institute of Development Studies.

Reid, Anthony 1969a. *The Contest for North Sumatra: Atjeh, the Netherlands and Britain, 1858–1898*. Kuala Lumpur, Oxford University Press/University of Malaya Press.

    1969b. 'Indonesian Diplomacy. A Documentary Study of Atjehnese Foreign Policy in the Reign of Sultan Mahmud, 1870–1874', *Journal of the Malayan Branch, Royal Asiatic Society* 42, 2, 74–114.

    1969c. 'The Kuala Lumpur Riots and the Malaysian Political System', *Australian Outlook* 23, iii (December 1969), 258–78.

    1974. *The Indonesian National Revolution*. Melbourne: Longman.

1979a. *The Blood of the People: Revolution and the End of Traditional Rule in Northern Sumatra*. Kuala Lumpur: Oxford University Press.

1979b. 'The Nationalist Quest for an Indonesian Past,' in Anthony Reid and David Marr (eds.) *Perceptions of the Past in Southeast Asia*. Singapore: Heinemann.

1988–93. *Southeast Asia in the Age of Commerce, c.1450–1680*, 2 vols. New Haven, Yale University Press.

1993. 'The Unthreatening Alternative: Chinese Shipping in Southeast Asia 1567–1842', *Review of Indonesian and Malaysian Affairs* 27: 13–32.

1996. 'Flows and Seepages in the Long-term Chinese Interaction with Southeast Asia', in Reid (ed.), *Sojourners and Settlers: Histories of Southeast Asia and the Chinese*. Sydney: Allen & Unwin, 15–49.

1997. 'Entrepreneurial Minorities, Nationalism and the State', in Daniel Chirot and Anthony Reid (eds.) *Essential Outsiders: Chinese and Jews in the Modern Transformation of Southeast Asia and Central Europe*. Seattle: University of Washington Press, 33–71.

2001. 'Understanding Melayu (Malay) as a Source of Diverse Modern Identities,' *Journal of Southeast Asian Studies* 32, iii, 295–313.

2002. 'Island of the Dead: Why do Bataks erect Tugu?' in H. Chambert-Loir and A. Reid (eds.) *The Potent Dead: the Cult of Saints, Ancestors and Heroes in Modern Indonesia*. Sydney: Allen & Unwin for the Asian Studies Association of Australia, 88–102.

2004. 'War, Peace and the Burden of History in Aceh', *Asian Ethnicity* 15, 3 (Oct), 301–14.

2005. *An Indonesian Frontier: Acehnese and other Histories of Sumatra*. Singapore: Singapore University Press.

Reid, Anthony (ed.) 2006a. *Verandah of Violence: the Background to the Aceh Problem*. Singapore: Singapore University Press.

Reid, Anthony 2006b. *Hybrid Identities in the Fifteenth Century Straits*, Working Paper Series no. 67, Asia Research Institute, Singapore, www.ari.nus.edu. sg/publications.

2006c. *Is There a Batak History?* Singapore: Working Paper Series no. 78, Asia Research Institute, www.ari.nus.edu.sg/publications.

2007. 'Indonesia's post-revolutionary aversion to federalism,' in He Baogang *et al.* (eds.) *Federalism in Asia*. Cheltenham, UK: Edward Elgar, 144–64.

Reid, Anthony and Zheng Yangwen (eds.) 2009. *Negotiating Asymmetry: China's Place in Asia*. Singapore: National University of Singapore Press.

Ricklefs, M. C. 1992. 'Unity and Disunity in Javanese Political and Religious Thought of the Eighteenth Century', in V. J. H. Houben *et al.* (eds.) *Looking in Odd Mirrors: The Java Sea*,

Leiden: Leiden University Department of Southeast Asian Studies, 60–75.

1998. *The Seen and Unseen Worlds in Java, 1726–1749: History, Literature, and Islam in the Court of Pakubuwana II*. Honolulu: University of Hawai'i Press, for the Asian Studies Association of Australia.

Rinder, Irwin, 1958–9. 'Strangers in the Land: Social Relations in the Status Gap', *Social Problems* 6, 253–60.

Rizal, José (ed.) 1961. *Sucesos de las isles Filipinas por el Dr Antonio de Morga*. Manila: Comision Naciónal del Centenario de Rizal.

Rizal–Blumentritt 1961. *The Rizal–Blumentritt Correspondence*, Vol. II. Manila: José Rizal Centennial Commission.

Robinson, Geoffrey 1998. 'Rawan is as Rawan Does: the Origins of Disorder in New Order Aceh', *Indonesia* 66, 127–56.

Robison, Richard 1986. *Indonesia: the Rise of Capital*. Sydney: Allen & Unwin.

Robson, Stuart (ed.) 1995. *Deśawarana (Nāgarakrtāgama) by Mpu Prapañca*. Leiden: KITLV Press.

Rodenburg, Janet 1997. *In the Shadow of Migration: Rural Women and their Households in North Tapanuli, Indonesia*. Leiden: KITLV Press.

Rodgers Siregar, Susan 1981. *Adat, Islam and Christianity in a Batak Homeland*. Athens, Ohio: Ohio University Center for International Studies.

Rodgers, Susan 1991a. 'The Ethnic Culture Page in Medan Journalism' *Indonesia* 51 (April), 83–104.

1991b. 'Imagining Tradition, Imagining Modernity: a Southern Batak Novel from the 1920s', *BKI* 147, 2–3, 273–97.

1997. *Sitti Djaoerah: a Novel of Colonial Indonesia*. Madison, WI: University of Wisconsin Center for Southeast Asian Studies.

2005. *Print, Poetics, and Politics: a Batak Literary Epic in the Indies and New Order Indonesia*. Leiden: KITLV Press.

Roff, Margaret 1969. 'The Rise and Demise of Kadazan Nationalism', *Journal of Southeast Asian History* 10, ii: 326–43.

Roff, William 1967. *The Origins of Malay Nationalism*. Kuala Lumpur: University of Malaya Press.

Roolvink, R. 1975. *Bahasa Jawi: de Taal van Sumatra*. Leiden: Universitaire Pers.

Rooney, John 1981. *Khabar Gembira. A History of the Catholic Church in East Malaysia and Brunei (1880–1976)*. London: Burns & Oates.

Rutter, Owen, 1929. *The Pagans of North Borneo*. London: Hutchinson.

Ryter, Loren 2002. 'Youths, Gangs and the State in Indonesia'. Ph.D. dissertation, University of Washington.

Salazar, Zeus A. 1998. *The Malayan Connection. Ang Pilipinas sa Dunia Melayu*. Quezon City, Palimbagan ng Lahi.

Salmon, Claudine 1996. 'Ancestral Halls, Funeral Associoations, and Attempts at Resinicization in Nineteenth Century Netherlands India', in Anthony Reid (ed.) *Sojourners and Settlers: Histories of Southeast Asia and the Chinese*. Sydney: Allen & Unwin, 183–214.

Salmon, Claudine and Myra Siddharta 2000. 'The Hainanese of Bali: A Little Known Community'. Paris: *Archipel* 60.

Sangermano, Vincentius 1966 [1818]. *A Description of the Burmese Empire*, trans. William Tandy. Rome and Rangoon. Reprinted London: Susil Gupta.

Sangti, Batara 1977. *Sejarah Batak*. Balige: Karl Sianipar.

Sani, Rustam A. 2008. *Failed Nation? Concerns of a Malaysian Nationalist*. Kuala Lumpur: Strategic Information and Research Development.

Schreiner, Klaus 1995. *Politischer Heldenkult in Indonesien*. Hamburg: Dietrich Reimer.

Schulte Nordholt, Henk 1993. 'Leadership and the Limits of Political Control: A Balinese "Response" to Clifford Geertz', *Social Anthropology* 1, 3.

Schulze, Kirsten E. 2006. 'Insurgency and Counter-Insurgency: Strategy and the Aceh Conflict, October 1976–May 2004', in Anthony Reid (ed.) *Verandah of Violence: the Background to the Aceh Problem*. Singapore: Singapore University Press 225–271.

Scott, Edmund 1606 [1943]. 'An Exact Discourse', in Sir William Foster (ed.) *The Voyage of Henry Middleton to the Moluccas*. London: Hakluyt Society, 81–176.

Scott, James C. 1998a. *Seeing Like a State*. New Haven: Yale University Press.

1998b. 'State Simplifications', in David Kelly and Anthony Reid (eds.) *Asian Freedoms*. Cambridge: Cambridge University Press.

Scott, W. H. 1982. *Cracks in the Parchment Curtain*.

Sherman, George 1990. *Rice, Rupees and Ritual. Economy and Society Among the Samosir Batak of Sumatra*. Stanford: Stanford University Press.

Shim, P. S. 2007. *Inland People of Sabah, Before, During and After Nunuk Ragang*. Kota Kinabalu: Borneo Cultural Heritage Publisher.

Shiraishi, Takeshi 1997. 'Anti-Sinicism in Java's New Order', in Daniel Chirot and Anthony Reid (eds.) *Essential Outsiders: Chinese and Jews in the Modern Transformation of Southeast Asia and Central Europe*. Seattle: University of Washington Press, 187–207.

Singarimbun, Masri 1975. *Kinship, Descent and Alliance among the Karo Batak*. Berkeley: University of California Press.

Situmorang Sitor 1993. *Toba Na Sae: Sejarah Lembaga Sosial Politik Abad XIII–XX*. Jakarta: Komunitas Bambu.

Skinner, Cyril 1963. *Sja'ir Perang Mengkasar (The Rhymed Chronicle of the Macassar War) by Entji' Amin*. The Hague: Martinus Nijhoff.

Skinner, G. William 1957. *Chinese Society in Thailand: an Analytical History*. Ithaca: Cornell University Press.

1996. 'Creolized Chinese Societies in Southeast Asia', in Anthony Reid (ed.) *Sojourners and Settlers: Histories of Southeast Asia and the Chinese*. Sydney: Allen & Unwin, 51–93.

Smail, John R. W. 1968. 'The Military Politics of North Sumatra, December 1956–October 1957', *Indonesia* 6 (October), 128–87.

Smith, Anthony D. 1986. *The Ethnic Origins of Nations*. Oxford: Blackwell.

1991. *National Identity*. London: Penguin.

1995. *Nations and Nationalism in a Global Era*. Cambridge: Polity Press.

So, Billy 2000. *Prosperity, Region and Institutions in Maritime China: the South Fukien Pattern, 946–1368*. Cambridge, MA: Harvard University Press.

ST. *Sabah Times*. Kota Kinabalu, daily.

Stapel, F. W. 1922. *Het Bongaais Verdrag*. Published dissertation, University of Leiden.

Steedly, Mary 1996. 'The Importance of Proper Names: Language and "National" Identity in Colonial Karoland', *American Ethnologist*, 23: 447–75.

Sulaiman, M. Isa 1997. *Sejarah Aceh: Sebuah Gugatan Terhadap Tradisi*. Jakarta: Pustaka Sinar Harapan.

2000. *Aceh Merdeka: Ideologi, Kepimimpinan dan Gerakan*. Jakarta: Pustaka al Kausar.

2006. 'From Autonomy to Periphery: a Critical Evaluation of the Acehnese Nationalist Movement', in Anthony Reid (ed.) *Verandah of Violence: the Background to the Aceh Problem*. Singapore: Singapore University Press, 121–48.

Suryadinata, Leo 1992. *Pribumi Indonesians, the Chinese Minority and China*, 3rd. edn. Singapore: Heinemann Asia.

Suryadinata, Leo, Evi Nurvidya Arifin and Aris Ananta 2003. *Indonesia's Population: Ethnicity and Religion in a Changing Political Landscape*. Singapore: Institute for Southeast Asian Studies.

Swettenham, Frank 1906. *British Malaya*. London: John Lane.

Tagliacozzo, Eric 2005. *Secret Trades, Porous Borders: Smuggling and States along a Southeast Asian Frontier 1865–1915*. New Haven: Yale University Press.

Tan Chee Khoon 1986. *Sabah: a Triumph for Democracy*. Kuala Lumpur, Pelandok.

Tan Pek Leng, 1992. 'A History of Chinese Settlement in Brunei', in *Essays on Modern Brunei History*. Department of History, Universiti Brunei Darussalam,

Thongchai Winichakul 1991. *Siam Mapped. A History of the Geo-body of a Nation*. Honolulu: University of Hawaii Press.

Tichelman, G. L. 1936. 'Batak-trek', *Koloniaal Tijdschrift*.

[Tiro,] Hasan Muhammad 1958. *Demokrasi Untuk Indonesia* [Democracy for Indonesia]. Np. Penerbit Seulawah.

1948. *Perang Atjeh*, 1873–1927 Stencilled, Jogjakarta.

1981. *The Price of Freedom: the Unfinished Diary of Tengku Hasan di Tiro, President, National Liberation Front of Acheh Sumatra* [stencilled].

Tiro, Tengku Hasan M. di 1979. *The Drama of Achehnese History; 1873–1978. A Play in VIII Acts*. State of Acheh: Ministry of Education [stencilled].

Tobing, Adniel L. 1957. *Sedjarah Si Singamangaradja I-XII*, 4th edn. Medan: Firman Sihombing.

Tønnesson, Stein and Hans Antlöv (eds.) 1996. *Asian Forms of the Nation*. Richmond, Surrey: Curzon.

Topin, Benedict (n.d). 'The Origin of the Kadazan/Dusun: Popular Theories and Legendary Tales'. Typescript.

Toynbee, Arnold J. 1931. *A Journey to China or Things which are Seen*. London: Constable.

Tsu, Jing 2005. *Failure, Nationalism, and Literature: the Making of Modern Chinese Identity, 1895–1937*. Stanford: Stanford University Press.

Twang Peck Yang 1998. *The Chinese Business Elite in Indonesia and the Transition to Independence, 1940–1950*. Kuala Lumpur: Oxford University Press.

Umar, Pehin Orang Kaya Laila Wijaya Dato Haji Abdul Aziz 1992. 'Melayu Islam Beraja Sebagai Falsafah Negara Brunei Darussalam', in Sumbangsih (ed.) *Dato Seri Laila Jasa Awang Haji Abu Bakar bin Haji Apong*. Gadong: Akademi Pengajian Brunei.

Vella, Walter 1978. *Chaiyo: King Vajiravudh and the Development of Thai Nationalism*. Honolulu: University of Hawaii Press.

Vergouwen, J. C. 1964 [1933]. *The Social Organisation and Customary Law of the Toba-Batak of Northern Sumatra*. The Hague: Nijhoff for KITLV.

Vlieland, C. A. 1932. *British Malaya: a Report on the 1931 Census and on Certain Problems of Vital Statistics*. London: n.p.

Vliet, Jeremias van 2005. *Van Vliet's Siam*, ed. and trans. Chris Baker, Dhiravat na Pombejra, Alfons van der Kraan and David K. Wyatt. Chiang Mai: Silkworm Books.

Volkstelling 1930. 8 vols. Batavia: Departement van Economische Zaken, 1933–36.

Wade, Geoffrey 1994. 'The *Ming Shi-lu* (Veritable Records of the Ming Dynasty) as a Source for Southeast Asian History: Fourteenth to Seventeenth Centuries'. Ph.D. dissertation, 8 vols. University of Hong Kong.

Wade, Geoffrey and Sun Laichen (eds.) 2009. *Southeast Asia in the Fifteenth Century: the Ming Factor*. Singapore: Singapore University Press.

Wang Gungwu 1981. *Community and Nation: Essays on Southeast Asia and the Chinese*. Singapore: Heinemann for Asian Studies Association of Australia.

    1996. 'Sojourning: the Chinese Experience in Southeast Asia', in Anthony Reid (ed.) *Sojourners and Settlers: Histories of Southeast Asia and the Chinese*. Sydney: Allen & Unwin, 1–14.

    2000. *The Chinese Overseas: from Earthbound China to the Quest for Autonomy*. Cambridge, MA: Harvard University Press.

Wang Tai Peng 1994. *The Origins of the Chinese Kongsi*. Petaling Jaya, Malaysia: Pelanduk.

Warnaen, Suwarsih 1982. 'Identitas Sosial Suku Bangsa dan Nasional Sudah Stabil', *Sinar Harapan*, 16 October.

Wickberg, Edgar 1965. *The Chinese in Philippine Life 1850–1898*. New Haven: Yale University Press.

Wiener, Margaret 1995. *Visible and Invisible Realms: Power, Magic and Conquest in Bali*. University of Chicago Press.

Winstedt, R. O. 1923. *Malaya: the Straits Settlements and the Federated and Unfederated Malay States*. London: Constable.

Winstedt, R. O. (ed.) 1938. 'The Malay Annals or *Sejarah Melayu*', *Journal of the Malaysian Branch, Royal Asiatic Society* XVI, pt. III.

Winstedt, R. O. and Abdul Hadi bin Haji Hasan 1918. *Kitab Tawarikh Melayu*. Singapore.

Wolf, Eric 1982. *Europe and the People without History*. Berkeley: University of California Press.

Wolters, Oliver 1999 [1982]. *History, Culture and Region in Southeast Asian Perspectives*. Singapore: Institute for Southeast Asian Studies.

Womack, Brantly 2006. *China and Vietnam: the Politics of Asymmetry*. Cambridge: Cambridge University Press.

Woodside, Alexander 1976. *Community and Revolution in Modern Vietnam*. Atlanta: Houghton Mifflin.

Wright, Arnold and H. A. Cartwright 1908. *Twentieth Century Impressions of British Malaya: its History, People, Commerce, Industries, and Resources*. London: Lloyds.

Yen Ching-hwang 1995. *Studies in Overseas Chinese History*. Singapore: Times Academic Press.

Ypes, W. K. H. 1932. *Bijdrage tot de Kennis van de Stamverwantschap, de Inheemsche Rechtsgemeenschappen en het Grondenrecht der Toba- en Dairibataks*. The Hague: Nijhoff for Adatrechtstichting.

Yule, Henry and A. C. Burnell 1979. *Hobson-Jobson*. New Delhi: Munshiram Manoharial.

Zawawi, Ibrahim 2001. *Voices of the Crocker Range: Indigenous Communities in Sabah. Social Narratives of Transitioin in Tambunan and its Neighbours*. Kuching: Institute of East Asian Studies, Universiti Malaysia Sarawak.

Zenner, Walter 1991. *Minorities in the Middle: a Cross-cultural Analysis*. Albany: State University of New York Press.

Zentgraaff, H. C. 1938. *Atjeh*. Batavia: De Unie.

Zheng Yangwen 2009. 'The Peaceful Rise of China after a Century of Unequal Treaties', in Reid and Zheng (eds.) 159–91.

帝國煉金術

東南亞的民族主義與政治認同

Imperial Alchemy: Nationalism and Political Identity in Southeast Asia

作者｜安東尼・瑞德（Anthony Reid）　譯者｜林瑞

主編｜洪源鴻　責任編輯｜涂育誠、穆通安

行銷企劃總監｜蔡慧華

封面設計｜虎稿・薛偉成　內頁排版｜宸遠彩藝

社長｜郭重興　發行人｜曾大福

出版｜八旗文化／遠足文化事業股份有限公司

發行｜遠足文化事業股份有限公司（讀書共和國出版集團）

地址｜新北市新店區民權路 108-2 號 9 樓

電話｜02-22181417　傳真｜02-22188057

客服專線｜0800-221029　E-mail｜gusa0601@gmail.com

Facebook｜facebook.com/gusapublishing　Blog｜gusapublishing.blogspot.com

法律顧問｜華洋法律事務所／蘇文生律師

印刷｜成陽彩色印刷有限公司

出版｜2023 年 1 月　初版一刷
　　　2024 年 3 月　初版二刷

定價｜600 元

ISBN｜9786267234167（平裝）

IMPERIAL ALCHEMY: NATIONALISM AND POLITICAL IDENTITY IN
SOUTHEAST ASIA by ANTHONY REID
Copyright: @ ANTHONY REID 2010
This edition arranged with CAMBRIDGE UNIVERSITY PRESS
through BIG APPLE AGENCY, INC., LABUAN, MALA YSIA.
Traditional Chinese edition copyright:
2023 Gusa Publisher, an Imprint of Walker Cultural Enterprise Ltd.
All rights reserved.

國家圖書館出版品預行編目（CIP）資料

帝國煉金術：東南亞的民族主義與政治認同
安東尼・瑞德（Anthony Reid）著／
林瑞譯／初版／新北市／八旗文化出版／
遠足文化事業股份有限公司發行／民 112.01

譯自：Imperial Alchemy: Nationalism and Political
      Identity in Southeast Asia
ISBN：978-626-7234-16-7（平裝）

一、民族主義　　二、民族關係
三、區域研究　　四、東南亞

571.11　　　　　　　　　　　111021079